Elogios ao

O AMBIENTE DE TRABALHO DE 2020

"Se você quer ser inovador e original no mercado, então precisa distinguir-se no ambiente de trabalho também. Neste livro visionário e pragmático, Jeanne C. Meister e Karie Willyerd lhe fornecem as ferramentas necessárias para atrair as melhores pessoas e ajudá-las a desenvolver o melhor trabalho. A luta por talentos está cada vez mais intensa. Meister e Willyerd ensinam como vencer."

— William C. Taylor, editor fundador da *Fast Company* e autor de *Praticamente Radical*

"Cada vez mais, as empresas estão se tornando transparentes graças à tecnologia digital. Como consequência, no futuro, o modo como você se comporta será mais importante do que o que você vende, e a sua reputação vai conduzi-lo ao sucesso. Se você espera maximizar a produtividade dos funcionários e ter uma empresa forte em 2020, o livro de Jeanne C. Meister e Karie Willyerd deve ser lido."

— Rob Quish, CEO da *JWT INSIDE* e diretor operacional da *JWT North America*

"Jeanne C. Meister e Karie Willyerd estão à vontade em *O Ambiente de Trabalho de 2020*. Com suas dicas sobre a força de trabalho e o talento, bem como a abordagem pragmática para dar o pontapé inicial, elas criaram uma bússola para orientar as empresas em suas jornadas para conquistar os melhores talentos nos dias de hoje."

— David Smith, diretor da Accenture e coautor de *Workforce of One*

"Finalmente, os imperativos de mudança estão reunidos em um único lugar, além de um roteiro pragmático para obtenção do sucesso. Se você se dedica a construir organizações saudáveis e produtivas da próxima geração, deve ler este livro incrível."

— Susan Burnett, vice-presidente sênior de gestão de talentos e desenvolvimento organizacional do Yahoo!

"Em *O Ambiente de Trabalho de 2020*, Jeanne C. Meister e Karie Willyerd compartilham descobertas impressionantes, contam histórias convincentes e oferecem ideias instigantes que acabarão se tornando a base da preparação para viver em um futuro global, tecnológico, conectado e em constante mudanças."

— Dave Ulrich, professor da Universidade de Michigan, Ross School of Business, e sócio do The RBL Group

"Um livro visionário e inovador! Jeanne C. Meister e Karie Willyerd lidaram com recrutamento, motivação, aprendizado e liderança no novo e em constante evolução 'mundo conectado', e oferecem as melhores práticas e suas próprias abordagens profundas para que empresas e líderes as considerem."

— John W. Gill, vice-presidente de recursos humanos
da Rolls-Royce Energy Systems

"Meister e Willyerd abriram caminho com *O Ambiente de Trabalho de 2020*. Com o uso de dados reais e exemplos empresariais valiosos para apoiar seu argumento, elas oferecem a nova linguagem e o plano de ação que a sua empresa precisa para dar a largada. Com as visões mais importantes de como administrar a força de trabalho do futuro — a que está começando a aparecer nos dias de hoje — este livro deve ser lido por todas as pessoas da nossa área!"

— Matthew Peters, CLO da
Defense Intelligence Agency

"O ambiente de trabalho está evoluindo cada vez mais rápido, e tudo está sendo reinventado, desde como os funcionários se conectam com a organização até como eles aprendem, potencializam informações e lideram. Gestores, não percam a oportunidade de sair na frente com a força de trabalho de 2020, antes que seja tarde demais."

— Lynne C. Lancaster, coautora de
*The M-Factor: How the Millenial Generation Is
Rocking the Workplace*

"*O Ambiente de Trabalho de 2020* é um guia instigante para as tendências emergentes do ambiente de trabalho e como elas vão moldar nossos negócios no futuro."

— Peter Capelli, professor de
Gestão Empresarial e de Educação da
Wharton School da Universidade da Pensilvânia

"*O Ambiente de Trabalho de 2020* oferece ótimas visões, não apenas sobre a força de trabalho emergente, mas também sobre as mudanças que as empresas terão de fazer para conseguir atrair, desenvolver e manter, com eficácia, recursos humanos a cada dia mais escassos. Aqui, temos uma visão do futuro que os líderes de hoje podem usar para guiá-los no que certamente será uma jornada em um caminho totalmente novo."

— Stanton D. Sloane, presidente e
CEO da SRA International

O Ambiente de Trabalho de

2020

O Ambiente de Trabalho de 2020

COMO AS EMPRESAS INOVADORAS ATRAEM, DESENVOLVEM E MANTÊM OS FUNCIONÁRIOS DO FUTURO NOS DIAS DE HOJE

JEANE C. MEISTER & KARIE WILLYERD

ALTA BOOKS
EDITORA
Rio de janeiro, 2013

ISBN: 978-85-7608-632-1

Produção Editorial
Editora Alta Books

Gerência Editorial
Anderson Vieira

Supervisão Gráfica & Editorial
Angel Cabeza

Supervisão de Qualidade Editorial
Sergio Luiz de Souza

Conselho de Qualidade Editorial
Adalberto Taconi
Anderson Vieira
Angel Cabeza
Pedro Sá
Sergio Luiz de Souza

Editoria de Negócios
Juliana de Paulo
Vinicius Damasceno

Equipe de Design
Adalberto Taconi
Bruna Serrano
Iuri Santos
Marco Aurélio Silva

Equipe Editorial
Ana Lucia Silva
Brenda Ramalho
Camila Werhahn
Claudia Braga
Cristiane Santos
Daniel Siqueira
Evellyn Pacheco
Jaciara Lima
Licia Oliveira
Marcelo Vieira
Milena Souza
Natália Gonçalves
Paulo Camerino
Rafael Surgek
Thiê Alves
Vanessa Gomes

Tradução
Acauan Pereira Fernandes

Copidesque
Carlos Bacci Júnior
Vinicius Damasceno

Revisão Gramatical
Juliana de Paulo

Revisão Técnica
Cíntia Portugal

Diagramação
Lucia Quaresma

Capa
Iuri Santos

Marketing e Promoção
Daniel Schilklaper
marketing@altabooks.com.br

1ª Edição, 2013

Dados Internacionais de Catalogação na Publicação (CIP)

M515a Meister, Jeane C.
O ambiente de trabalho de 2020 : como as empresas inovadoras atraem, desenvolvem e mantêm os funcionários do futuro nos dias de hoje / Jeane C. Meister, Karie Willyerd. – Rio de Janeiro, RJ : Alta Books, 2013.
304 p. : il. ; 23 cm.

Inclui bibliografia, glossário e índice.
Tradução de: The 2020 Workplace.
ISBN 978-85-7608-632-1

1 1. Administração de pessoal. 2. Pessoal - Recrutamento. 3. Pessoal - Permanência. 4. Planejamento de mão-de-obra. I. Willyerd, Karie. II. Título.

CDU 658.3
CDD 658.3

Índice para catálogo sistemático:
1. Administração de pessoal 658.3
(Bibliotecária responsável: Sabrina Leal Araujo – CRB 10/1507)

ALTA BOOKS EDITORA

Rua Viúva Cláudio, 291 – Bairro Industrial do Jacaré
CEP: 20970-031 – Rio de Janeiro – Tels.: 21 3278-8069/8419 Fax: 21 3277-1253
www.altabooks.com.br – e-mail: altabooks@altabooks.com.br
www.facebook.com/altabooks – www.twitter.com/alta_books

Para Bob, Danielle e meus pais: tudo é possível com vocês ao meu lado.

Jeanne Meister
Nova York

Para minha turma: amigos, família e vizinhos que me deram apoio emocional, mas sacrificaram suas horas de diversão comigo, nos últimos dois anos, e, por algumas vezes, insistiram em momentos de descanso em uma casa na praia, em uma pescaria, em um passeio de barco na lagoa, brincando com os netos, ou mesmo uma viagem para degustar vinho. Vocês tornam a vida muito mais interessante.

Karie Willyerd
Redwood City

SUMÁRIO

Introdução: O Ambiente de Trabalho de 2020

Quem poderia imaginar que uma das grandes diferenças entre a vida nos dias de hoje e há dez anos seria nossa dependência crescente de um matemático que morreu há quase 250 anos? Se você já usou o Google, então também se aproveitou do trabalho de Thomas Bayes, cujo teorema é a base de tudo, desde a operação do mecanismo de busca do Google até a previsão de qual porta escolher no programa *Let's Make a Deal**. Embora o teorema complexo pertença à linhagem dos matemáticos, engenheiros e cientistas, para o resto de nós pode ser simplesmente dito: a probabilidade de alguma coisa acontecer pode ser estimada plausivelmente pela frequência com que ocorreu no passado.[1] Partindo deste simples pressuposto, surge a revolução que todos nós experimentamos nos últimos dez anos.

Pense na década passada: no ano 2000, uma eleição presidencial foi determinada pelo mau funcionamento dos cartões de voto; milhões, se não bilhões, de dólares tinham sido investidos em propaganda de ameaça de ambiguidade do código de software conhecido como Y2K (o "bug do milênio"); a fusão de empresas com a China estava apenas começando para a maioria das empresas globais, além da explosão de empresas *ponto-com*. O Google tinha acabado de sair do escritório na garagem em Menlo Park, Califórnia; a Apple era vista como uma empresa que estava por um fio; ainda faltavam cinco anos para inventarem o YouTube, e o criador do Facebook cursava o colegial. Que diferença faz uma década, não apenas nas ferramentas que usamos

* Programa da televisão norte-americana que distribui prêmios aos participantes de acordo com a habilidade e sorte deles em jogos de negócios.

para permanecer produtivos, mas em como levamos nossa vida diária. Quem poderia ter imaginado as mudanças profundas dos últimos anos? Há alguma razão para crer que as mudanças que virão nos próximos anos não serão tão profundas?

Ludwig Mies van der Rohe, um expoente da arquitetura moderna, disse: "A arquitetura é o desejo de uma época traduzido no espaço". Uma de suas realizações culminantes foi a Toronto Dominion Tower, onde o piso executivo e a sala de reuniões permanecem, até hoje, no estilo antigo e original de seu criador — uma visão à La *Austin Powers*, com a essência do final da década de 1960. A mesa da sala de reuniões tem lugar para 88 pessoas. Feita de um único pedaço de madeira maciça, ela é tão grande que precisou ser erguida enquanto o arranha-céu estava em construção, e nunca foi tirada do lugar. Quando necessária, a substituição do carpete é feita nos mesmos moldes, de acordo com as especificações originais. Mas até mesmo o comprometimento absoluto com a autenticidade histórica precisa acompanhar a necessidade de progresso. Em 1967, ninguém imaginava a necessidade das pessoas se sentarem ao redor de uma mesa para trabalharem juntas no piso executivo. Afinal de contas, a hierarquia estava claramente definida com o presidente, os diretores e o CEO; não havia necessidade de espaços colaborativos. Contudo, os tempos mudaram, e uma das poucas concessões à visão arquitetônica original deste andar foi a de trazer uma mesa redonda para o escritório do antigo presidente, para possibilitar jantares e colaborações em um ambiente mais igualitário.

Do mesmo modo, as organizações traduzem os desejos da época não somente nos espaços físicos que criam, mas também nas decisões com relação aos talentos que selecionam e à estrutura que criam dentro da empresa. Tais decisões são cruciais, pois, embora os funcionários não passem mais a vida toda trabalhando em uma única empresa, as decisões tomadas no que diz respeito a quem é contratado, preparado e promovido perduram por anos. Assim, defendemos que uma mente com pensamento aberto é imperativa para os executivos, e muito pouco é feito para fundamentar a discussão do futuro nas necessidades e exigências de hoje. Nosso objetivo com este livro é estimular este diálogo.

POR QUE VOCÊ PRECISA DESTE LIVRO AGORA

Durante anos, a tão temida e altamente divulgada luta por talentos foi baseada na presunção de que a Geração Pós-Guerra (aqueles que nasceram entre 1946 e 1964) seguiria a mesma programação de aposentadoria da geração anterior, os Tradicionalistas (aqueles que nasceram antes de 1946), e começaria a se aposentar em grande número em 2007[2]. No entanto, com uma década de riqueza obliterada na crise financeira de 2008-2009, essa presunção não é mais válida. De acordo com a Organização Mundial de Saúde, homens e mulheres, que são saudáveis aos 60 anos, em média, serão fisicamente capazes de trabalhar até os 74 e 77 anos, respectivamente[3]. Se a Geração Pós-Guerra trabalha o maior tempo possível, significa que a vanguarda desta geração pode começar a se aposentar somente em 2020, quando a busca por talentos de ponta, indubitavelmente, estará em pleno vapor.

Todos os fatores principais que virão a definir este ambiente de trabalho de 2020 já estão em jogo. Os futuros novos funcionários, os quais chamamos de Geração 2020, estão atualmente no meio do ensino fundamental. As tecnologias que definirão o ambiente de trabalho de 2020 estão em fase de desenvolvimento nos dias de hoje. As grandes economias emergentes estão rapidamente se tornando as forças principais. O ambiente de trabalho do futuro está sendo moldado hoje, guiado pela globalização, introdução de novos métodos de trabalho, uso de tecnologias emergentes e mudanças demográficas na mão de obra.

O ambiente de trabalho de 2020: ambiente organizacional que oferece uma experiência social e intensamente personalizada para atrair, desenvolver e comprometer os funcionários de todas as gerações e geografias.

As melhores empresas já estão preparando suas estratégias para vencer na busca por talentos de ponta. O ambiente de trabalho de 2020 será definido por esta visão aguda — visão 20/20 — com relação às estratégias de recrutamento, desenvolvimento e benefícios personalizados de funcionários, liderança ágil e poder das redes sociais.

Neste livro, "o ambiente de trabalho de 2020" é aquele que oferece uma experiência social e intensamente personalizada para atrair, desenvolver e comprometer os funcionários de todas as gerações e geografias. As organizações que criarem uma vantagem competitiva no ambiente de trabalho de 2020 o farão através da instituição de práticas inovadoras de recursos humanos — primeiro, definindo um conjunto autêntico de valores organizacionais e, depois, divulgando-

-os através do aproveitamento das últimas ferramentas da web social, reinventando aprendizado e desenvolvimento, gerenciamento de talentos e práticas de liderança.

Este livro dedica atenção especial ao uso da mídia social para atrair, motivar, conectar, engajar, desenvolver, manter e ouvir os funcionários. Os profissionais de marketing já perceberam o potencial da mídia social para se conectarem com os clientes atuais e futuros, como já foi apresentado em livros como *Groundswell*.[4] Nós acreditamos que, cada vez mais, a força de trabalho é constituída por "nativos digitais", razão pela qual a necessidade dos executivos falarem a língua dos funcionários na forma da mídia social vai se tornar uma exigência.[5] Em essência, a revolução da mídia social não tem a ver apenas com a tecnologia — é um movimento social voltado para a criação de uma comunidade. E isso faz com que seja cada vez mais necessário que os executivos participem do jogo.

O cenário é empolgante e dinâmico, e ainda promete redefinir muito da sabedoria convencional sobre trabalho, sucesso organizacional, realização pessoal e muito mais. À medida que examinamos o ambiente de trabalho do futuro, vemos que tudo o que sabemos sobre trabalho, onde e como trabalhamos, sobre as habilidades que precisamos para nos manter empregáveis e quais tecnologias usamos para nos conectar com os colegas está em constante mudança. E essas alterações vão acontecer cada vez mais rápido, conforme avançamos em direção a 2020, porque a Geração do Milênio, que engloba as 88 milhões de pessoas que nasceram entre 1977 e 1997, será correspondente a quase metade da força de trabalho até o ano de 2014. Os empregadores precisam começar a se preparar *agora* para esta força de trabalho multigeracional e, se as empresas estiverem prontas, terão a visão e as ações daqueles que são os maiores responsáveis por preparar as necessidades da liderança e as do funcionário na estratégia organizacional.

POR QUE ESCREVEMOS ESTE LIVRO

O Ambiente de Trabalho de 2020 gira em torno do pressuposto de que o aumento no foco em talentos está tornando a função de recursos humanos dentro de uma organização cada vez mais integrada ao sucesso da empresa. Os principais líderes das empresas sabem disso? Os profissionais de recursos humanos estão preparados para isso?

Você está pronto para abraçar este futuro e criar um ambiente de trabalho que os funcionários do futuro escolheriam?

Talvez. Ainda assim, muitas empresas continuam a visualizar o futuro como uma progressão linear dos últimos anos. A literatura empresarial que abrange as estratégias relacionadas às pessoas, à cultura e ao talento está cheia das mesmas histórias de poucas empresas que parecem ser relembradas todas as vezes, de década em década, indicando pouca mudança. Nós discordamos por muitas razões:

- Nunca antes havia ocorrido, na história moderna, a convivência de quatro gerações — muito menos cinco — no mercado de trabalho, fenômeno que traz consigo uma enorme variedade de valores, crenças e expectativas.
- Nunca uma geração havia entrado no mercado de trabalho valendo-se de tecnologias tão à frente daquelas utilizadas pelos empregadores.
- Nunca havia sido possível recrutar, usar e integrar talentos do mundo todo.
- Nunca a tecnologia havia tornado tão viável integrar, sem dificuldade, qualquer pessoa, em qualquer lugar, como um colaborador.
- Nunca, até então, a sociedade havia exercido tanta pressão nas organizações para que se tornassem socialmente responsáveis.

A lista vai muito além disso, mas esperamos que você consiga ver que o mercado de trabalho está mudando cada vez mais rápido.

Contudo, precisávamos validar essas crenças, e conseguimos isso com as empresas e profissionais de várias gerações que pesquisamos. As organizações com visão de futuro estão utilizando práticas inovadoras para lidar com o mercado em mutação, e nós providenciamos exemplos, como os executivos de coaching do Milênio da Burson-Marsteller, redes sociais corporativas na Cerner, novas maneiras de engajar os funcionários de todas as idades no Deloitte Film Festival, apoio sob demanda na IBM, mudanças de poder (do topo da hierarquia até os tomadores de decisão conectados às redes) na Cisco, além de dezenas de outros casos que estudamos para demonstrar que os princípios de *O Ambiente de Trabalho de 2020* estão em ação desde já.

O Ambiente de Trabalho de 2020 dá um passo ousado rumo ao futuro e funciona como guia prático para empresas de qualquer porte transformarem seus ambientes de trabalho, de modo que possam competir com maior eficácia no mercado global — que é definido pelo clima econômico corrente e pelas poderosas forças demográficas, tecnológicas e geracionais. Embora constem empresas de todo tipo no decorrer do livro, muitos dos exemplos que apresentamos referem-se àquelas que são as líderes do que está para vir, em razão da natureza dos seus negócios: tecnologia e serviços profissionais. As empresas de tecnologia tendem a utilizar seus próprios produtos, significando que elas experimentam a nova tecnologia dentro de casa. As empresas de serviços profissionais são altamente dependentes dos recém-formados em universidade e, portanto, precisam adaptar as necessidades da Geração do Milênio antes das organizações com maior base de funcionários de idades diversas. No entanto, embora essas alterações estejam se originando nas empresas de serviços profissionais e tecnológicos, suas experiências são relevantes para empresas de todos os tamanhos, em todas as áreas.

Acreditamos que, no mundo de negócios em constante alteração, a melhor prática pode ter vida curta. A prática reflete uma atividade que apresenta resultado no contexto das condições do mercado em determinado momento. Nossa estratégia neste livro foi a de focar na próxima prática, e não em generalizações extensas, enquanto pesquisamos a sustentabilidade da cultura e de valores das empresas. Esperamos que as empresas apresentadas neste livro forneçam algumas visões que ajudem no preparo para o ambiente de trabalho do futuro.

QUEM SOMOS

Como coautoras, cada uma de nós traz um conjunto de experiências únicas que moldam a nossa visão de futuro e do que é necessário hoje para se preparar para tal futuro. Jeanne fez consultoria em empresas sobre como construir organizações de aprendizagem por mais de 20 anos, tanto através da sua própria empresa de consultoria quanto com a Accenture. Como autora de dois livros sobre o modelo e a administração de universidades corporativas e de um blog extremamente visitado, ela fez consultoria em centenas de organizações sobre como elas reinventam as funções de aprendizagem e remodelam as habilidades de gestão de talentos. Karie foi tanto a Chief Learning Officer e a Chief Talent Officer para as empresas globais da Fortune 200, no Vale do Silício, quanto a chefe de desenvolvimento executivo e organizacional nas indústrias alimentícia e bélica. Ela desenvolveu e implementou abordagens práticas para construir talentos ao redor do mundo no futuro e guiou as organizações até ganharem mais de 30 prêmios por excelência funcional. E, por último, e o mais importante, como mães de filhas da Geração do Milênio e Geração X*, passamos, em primeira mão, pelas mudanças necessárias para uma comunicação eficaz com essas gerações.

Nossa experiência combinada nos deixou com a crença de que é hora de dar um salto transformacional nas práticas organizacionais se quisermos ser relevantes para um mundo em constante mutação. As percepções que tivemos das expectativas das próximas gerações de trabalhadores e de algumas das práticas de empresas de ponta nos motivaram a abrir o diálogo para o ambiente de trabalho de 2020. Utilizamos intencionalmente a palavra "diálogo", pois, quando este livro for lançado, haverá novos desenvolvimentos em tecnologia, alterações nas empresas e melhores práticas emergentes. Convidamos você a fazer parte deste diálogo contínuo para assegurar que o que pode ser estático se torna dinâmico, à medida que colaboramos para nos preparar para o futuro.

O QUE VOCÊ VAI ENCONTRAR NESTE LIVRO

O Ambiente de Trabalho de 2020 combina pesquisas exclusivas com ferramentas e recursos práticos. Alguns dos recursos são:

- Descobertas importantes de duas pesquisas globais. A primeira entrevistou 2.200 profissionais de vários países sobre o que eles buscam em um empregador, tanto no momento quanto no futuro próximo. A segunda entrevistou 300 empregadores de todo o mundo sobre as práticas que utilizam agora e as que esperam utilizar no futuro. Analisamos onde há um alinhamento, bem como desvios, nas expectativas. Essas descobertas vão ajudar as organizações a fazer opções estratégicas sobre onde investir os recursos agora para se prepararem da melhor maneira para o ambiente de trabalho do futuro. Os resultados dessas pesquisas guiaram nossa busca por estudos de caso relevantes e de ponta.
- Mais de 50 estudos de caso se desenrolaram em mais de cem entrevistas com empresas que são líderes no uso de práticas inovadoras para atrair, desenvolver e manter talentos para o futuro, incluindo Deloitte, IBM, Cisco, Bell Canada, JetBlue, Nokia e NASA.

---

* A Geração X compreende as pessoas nascidas depois da geração Pós-Guerra, entre 1964 e 1977. A geração do Milênio, entre 1977 e 1997.

- Exemplos reais de como as empresas estão usando as mídias sociais nos dias de hoje para recrutar, engajar, desenvolver e conectar funcionários.
- Dicas práticas e conselhos sobre como se preparar para 2020, tanto de maneira organizacional quanto pessoal.
- Vinte previsões para o ambiente de trabalho de 2020.
- Glossário de 2020, facilitando a leitura do livro com uma referência pronta disponível, para aqueles que nunca enviaram uma mensagem de texto ou postaram algo no Facebook, ou que não sabem a diferença entre enviar um tweet e usar o Delicious para armazenar e compartilhar favoritos.
- Um resumo no final de cada capítulo para ajudar aqueles que se sentirem inundados, assim como nós, com livros e revistas empilhados na cabeceira da cama ou no Kindle.

Livros inteiros poderiam ter sido escritos sobre os tópicos que abordamos em um único capítulo, então, temos consciência de que só conseguimos começar a tocar de leve nas práticas que as pessoas passaram a vida toda colocando no lugar. Nossa intenção é elaborar uma história sobre como o mundo muda à medida que interagimos com colegas de trabalho, amigos e família de novas maneiras. Em nossas observações, recomendamos outras fontes para uma compreensão mais profunda de cada área.

A Parte I, "O Ambiente de Trabalho Passando por Mudanças", descreve o que está acontecendo no momento e como as organizações estão respondendo ao ambiente em mutação, começando com o Capítulo 1, "Dez Forças que Moldam o Ambiente de Trabalho do Futuro nos Dias de Hoje". No Capítulo 2, "Múltiplas Gerações no Trabalho", discutimos nossas descobertas relacionadas às várias gerações presentes no ambiente de trabalho, incluindo descobertas contraintuitivas sobre o que cada geração prefere.

Na Parte II, "Práticas em Uso", damos vida a exemplos reais do que as empresas estão fazendo, neste momento, para incorporar a mídia social em uma variedade de práticas que afetam diretamente os funcionários. Para tanto, oferecemos um conjunto de princípios unificados para o ambiente de trabalho de 2020. O Capítulo 3, "Princípios do Engajamento 2020", cobre os principais fundamentos sobre como uma empresa pode chegar ao ambiente de trabalho do futuro. Apresentamos um modelo chamado "Engajamento no Ambiente de

Trabalho em 2020", que oferece um guia sobre como adotar práticas e processos para atrair e manter os talentos de ponta. No Capítulo 4, "Surge o Recrutamento Social", falamos sobre ações inovadoras para alcançar, recrutar e estimular os melhores talentos no ambiente de trabalho globalizado, e trazemos exemplos práticos de tais ações. O Capítulo 5, "Hiperconecte Sua Organização", analisa como as organizações progressistas estão utilizando os vários tipos de mídia social e colaboração virtual, criando, de maneira eficaz, uma experiência de trabalho individualizada, embora social. No Capítulo 6, "O Ecossistema de Aprendizagem Social", começamos observando que, embora as salas de aula venham a estar presentes por um bom tempo ainda, estão se tornando caras demais, para qualquer coisa que não seja o mais estratégico de todos os treinamentos necessários. Depois, exploramos as maneiras como as empresas podem se mover além da sala de aula e construir o aprendizado dentro do contexto de qualquer trabalho, ao invés de ser um processo separado e formal. No Capítulo 7, "Liderança Acelerada", focamos nas qualidades necessárias para construir um canal de liderança ágil e demonstramos que tanto o gerenciamento quanto a liderança precisarão ser modificados, de forma fundamental, para atender às necessidades das organizações do futuro.

E, finalmente, a Parte III, "Visualizando o Ambiente de Trabalho de 2020", fala sobre o futuro e como se preparar para ele agora. O Capítulo 8 traz nossas "Vinte Previsões para o Ambiente de Trabalho de 2020". Passamos por esse assunto com cautela e com total ciência das dificuldades inerentes a qualquer tentativa de prever o futuro. Para nos prepararmos, realizamos dezenas de entrevistas com especialistas, indagamos milhares de profissionais de diversas empresas sobre o que achavam, estabelecemos um espaço para colaboração com a Web 2.0 para abrir o diálogo, intensificamos nossa adesão em sociedades futuristas e nos tornamos alguns dos clientes favoritos das livrarias virtuais, à medida que pedíamos livros das mais diversas áreas para entender o que os outros estão dizendo sobre o futuro. Nossas previsões estão baseadas em vislumbres de um futuro que já podemos observar em algumas das empresas de ponta. Esperamos que elas ofereçam uma visão que ajude a expandir a imaginação sobre como será a vida nas empresas em 2020.

As empresas, vistas da maneira mais simples possível, são sociedades, constituídas de indivíduos com objetivos em comum. No Capítulo 9, "Prepare-se para o Ambiente de Trabalho do Futuro", ajudamos a unificar os indivíduos em uma empresa, oferecendo diretrizes para chegar lá. Oferecemos conselhos para indivíduos sobre como desenvolver as habilidades necessárias, bem como pensamentos sobre como preparar as empresas para encarar o futuro. Ao longo do livro, incluímos práticas que variam desde a criação de uma marca forte do empregador até o lançamento de uma rede social corporativa, tudo isso direcionado para atrair, desenvolver e engajar os melhores talentos possíveis para o futuro.

Considerando que muitos dos termos que utilizamos aqui podem ser novos para alguns leitores, providenciamos um glossário de termos utilizados na mídia social, juntamente com uma linha do tempo da web e uma lista dos principais sites de ferramentas online.

QUEM DEVE LER ESTE LIVRO

No final, nosso objetivo maior é deixar você e seu ambiente de trabalho prontos para 2020. Você será ainda mais beneficiado por este livro se tiver um cargo que influencie na estrutura da empresa. Os líderes no topo das organizações vão querer ler as melhores práticas reveladas aqui e esboçar uma estratégia para se prepararem para o ambiente de trabalho de 2020. Além disso, todos os líderes empresariais, que gerenciam equipes, vão querer ler o livro para entender como atrair, desenvolver e manter os talentos, bem como os profissionais da área de desenvolvimento empresarial e de talentos.

ALIENUS NON DIUTIUS

Sozinho não mais. A Pixar University traz esse lema em latim.[6] Os exemplos das melhores práticas e das pesquisas que compõem a parte essencial deste livro estão aqui para que você os traduza em ações adequadas para a sua empresa — seja uma multinacional da Fortune 500 ou uma firma da Inc. 500. Graças ao poder da mídia social, podemos nos ajudar à medida que transformamos o futuro.

Sua opinião e seus relatos são muito bem-vindos. Nós o convidamos a fazer parte de uma aventura para criar o futuro. Compartilhe isso conosco: www.the2020workplace.com (*conteúdo em inglês**).

* NE: A menos que indicado o contrário, o conteúdo de todos os sites contidos neste livro é em inglês.

PARTE I

O Ambiente de Trabalho Passando por Mudanças

CAPÍTULO UM

Dez Forças que Moldam o Ambiente de Trabalho do Futuro nos Dias de Hoje

Imagine a vida de um funcionário novo em uma empresa da Fortune Global 1000* no ano de 2020.

O despertador no apartamento toca bem baixinho, acordando Kátia com os últimos lançamentos do seu músico favorito. Depois de 60 segundos, o despertador pergunta se ela está acordada. "Mais ou menos", ela resmunga, tentando responder.

"Tudo bem", responde o despertador. "Vou deixar você descansar mais dois minutos antes de tocar de novo".

"Me dá cinco minutos", ela responde.

"Eu não devia ter ficado acordada até tão tarde da noite", e pensa: "não na noite antes do meu primeiro dia de trabalho". Quem poderia adivinhar que José, seu melhor amigo de infância, estaria na cidade? Se o telefone não tivesse informado que o celular do José estava em um raio de dez quilômetros, ela não teria como saber. Felizmente, e por sorte, o programa que compara os perfis das redes sociais que ela tem com os de outras pessoas semelhantes também a alertou que alguém muito parecido com ela acabara de mudar para o mesmo prédio. Depois que ela e José checaram o perfil de Elisa, os três saíram para jogar a última versão de Ci-

* Lista da revista Fortune contendo as 1000 maiores empresas com permissão para operar nos E.U.A, segundo o faturamento.

dade das Celebridades. Usando lentes virtuais da Cisco, eles rastrearam cinco celebridades virtuais. A última, John Lennon, valia 1.000 pontos e a colocava na liderança. E isso a lembrava: ela precisava levar os contatos do mundo virtual para a sua orientação de boas-vindas naquela manhã.

E o alarme do apartamento observou:

"Bem, pelo visto, você já levantou. Devo ligar o noticiário matutino e a máquina de café expresso?"

"Claro!", respondeu Kátia, com os contatos nas mãos conforme se direcionava ao banheiro para se aprontar.

Finalmente, chegou seu primeiro dia de trabalho na D&Y, uma das auditoras dos Dois Grandes. Quando ela estava na oitava série, a D&Y fez uma visita à escola e explicou-lhe tudo o que estava envolvido na carreira de auditoria. A D&Y encaminhou um consultor de educação para atendê-la, bem antes de começar a faculdade, e eles mantiveram bate-papo com vídeo mensalmente no Facebook, para discutir o progresso que ela estava obtendo, e se a D&Y ainda fazia parte dos seus planos. Kátia também se interessou por nanobiotecnologia, entretanto, no final das contas, optou pela carreira em auditoria na D&Y.

No primeiro ano de faculdade, Kátia ficou sob a asa de um gerente da D&Y. Depois do terceiro ano, ela passou o verão no escritório da firma na Romênia, antes de aceitar um emprego em período integral. Pelo fato dela ter uma média muito alta na faculdade, podia realizar trabalhos voluntários, e aproveitou para passar três meses na Tanzânia, antes de começar a trabalhar na D&Y.

Passando os olhos pela seção de mensagens instantâneas no monitor preso à parede, ela percebeu que alguns dos novos colegas de trabalho estavam trocando mensagens enquanto se aprontavam. Sofia, que já era uma de suas melhores amigas, estava ansiosa para encontrá-la mais tarde.

— O café da manhã está pronto! — anunciava alegremente o monitor do apartamento. Então, ela foi para a cozinha pegar o sanduíche de ovo e o café, que tomaria no caminho para o trabalho.

A reunião com Recursos Humanos foi incrivelmente curta. Ela passou a digital do polegar e o telefone celular por um scanner, que confirmou sua nacionalidade e carregou todos os dados em seu plano de benefícios personalizado. Nas próximas horas, vários gerentes apresentaram os projetos e as tarefas que ela poderia ter no seu primeiro trabalho. Os gerentes em potencial descreveram seus estilos de gestão, o comprometimento com a carreira dos recém-chegados e o trabalho empolgante que tinham para oferecer. Kátia gostou muito da apresentação de Bhaskar, em Hyderabad, Índia. Ela pegou o smartphone para navegar na rede social interna da empresa e descobrir qual tinha sido a classificação dada a Bhaskar pelos novos funcionários, e o que eles tinham a dizer, além de sua avaliação gerencial em 360 graus.

"Nada mal!", pensou, à medida que olhava a apresentação que ele tinha feito para um cliente na área de nanobiotecnologia. Isso faria com que ela pudesse unir os dois interesses, e, se não desse certo, a promessa da D&Y era de que ela poderia selecionar os três primeiros trabalhos para que pudesse explorar algumas áreas antes de se estabelecer de vez. "WDYT", ela enviou uma mensagem para Sofia, pensando o que a amiga diria sobre a ideia dela. Sofia, que estava sentada ao seu lado, respondeu, "G4I", apoiando a amiga.*

Três programas de aprendizagem, cada um com dois minutos de duração, apareceram no visor do telefone enquanto ela ouvia o próximo gerente em potencial. Ela respondeu enquanto atualizava o histórico profissional, incluindo a conclusão dos programas de aprendizagem. Depois dos gerentes encerrarem as apresentações, ela colocou o fone de ouvido e lentes virtuais para assistir a uma previsão do trabalho feita por cada um dos gerentes. Até a hora do almoço, ela já tinha selecionado e ganhado Bhaskar como seu novo gerente.[1]

Bem-vindo ao ambiente de trabalho de 2020! Se você acha que este cenário é forçado, pense bem.

No ano de 2020, os escritórios estarão em todos os lugares; os integrantes de nossa equipe vão morar em várias partes do mundo. Como, onde, quando e para quem nós vamos trabalhar vai depender de nós — contanto que mostremos resultados.

---

* WDYT, do inglês "What do you think?", "O que você acha?". G4I, do inglês "Go for it", "Vá em frente".

Até o ano de 2020, as regras dos contratos de trabalho precisarão ser reescritas pelos melhores empregadores se quiserem competir pelos talentos de ponta.

Depois de entrevistar, pesquisar e falar com pessoas em inúmeras empresas top, além de integrantes das quatro gerações que, atualmente, estão no mercado de trabalho, identificamos dez forças que irão a definir o novo mundo do trabalho em 2020. Essas forças causarão impacto na vida de todos os trabalhadores, quer trabalhem para empresas grandes, firmas de médio porte sem fins lucrativos ou mesmo em empresas públicas.

As empresas vão passar pelos desafios mais assustadores quando competirem pelos melhores talentos em 2020, na tentativa de maximizar o sucesso. Os empresários, cientes de que o mundo está mudando e de que já estão recrutando uma nova linhagem de funcionários, devem adaptar as políticas do ambiente de trabalho para chamar a atenção de todas as gerações. Analisando os índices de nascimentos, as mudanças tecnológicas, os comportamentos sociais e a evolução do conhecimento sobre a economia, observamos dez forças globais em ação no ambiente de trabalho que vai surgir em 2020.

1. ALTERAÇÕES NA DEMOGRAFIA DA MÃO DE OBRA

Alterações na Demografia dos EUA

Conforme analisamos as alterações na demografia da mão de obra dos Estados Unidos, percebemos o seguinte:

- O número de trabalhadores americanos com mais de 40 anos de idade aumentou significativamente: em 2010, 51% da mão de obra americana tinha 40 anos de idade ou mais, o que representa um aumento de 33% desde 1980.[2]
- O número de trabalhadores com 55 anos de idade ou mais aumentará de 13% da força de trabalho, em 2000, para 20% em 2020.[3]
- Nessa mesma época, a Geração do Milênio (aqueles que nasceram entre 1977 e 1997) entrará no mercado de trabalho em números recordes. Enquanto, atualmente, eles representam 22% de todos os trabalhadores, em 2014, chegarão a representar 47% de toda a mão de obra.[4]
- A composição com relação ao sexo dos trabalhadores também vai mudar, já que cada vez mais mulheres estão entrando e ficando no mercado de trabalho.[5]

- E, finalmente, os latinos, que atualmente correspondem a 15% dos habitantes dos Estados Unidos, irão representar 30% da população norte-americana até 2050.[6]

Quando somadas, essas alterações apresentarão desafios e oportunidades significativas. Como as empresas se preparam para essas alterações será crucial na hora de atrair, desenvolver e manter os melhores talentos.

Alterações na Demografia Mundial

Os Estados Unidos não são o único país que está passando por mudanças radicais em sua demografia. Isso também ocorreu depois do nascimento da Geração Pós-Guerra (os nascidos entre 1946 e 1964), que ocasionou um fenômeno global depois da Segunda Guerra Mundial. Na Europa, o atual envelhecimento da população, aliado a uma queda importante na taxa de fertilidade, fez com que a população geral diminuísse em 1% durante a década de 2000-2010. Depois de 2010, a tendência é um aceleramento nos próximos 40 anos, porém espera-se que Alemanha, Itália e Espanha tenham um recuo de 14 a 25% da população, de acordo com a Divisão de População das Nações Unidas.[7]

Essas tendências demográficas estão produzindo uma força de trabalho que está envelhecendo e encolhendo. Estima-se que, em 2020, a Alemanha tenha uma força de trabalho 20% menor do que em 2000, e uma população de aposentados 50% maior.[8]

Em muitos países asiáticos, a situação demográfica é semelhante ou até mais acentuada do que a percebida na Europa. As taxas de fertilidade no Japão, em Taiwan, na Coreia, em Hong Kong e na China estão bem abaixo do nível de substituição. Consequentemente, as estimativas indicam que os principais países do leste asiático também passarão por uma redução no tamanho de suas populações nos próximos 50 anos. Por exemplo, no Japão, a população economicamente ativa já passou pelo seu pico, com 3 milhões a menos de trabalhadores em 2010, em relação a 2005. E, na China, cuja população é quatro vezes maior do que a dos Estados Unidos, a situação é praticamente a mesma. Até 2030, a China terá tantos cidadãos idosos, com 65 anos ou mais, quanto crianças com 15 anos ou menos.[9] Na economia global, as alterações que acontecem terão impacto em como e onde as empresas de todos os países buscarão por novos talentos.

Como Será a Força de Trabalho de 2020?

Nos Estados Unidos, os dados recentes mostram que trabalhadores mais velhos estão ficando nos empregos por mais tempo ou retornando ao mercado de trabalho depois de aposentados. Como resultado, o Departamento de Estatísticas Trabalhistas estima que 56% dos trabalhadores com 65 anos ou mais vão trabalhar em período integral, sendo que, há 13 anos, eram 44%. Além disso, o Pew Research Center's Social & Demographic Trends (Tendências Demográficas e Sociais do Centro de Pesquisa Pew) relata que metade de todos aqueles que estão trabalhando nos Estados Unidos na faixa etária de 50 a 64 anos dizem que vão adiar a aposentadoria, e outros 16% afirmam que nunca pretendem parar de trabalhar.[10]

Apelidada pelo Pew Research Center de "Geração Limiar", tal geração está começando a se aposentar, mas ainda quer ou precisa continuar a trabalhar. De acordo com um artigo do *Wall Street Journal*: "Embora seja difícil dizer exatamente quantos americanos estão se aposentando mais cedo em meio às péssimas perspectivas de emprego, o trabalho recente de dois economistas do Wellesley College, Courtney Coile e Phillip B. Levine, sugere que esse efeito seja amplo. Nesse novo trabalho, eles estimam que 378 mil trabalhadores serão forçados a se aposentar em decorrência do fraco mercado de trabalho — quase 50% a mais do que aqueles que vão acabar trabalhando mais tempo devido às perdas do mercado de ações.".[11] Como diz Kris Moser, de 62 anos, uma integrante da Geração Limiar e produtora de jogos de computador que, recentemente, perdeu o emprego: "Enquanto a área de maior crescimento em jogos é a dos jogos sociais, e a faixa etária de maior crescimento no Facebook é a acima dos 50 anos, é irônico ver que, com mais de 50 anos, queremos continuar trabalhando na indústria de jogos, estamos passando por momentos difíceis (se não impossíveis) para achar emprego.".

O que isso quer dizer? Embora alguns trabalhadores mais velhos se sintam colocados para fora do mercado de trabalho, aqueles que continuam trabalhando devem permanecer no emprego por mais tempo. À medida que avançamos em direção ao futuro, a maioria dos locais de trabalho terá cinco gerações trabalhando lado a lado — Tradicionalistas, nascidos antes de 1946; Geração Pós-Guerra, nascidos entre 1946 e 1964; Geração X, nascidos entre 1965 e 1976; Geração do Milênio, nascidos entre 1977 e 1997; e Geração 2020, nascidos após 1997 (veja a Figura 1-1). Embora os executivos de recursos humanos sejam treinados para lidar com as mais variadas formas de diversidade, eles devem se preparar agora para também gerenciar essa extrema diversidade etária.

Gênero

Com a recessão que teve início em 2008, uma das mais longas na era Pós-Segunda Guerra Mundial, há um novo marco surgindo. Embora as mulheres ainda tenham de lidar com outros assuntos quando se trata de igualdade trabalhista, elas estão prestes a passar os homens em termos de massa salarial pela primeira vez na história. Isso surgiu de um padrão no qual um grande volume das demissões, ocorridas na recessão que começou em 2008, afetou os homens, que representam 82% das pessoas que perderam empregos.[12] Uma das razões para esse fato é que as indústrias predominantemente masculinas, tais como a construção e a produção, tiveram um maior número de demissões do que as outras indústrias. Heather Boushey e Ann O'Leary, do *Center for American Progress*, estimam que as mulheres representam, nos dias de hoje, metade dos trabalhadores norte-americanos, sendo que as mães são o principal provedor (ou coprovedor) em quase dois terços das famílias norte-americanas. Se compararmos esses dados com os de 1967, veremos que, naquela época, as mulheres eram apenas um terço de todos os trabalhadores.[13]

Etnia

A mão de obra dos Estados Unidos encontra-se em meio a uma transformação. De 1980 a 2020, os trabalhadores caucasianos serão reduzi-

Figura 1-1: Porcentagem das Gerações na População dos EUA

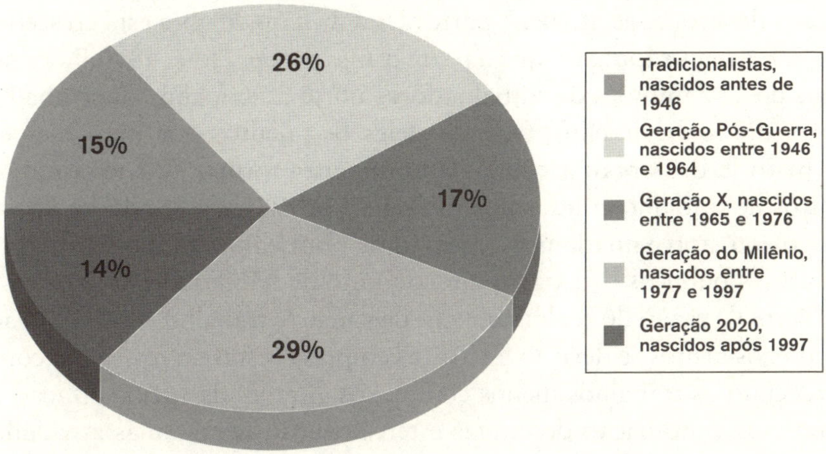

Fonte: U.S. Census Bureau, 2007 American Community Survey

dos de 82% para 63%. Durante este mesmo período, estima-se que os trabalhadores não caucasianos dobrem, passando de 18% para 37%, sendo que a parte latina dos trabalhadores vai quase triplicar: de 6% para 17%.[14] Desta forma, os trabalhadores de minorias, que serão amplamente representados pelas Gerações X e do Milênio, serão responsáveis pela maior parte do crescimento líquido da força de trabalho.

A mão de obra de 2020 irá colocar novas exigências para os empregadores, já que estes vão lidar com uma enorme diversidade em idade, gênero e etnia.

2. A ECONOMIA DO CONHECIMENTO

A alteração demográfica está relacionada a um problema maior: as mudanças nos níveis de habilidade e conhecimento necessários para conseguir e manter um emprego na economia global. Nos próximos cinco a dez anos, um número cada vez maior de empregos exigirá um conjunto ainda mais complexo de habilidades interdisciplinares. A Employment Policy Foundation estima que 80% da iminente escassez de postos de trabalho envolverá escassez de habilidades. Mckinsey Research chama isso de "aumento da força de trabalho tácita" referindo-se a funcionários em empregos que exigem um conjunto complexo de habilidades, tais como resolução de problemas, discernimento, saber escutar, análise de dados, construção de relacionamentos e colaboração e comunicação com os colegas de trabalho.

Esses trabalhos tácitos se opõem aos transacionais, que envolvem menos deveres conceituais. A parte tácita da mão de obra está crescendo 2,5 vezes mais rápido do que a parte transacional. Hoje, 48 milhões dos mais de 137 milhões de trabalhadores norte-americanos são trabalhadores do conhecimento, fazendo deles os talentos que mais crescem na maioria das organizações.[15] Dito de outra forma, 70% de todos os postos de trabalho criados nos EUA desde 1998 — 4,5 milhões de empregos ou, aproximadamente, a mão de obra conjunta das 56 maiores empresas públicas — exigem um conjunto de habilidades tácitas.

Parte da razão do realinhamento da força de trabalho em direção aos empregos tácitos se deve ao fato de as empresas estarem revisando como gerenciam os trabalhos menos complexos, através da racionalização de processos, automação de tarefas e terceirização de algumas atividades. De acordo com a Forrester Research, pelo menos 3,3 milhões de empregos de colarinho branco e $136 bilhões em salários vão migrar dos EUA para países com custos mais baixos, como Índia e Rússia, até 2015.[16]

Os tipos de trabalhos transacionais que foram terceirizados variam desde os centros de desenvolvimento de software da Nortel até os engenheiros aeroespaciais da Boeing e os assistentes editoriais da Thomson Reuters. Conforme Thomas Friedman observou em *The World Is Flat* ("O Mundo é Plano"), a Thomson Reuters terceirizou um certo número de jornalistas na Índia porque é um trabalho que pode ser feito em qualquer lugar do "mundo plano". Tom Glocer, CEO da Thomson Reuters, mostra que o valor acrescido ao trabalho por um jornalista envolve "alguém no mercado com contatos, que sabe quem são os melhores analistas da indústria e que já almoçou com as pessoas certas".[17] Através da terceirização de outras funções do trabalho, a Thomson Reuters consegue preservar jornalistas valiosos para todos os postos de trabalho.

Como, onde e quando o trabalho é feito está mudando drasticamente, à medida que cada vez mais empresas mudam a composição de sua mão de obra para países com custos mais baixos, enquanto criam uma grande porcentagem de empregos tácitos nos Estados Unidos.

3. GLOBALIZAÇÃO

Globalização: o mundo é plano; terceirização: hoje é tudo mais fácil, mas não foi sempre assim. As mudanças no mundo em que vivemos e trabalhamos estão acontecendo em uma velocidade que não dá às empresas o luxo de gerenciar uma mudança por vez. As evidências estão por toda a parte, mas um exemplo eloquente pode ser encontrado nas empresas da lista anual da Fortune 500. Se uma empresa estava na lista em 1980, havia 56% de chance de ainda estar na lista em 1994. Mas, se uma empresa estava na lista em 1994, havia apenas 30% de chance de permanecer nela em 2007. E veja a velocidade com que as inovações têm chegado em 50 milhões de domicílios: o rádio levou oito anos; a televisão, três; e a internet, quatro; o iPod, três; já o Facebook levou apenas dois anos para conquistar os 50 milhões de lares.[18]

Ainda mais drástico: uma olhada na localização das matrizes das 500 empresas do *Financial Times* mostra o nível de globalização que atingimos hoje no "mundo plano". Pense nas mudanças que ocorreram nos 15 países do ranking Global 500 nos últimos cinco anos. No período de 2005 a 2009, o número de empresas no Global 500 e com matrizes no Brasil, Rússia, Índia e China (junto com a África do Sul, são conhecidos como BRICS) aumentou de maneira significante. Conforme apresentamos na Tabela 1-1, o número total de empresas representados pelos 15 países permanece bem constante. Os Estados Unidos apresentam uma queda acentuada com uma perda líquida de 38 empresas, enquanto os países que preenchem os vazios, incluem a China, com um ganho líquido de 35 empresas; a Rússia, com um ganho líquido de duas empresas; a Índia, com um ganho líquido de cinco empresas, e o Brasil, ganho líquido de quatro empresas nas top 500.[19]

TABELA 1-1: LOCALIZAÇÃO DAS MATRIZES NOS TOP 15 PAÍSES

País	2005	2006	2007	2008	2009	Porcentagem da Variação 2005-2009
Estados Unidos	219	197	184	169	181	–17
Japão	43	60	49	39	49	14
Reino Unido	33	36	41	35	32	-3
China	8	11	16	35	43	438
Canadá	22	22	23	24	27	23
França	28	30	32	31	23	–18
Alemanha	19	19	20	22	20	5
Austrália	8	8	11	11	14	75
Espanha	9	8	12	14	13	44
Índia	5	4	8	13	10	100
Suíça	12	11	12	12	10	–17
Brasil	5	8	7	11	9	80
Holanda	9	8	10	8	8	–11
Itália	12	11	8	7	7	-42
Rússia	4	8	8	13	6	50

Fonte: *Financial Times* Global 500 — Top Fifteen Countries.[20]

Até o ano de 2020 os BRICS serão centros dominantes da influência econômica. O que isso significará para contratação no mercado de trabalho? Pergunte a Manish Modi, presidente do Business Resource Group da Pidilite Industries, que diz: "Qualquer trabalho com base no inglês pode ser feito na Índia — você só fica limitado pela sua criatividade e imaginação.". A lista de profissões que está sendo terceirizada inclui até advogados. A Forrester Research, de Cambridge, Massachusetts, estima que o número de empregos na área jurídica nos EUA migrando para outros países vai aumentar de 35.000, em 2010, para 79.000, em 2015.[21]

Mais impressionante ainda é como a natureza do trabalho está mudando em um mercado globalizado. Independentemente de sua firma ser uma multinacional estabelecida ou uma empresa high-tech iniciando as atividades, é provável que você se depare com um banco global de talentos e — pelo menos até certo ponto — tenha que gerenciar uma mão de obra virtual. Os lugares de trabalho virtuais como esses têm menos funcionários no local e instalações mais enxutas na sede. Outrossim, eles têm trabalhadores organizados em equipes globais que não precisam se reportar para escritórios, não mantêm horários fixos e são compensados mais em dinheiro do que em benefícios. Chamamos essas pessoas de funcionários de colarinho branco transitórios, porque estão trabalhando quando, onde e como eles querem. De acordo com um porta voz da IBM, Clint Roswell, aproximadamente 40% dos funcionários da IBM são móveis, o que significa que eles não têm escritórios e comunicam de casa ou da localidade de algum cliente.[22] Então, como eles fazem seus trabalhos? Através de colaboração eletrônica, em videochamadas globais com participantes de três ou quatro continentes, através de mensagens instantâneas ou utilizando sites de compartilhamento de arquivos protegidos por senha.

Esse ambiente de trabalho global privilegia cada vez mais a rapidez das negociações comerciais, a tomada de decisão local, a colaboração e a inovação. Por exemplo, A.G. Lafley, presidente da Procter & Gamble (P&G), diz que o objetivo de sua empresa é fazer parte de, pelo menos, metade das inovações de produtos com empreendedores do mundo todo, fora dos tradicionais laboratórios da empresa.[23] A P&G adotou uma postura visionária com relação à inovação e ao desenvolvimento de produto. Lafley diz: "Queremos que a P&G seja conhecida como a empresa que colabora — aqui e lá fora — mais do que qualquer outra empresa do mundo.".[24] Empresas como P&G estão se tornando mais ágeis, e líderes como Lafley estão precisando de colaboração, agilidade e inovação aberta como alavancas para o crescimento futuro.

As empresas que alcançam esses objetivos certamente o farão através da alavancagem de ferramentas e tecnologias que permitem aos funcionários compartilhar o conhecimento instantaneamente, além de trabalhar em equipes virtuais.

4. O AMBIENTE DE TRABALHO DIGITAL

Você já se perguntou qual é a quantidade de conteúdo digital que passa pelas empresas todos os dias? De maneira surpreendente, a resposta pode estar com um cientista italiano do século XIX, pouco conhecido, chamado Amedeo Avogadro, que definiu o número de átomos de carbono em 12 gramas como sendo 602.200.000.000.000.000.000.000 ou $6,022 \times 10^{23}$, conhecido como constante de Avogadro. O universo digital ainda não é tão grande assim, mas vai chegar lá.

De acordo com uma pesquisa, "The Diverse and Exploding Digital Universe", o número de "átomos" no universo digital — referindo-se à quantidade de conteúdo digital em bytes capturados, criados ou replicados durante o ano — era menos do que um centésimo da constante de Avogadro.[25] Contudo, "o número de 'átomos' digitais no universo digital já é maior que o número de estrelas no Universo. E, pelo fato de o universo digital estar se expandindo a um fator de 10 a cada 5 anos; em 15 anos irá superar a constante de Avogadro".[26]

Web Social: conjunto de ferramentas da Web 2.0, como blogs, wikis e redes sociais, que movimentam a construção de comunidade e a colaboração.
Blog: um web log online, de um indivíduo ou grupo, mantido com informações regulares sobre o assunto escolhido pelos colaboradores.
Wiki: uma página ou um grupo de páginas que possibilitam qualquer pessoa que acesse contribuir ou modificar o conteúdo.

A rápida expansão do universo digital — definida como a informação que é criada, capturada ou replicada na forma digital — vai criar desafios enormes no ambiente de trabalho, tanto para os funcionários quanto para as empresas. Essa informação digital inclui o uso da web social e várias ferramentas de mídia social, como blogs, wikis e sites de compartilhamento de vídeo — ou seja, todas as ferramentas que utilizamos para nos comunicar no trabalho ou na vida pessoal.

Atualmente, centenas de milhares de pessoas constroem, mantêm e comunicam suas identidades usando o Facebook e vários outros sites de redes sociais, como MySpace, Twitter, Friendster, Orkut, LinkedIn e Bebo.[27] Embora esse número seja substancial, o que é ainda mais impressionante é a velocidade com que ele cresce. Estima-se que 250 mil novos usuários criem perfis online todos os dias. Além disso, no ano passado, mais de 125 milhões de norte-americanos assistiram a mais de 7 bilhões de vídeos online, todos os meses, em sites como YouTube, Metacafe, Vimeo e Daily Motion. Essa audiência é quase o dobro da verificada no ano anterior. O YouTube sozinho é considerado como a maior biblioteca online de vídeos do mundo, e, em 2007, armazenava mais de 70 terabytes, ou 70 mil gigabytes de dados. Considerando que, em 1993, a soma de todo o tráfego online do ano foi de, aproximadamente, 100 terabytes, ou 100 mil gigabytes, esse é um desempenho bem impressionante.[28] Algumas pessoas suspeitam que esse número cresceu a uma taxa de 18 terabytes por mês. Se for isso mesmo, o YouTube é mais de quatro vezes maior que a Biblioteca do Congresso dos EUA, a maior biblioteca física do mundo.[29]

Como o Ambiente de Trabalho Digital Vai Nos Afetar no Século XXI?

Enquanto os indivíduos são responsáveis por gerar 70% do conteúdo digital, seus empregadores têm a responsabilidade de gerenciar a segurança e privacidade desse conteúdo com relação ao local de trabalho.[30] As organizações precisam lidar com vários assuntos sobre como gerenciar todo o conteúdo digital no local de trabalho, principalmente quando o software, a plataforma e a infraestrutura são operados por outros — geralmente chamados de computação em nuvem. Esse crescimento no conteúdo digital vai afetar todas as partes da vida corporativa, desde como os funcionários contribuem com novos conhecimentos e como eles se comunicam no trabalho e em casa, até o tipo de políticas, padrões e diretrizes criados pela organização para gerenciar esta explosão de conteúdo digital. Cada vez mais, os funcionários estão trabalhando com suas próprias plataformas de conexão, em aparelhos como notebooks, iPods, celulares e pen drive, sendo que cada um deles é mais adequado para cada parte das vidas ocupadas que têm. O desafio para os empregadores será caminhar na linha fina entre facilitar a criação e o acesso ao conteúdo por parte dos funcionários, e assegurar a precisão e a adequação desse conteúdo no mundo móvel em que vivemos.

5. A ONIPRESENÇA DA TECNOLOGIA MÓVEL

Os trabalhadores estão exigindo coisas novas de seus empregadores. Eles querem optar por como e onde trabalham. Em 7 de setembro de 1987, quinze empresas telefônicas assinaram um contrato para construir redes móveis baseadas no Sistema Global de Comunicação Móvel (GSM). Essa data representa o nascimento da indústria de telefonia móvel global.

Algo que já foi viável somente para os mais ricos, os celulares, hoje, são ferramentas de comunicação essenciais para a vida moderna. Em vários países do mundo todo, há mais celulares do que pessoas. Por exemplo, em 2009, para cada 100 pessoas no Reino Unido, havia 123,64 celulares cadastrados.[31] Foram necessários 12 anos para o primeiro bilhão de telefones celulares ser atingido, mas, apenas meses depois, eram mais de 3,5 bilhões os celulares cadastrados no mundo todo. O GSM projeta que, até o fim de 2012, haverá 4,5 bilhões de celulares cadastrados, para uma população mundial total de 7 bilhões, e, até o ano de 2020, os aparelhos celulares serão a principal fonte de acesso à internet.

Conforme o Dr. Mike Short, vice-presidente da Telefónica Europe e antigo presidente do GSM explicou, “Nós medimos o cadastramento porque há uma tendência crescente dos consumidores terem mais de um celular — um para uso pessoal e outro para uso profissional. Então, observamos uma tendência de mais aparelhos de celular do que pessoas no mundo.”. Dentre outras coisas, Short vê o potencial da tecnologia móvel revolucionar o sistema de saúde, um dia. Por exemplo, em Londres, hoje, um paciente hemofílico pode mandar mensagem sobre suas condições para o hospital através de um celular. Uma utilização mais abrangente da tecnologia móvel pode ter impacto significante na qualidade do atendimento do sistema de saúde. A onipresença dos celulares é apresentada na lista a seguir.

A ONIPRESENÇA DA COMUNICAÇÃO MÓVEL

- Globalmente, mais de 2,5 trilhões de mensagens de texto foram enviadas em 2008.[32]
- A tecnologia móvel está recebendo 1.000 usuários por minuto para os serviços móveis que suportam música, TV, vídeo e aprendizado.
- A tecnologia móvel tem mais usuários nos países em desenvolvimento do que nos desenvolvidos, com 64% de usuários residindo nos mercados emergentes.
- A China é o país com maior número de usuários de celular — 445 milhões.
- Hoje, há mais celulares no mundo do que computadores e TV's juntos.[33]

Fonte: GSM Association, 2008; *The New York Times*, 2008 e *Guardian*, 2009.

Todo esse crescimento em telefones celulares trouxe um aumento de usos inovadores para os aparelhos com relação a aprendizagem, começando já no ensino fundamental. Por exemplo, a Kauffman Foundation, organização que existe na intersecção da educação com o empreendedorismo, fundou um programa chamado Sports Bytes, pelo qual enviam testes de Matemática e Ciências para os celulares dos alunos que estão participando de eventos esportivos nos estádios nos Estados Unidos. De acordo com Julia Holland, gerente de educação da Kauffman Foundation: "mais de 100 mil pessoas participaram do Sports Bytes com o objetivo de inspirar a nova geração para usar os celulares como ferramenta de aprendizagem".

É possível imaginar como os celulares podem se tornar a plataforma de aprendizagem mais importante de nossas vidas. Tudo o que se precisa fazer é visualizar a imensa lista de aplicativos do iPhone para ver mais de 7.200 opções na seção de educação, em áreas como aprendizado de um novo idioma ou revisão das habilidades matemáticas. O aplicativo educacional mais famoso é um programa tutorial da língua espanhola gratuito oferecido pelo 24/7 Tutor. O programa ensina as palavras e frases mais comuns, com gravações de áudio feitas por falantes nativos e um sistema de aprendizagem que permite fazer um autoteste à medida que se avança.[34]

Os aparelhos celulares estão se tornando uma ferramenta importante para o aprendizado corporativo também. Empresas como o Bank of America, a Invitrogen e Wachovia têm projetos pilotos em andamento para realizar treinamentos corporativos com smartphones. Em uma pesquisa com 125 diretores de recursos humanos, conduzida pelo Human Capital Institute, quase 70% relataram que estavam trabalhando com projetos pilotos em aprendizagem móvel, que devem ser lançados em breve. Dentre as áreas de treinamento corporativo em celulares estão: vendas, compliance*, conhecimento do produto e apoio online de desempenho**.

6. UMA CULTURA DE CONECTIVIDADE

Se você tem um adolescente em casa, provavelmente reconhece este cenário: em uma noite típica de semana, seu filho adolescente está fazendo os deveres de casa, enquanto manda uma mensagem de texto para um amigo da sala de aula, envia outra mensagem pelo Facebook para avisar todo mundo sobre a festa que vai haver naquela noite, ouve música no iPod e conversa com, pelo menos, mais dez pessoas através de mensagens instantâneas. Bem-vindo ao mundo conectado em que vivemos.

Em um informe da IDC, os que participam desta cultura são chamados de hiperconectados. Eles são definidos como as pessoas que estão sempre conectadas, independentemente de onde estejam fisicamente — no trabalho, em casa, de férias, em um restaurante, na cama ou até em uma igreja. Cada vez mais, suas vidas pessoais e profissionais estão embaralhadas em uma única e ampla conversa. Quanto mais aparelhos carregarem em seus arsenais, melhor. De acordo com o IDC, os profissionais hiperconectados, atualmente, representam 16% da força de trabalho e vão chegar a 40% nos próximos anos.

Uma nova frase foi elaborada para se referir a como os hiperconectados passam o tempo: é "weisure time" (da combinação do inglês *work* + *leisure*), o próximo passo na cultura vida-trabalho em desenvolvimento. "*Weisure*" se refere à linha embaralhada entre trabalho e lazer. Família, amigos e colegas de trabalho estão em constante contato, usando um arsenal de tecnologias recentes, desde celulares até notebooks. À medida que nos tornamos mais conectados, nossas vidas se toram menos rigidamente compartimentadas.[35]

---

* Área da empresa que verifica a conformidade de procedimentos em relação às diretrizes de negócios e/ou às normas legais e regulamentares.

** Trata-se de um método de aprendizado realizado durante o trabalho realizado pelo funcionário, que oferece acesso a informações relevantes para um melhor desempenho.

Na Zappos, um varejista de calçados online, conhecido pelo atendimento ao cliente, os gerentes dedicam 20% do tempo para atividades que fariam depois do trabalho, e não relacionadas a ele, de acordo com Aaron Magness, chefe do desenvolvimento de negócios e marketing de marca. "Você está construindo confiança quando passa tempo ao ar livre, fora do escritório, com a sua equipe", diz Magness, "e confiança leva à decisões mais rápidas. A linha está cada vez mais indefinida entre o trabalho e o tempo livre em nossa empresa".

QUEM SÃO OS HIPERCONECTADOS?

- São encontrados em todos os países, mas em maior número na América Latina e na região Ásia-Pacífico.
- São encontrados em todas as indústrias, com maior concentração em bancos e empresas de alta tecnologia.
- São encontrados em todos os cargos, mas em maior predominância em TI e pesquisa e desenvolvimento.
- Fazem parte de todos os níveis da empresa, mas a maioria tem cargo de gerência.
- Podem ter qualquer idade — o que importa é a atitude, não a idade — mas 60% deles tem menos de 35 anos.
- Inclui homens e mulheres, mas 60% são homens.
- Têm casas conectadas: 63% tem Wi-Fi em casa.
- A maioria mora na área urbana.
- Se precisam sair de casa de repente, eles pegam o notebook antes da carteira.
- Tendem a trabalhar para empresas que adotam as novas tecnologias primeiro.

Fonte: *IDC, "The Hyperconnected: Here They Come!"*, www.nortel.com/promotions/idc_paper/index.html.

Mas toda essa hiperconectividade tem um lado obscuro? Dois processos federais recentes nos Estados Unidos levantaram questões sobre como a hiperconectividade têm impacto nos funcionários que ganham por hora quando se pede a eles que utilizem os smartphones da empresa para responder a e-mails e mensagens de voz após o trabalho sem receber por isso. Quando a Lei do Trabalho Justo, uma lei federal, foi aprovada em 1938, "trabalho" era fácil de ser definido para os funcionários que ganhavam por hora, entretanto, à medida que as novas tecnologias obscureceram a linha divisória entre trabalho e tempo livre, o local de trabalho se tornou um ambiente 24/7.[36]

Rede social corporativa: um site protegido pelo *firewall* da empresa que permite aos usuários construir um perfil e usá-lo para interagir com os outros que utilizam as ferramentas de mídia social, tais como mensagens instantâneas, compartilhamento de fotos, tagging e pesquisa.
RSS feed: recurso para publicar itens na internet que permite aos leitores se inscreverem para receber posts de um site atualizado com frequência sem precisar visitá-lo. RSS significa "really simple syndication". O RSS feed junta os posts e os envia para o leitor através de e-mail ou de um leitor de RSS, ou ainda um portal customizado.
Mash-up: aplicativo que combina dados ou ferramentas de mais de uma fonte em uma única interface.

Os gerentes de recursos humanos precisam entender esses assuntos e seus impactos sobre os vários segmentos da força de trabalho para mapear uma estratégia sobre como administrar a hiperconectividade no local de trabalho.

A hiperconectividade está se tornando um assunto de negócios. A pesquisa global da McKinsey, com 1.700 executivos do mundo todo, relatou um valor significante, percebido a partir da implantação da mídia social. Dos 1.700 executivos entrevistados, 69% ganharam benefícios empresariais mensuráveis através do uso da mídia social, incluindo a implementação de produtos e serviços mais inovadores, marketing mais eficiente, melhor acesso ao conhecimento, menor custo na realização de negócios e receitas maiores.[37]

O estudo de McKinsey descobriu que as empresas estão usando a mídia social para se dirigirem a uma variedade de colaboradores:

- 41% das empresas usam a mídia social para propósitos internos.
- 34% das empresas se conectam com os clientes através da mídia social.
- 25% das empresas trabalham com parceiros e fornecedores externos usando a mídia social.

As empresas que adotaram com sucesso a mídia social entendem que os funcionários estão procurando maneiras mais inteligentes de trabalhar; se as ferramentas da mídia social conseguem ajudá-los a realizar isso, os funcionários vão adotá-las como parte do fluxo de trabalho natural. Considerando que estamos nos estágios iniciais do mundo da hiperconectividade, os desafios permanecem: há sistemas múltiplos, senhas múltiplas e informações armazenadas em lugares que nem sempre podem ser conectados. Algumas empresas, como a Nortel, estão atendendo às necessidades de unificarem os sistemas de comunicação para alavancar o potencial que a hiperconectividade pode trazer para as finanças.[38]

As empresas estão formando equipes multifuncionais para analisar como e por que apoiar a força de trabalho hiperconectada. Uma das coisas mais atraentes do negócio é a quantidade de tempo que os trabalhadores do conhecimento passam procurando por respostas para as suas questões. De acordo com um informe da Socialtext, uma provedora de software de rede social:

- Os trabalhadores do conhecimento passam até um dia da semana procurando informações e, em metade das vezes, acabam não encontrando o que precisam. Os custos associados à perda de produtividade são enormes.
- Os trabalhadores do conhecimento querem ajuda para encontrar as informações de que precisam para realizar seus trabalhos. Os dias de acúmulo de conhecimento acabaram.
- Os trabalhadores do conhecimento reconhecem que perguntar para os outros pode não trazer os resultados necessários.[39]

Quando você considera que as pessoas precisam poder encontrar e usar o conhecimento para se manterem competentes no trabalho, não é surpresa que elas estarão usando as mesmas ferramentas que utilizam como consumidores e, então, trazem suas expectativas digitais para o local de trabalho. O estudo de McKinsey descobriu que as ferramentas mais amplamente alavancadas dentro das organizações são blogs, redes sociais, wikis e compartilhamento de vídeo — as mesmas tecnologias que os consumidores usam na vida pessoal. Quando utilizadas dentro de uma empresa, essas ferramentas promovem a colaboração, ajudam a identificar e recrutar talentos e permitem uma rápida disseminação do aprendizado, dentre outros usos. Embora as organizações precisem desenvolver uma estratégia para integrar essas ferramentas ao fluxo de trabalho, as recompensas são significativas e têm o potencial de levar à melhoria dos resultados.

O ambiente de trabalho de 2020 está se tornando um local de colaboração, troca de ideias e comunicação com colegas e clientes. O seu valor como funcionário será determinado não apenas por quão bem você realiza seu trabalho, mas também por quanto contribui com seus conhecimentos e ideias para a empresa. As maneiras através das quais as empresas desenvolvem essa cultura de colaboração se tornarão um importante fator de competitividade para atrair e engajar os melhores talentos no século XXI.

7. A SOCIEDADE PARTICIPATIVA

Como as empresas podem melhorar a colaboração e o compartilhamento do conhecimento para obter melhorias em seus resultados? Cada vez mais, elas estão criando uma tendência social na qual as pessoas usam a tecnologia para conseguir o que precisam dos outros, em vez de utilizar as instituições tradicionais.[40]

Scott Cook, fundador da Intuit e ex-consultor da Brain & Company, chama isso de "revolução da contribuição", na qual as empresas valem-se da criatividade de seus consumidores e transformam o conhecimento adquirido em produtos e serviços novos, além da melhoria nos resultados. Esse conceito de contribuição por parte do usuário não é novo. Em 1979, Tim e Nina Zagat fundaram a Zagat Survey, que compila a classificação que os usuários dão para restaurantes, linhas aéreas, hotéis, zoológicos, shoppings e cinemas. O sucesso que alcançaram em Nova York fez com que expandissem para outras cidades do mundo todo.[41]

Há muitos exemplos sobre como essa revolução da contribuição está redefinindo os negócios. A Procter & Gamble alavanca as contribuições dos usuários através de um fórum online chamado BeingGirl, direcionado a garotas na pré-adolescência que estão tentando aprender sobre produtos de higiene, bem como compartilhar as experiências que tiveram com eles. Isso se tornou quatro vezes mais eficaz que as propagandas de TV na definição da participação de mercado para produtos como Always e Tampax. De maneira semelhante, a Sprint, em parceria com a linha Suave de produtos para cuidados pessoais, criou o site Motherhood, onde as usuárias compartilham histórias e dicas sobre ser mãe. Até hoje, mais de três mil histórias foram criadas, e servem como possíveis *plotline* (enredo básico que permite desenvolver múltiplas histórias) de uma série de comédias online. Uma pesquisa da Unilever descobriu que os sites na internet aumentaram a intenção do usuário de comprar um produto Suave enquanto posicionavam a marca como sendo uma que está em contato com a vida dos consumidores.[42]

Esses sistemas de contribuição também são usados dentro das empresas. A Best Buy, varejista americana, está fazendo isso em um sistema de contribuição de funcionários chamado Blue Shirt Nation. Inaugurado em junho de 2006 pelos gerentes de marketing Steve Bendt e Gary Koelling, o Blue Shirt Nation foi criado originalmente como uma maneira de ter conhecimento sobre qual tipo de propaganda estava funcionando dentro da loja. Agora, o Blue Shirt Nation se tornou uma rede social online corporativa pela qual os associados da varejista podem se ajudar na hora de resolver os problemas operacionais da loja, discutir as melhores práticas sobre o que funciona e o que não funciona na área de vendas e até contar piadas. Hoje, o Blue Shirt Nation, com mais de 24 mil usuários registrados, é moderado pelos próprios funcionários.

O que Bendt e Koelling não puderam prever quando criaram o Blue Shirt Nation era como o site poderia ser usado em recursos humanos, além do marketing. Por exemplo, o Blue Shirt Nation fez um concurso entre os funcionários no qual eles enviavam vídeos para estimular a participação dos funcionários no programa "401 (k) plans" (um fundo de pensão). O resultado foi um aumento de 30% na adesão ao plano, mais consciência sobre os programas de recursos humanos da empresa e aumento no engajamento dos funcionários. O Blue Shirt Nation também teve seu papel na redução da rotatividade de funcionários. Enquanto o índice da rotatividade dos colaboradores da varejista era de 60%, os integrantes voluntários do Blue Shirt Nation têm rotatividade de menos de 10%. Talvez, à medida que os colaboradores se engajem no Blue Shirt Nation, fiquem mais satisfeitos com os empregos.[43]

8. APRENDIZAGEM SOCIAL

Se pensarmos na década de 1990 como a década "e", como em e-learning, e-books e e-libraries, podemos visualizar a década 2010-2020 como a década "s", de mídia social, rede social e aprendizagem social. Estamos observando que o aprendizado corporativo não precisa ser elaborado e imposto de maneira vertical. Em vez disso, o aprendizado pode se tornar participativo, social, divertido, atraente e, acima de tudo, integrado com o trabalho. Enquanto a Aprendizagem 1.0 dependia muito do que era ensinado em sala de aula, a Aprendizagem 2.0 acrescentou o aprendizado baseado no computador; e, agora, a Aprendizagem 3.0, ou aprendizagem social, incorpora mídia social, jogos, feedback em tempo real e simulações. A aprendizagem social produz novos conhecimentos a partir de uma interação social: uma mensagem de texto, um post no Facebook, um comentário em um blog, uma entrada em uma wiki, uma palestra acessada de um celular ou uma percepção adquirida depois de visualizar e comentar um vídeo do YouTube.

Aprendizagem social: aprendizagem colaborativa, imediata, relevante e apresentada no contexto do ambiente de trabalho único de cada indivíduo.

John Seely Brown, consultor e autor, conta a seguinte história: John King, pró-reitor de tecnologia de informações acadêmicas da Universidade de Michigan (UM), fez uma pergunta aparentemente simples a Brown, sobre quantos alunos ele acreditava estudar na Universidade de Michigan todos os anos. Em resposta, Brown disse: "Eu sabia que a universidade tinha cerca de 40 mil alunos, alguns milhares a mais ou a menos, então, essa é minha resposta.". Embora King tenha concordado que Brown acertou o número de matrículas da faculdade, ele explicou que o número de alunos em contato estava mais perto dos 250 mil. Esta é a lógica: "Todos os anos, os calouros trazem suas redes sociais para a universidade. Essas redes sempre alcançam comunidades e escolas dos alunos da UM. O uso de softwares e ferramentas de redes sociais, como SMS, IM, Facebook e MySpace amplia as discussões, os debates e os grupos de estudo que surgem naturalmente no campus para abranger este amplo círculo e, assim, aumentar o efeito da universidade sobre todo o estado.".[44]

Essas redes estão sendo utilizadas para debater ideias, propor questões, conduzir pesquisas e ampliar o debate em sala de aula. Hoje, é preciso considerar o ambiente social mais amplo ao qual pertencem os alunos para poder avaliar como e onde o aprendizado ocorre.[45]

Se a aprendizagem em nível universitário está se tornando mais uma experiência social, o que dizer sobre o aprendizado corporativo? Há um número cada vez maior de empresas, apresentadas nos capítulos 5 e 6, que estão reinventando o aprendizado para torná-lo mais social e pessoal, para aumentar sua disponibilidade através de vários formatos e para misturá-lo com o trabalho. As empresas que estão seguindo este modelo estão desenvolvendo experiências de aprendizagem mais colaborativas e atraentes, que têm apelo maior para todas as gerações, e estão criando uma vantagem competitiva na busca e retenção de talentos.

9. RESPONSABILIDADE SOCIAL CORPORATIVA

Se a aprendizagem está se tornando social, a filantropia corporativa também está, e, hoje em dia, é direcionada pelos negócios e integrada nas agendas sociais, éticas e ambientais de muitas empresas. Isso é conhecido como Responsabilidade Social Corporativa (RSC). Algumas empresas estão dando um passo à frente com relação à RSC ao incorporar oportunidades de desenvolvimento de liderança em vários programas. Empresas como IBM, Pfizer e Ernst & Young estão criando programas RSC que funcionam da seguinte maneira: elas selecionam um pequeno número de gerentes com alto potencial e os mandam trabalhar em uma empresa local durante um mês, em uma região do mundo onde as empresas preveem crescimento futuro. Embora esses programas tenham como base a filantropia, eles dão às empresas patrocinadoras a oportunidade de construir futuros líderes globais com experiência de trabalho em um país direcionado para o crescimento.

Embora os programas recebam vários nomes em cada empresa, tais como o Corporate Service Corps, da IBM; Corporate Responsibility Fellows, da Ernst & Young; e Global Health Fellows, da Pfizer, a meta é a mesma: cidadania corporativa como meio de ampliar os objetivos estratégicos da empresa enquanto se constrói uma nova geração de líderes globais.

O mais amplo dentre esses programas é o Corporate Service Corps (CSC), da IBM. Inaugurado em julho de 2008, a IBM o utiliza para enviar aproximadamente 100 funcionários de 31 países para Romênia, Turquia, Vietnã, Gana e Tanzânia para trabalhar em equipes de oito a dez pessoas em projetos que visam a ajudar os empreendedores a acessarem microcréditos, desenvolver laboratórios de aprendizagem e treinar professores com relação aos usos mais eficazes das tecnologias de informação e comunicação.[46]

A IBM está investindo $6 milhões nos próximos três anos, com o objetivo de ter 600 pessoas participando do Corporate Service Corps. De acordo com Kevin Thompson, gerente de programa sênior do Corporate Service Corps da IBM, "A ideia por trás deste programa surgiu do desejo que a IBM tinha de ter mais funcionários desenvolvendo uma perspectiva global em países onde a empresa vê oportunidades de crescimento a longo prazo para a próxima década. Na IBM, chamamos isso de construção de cidadania global.". O Corporate Service Corps faz parte da nova arena da cidadania global da IBM, responsável por construir essa cidadania global entre os jovens líderes.

Embora o CSC seja apresentado como filantrópico, os funcionários selecionados para o programa com duração de seis meses não são voluntários. Eles recebem o salário normal e são reembolsados pelos gastos que tiverem com viagens e despesas enquanto permanecem em outro país. Thompson compartilha a visão mais ampla do CSC: "Construir competências de cidadania global entre nossos líderes com maior potencial.". E continua: "Hoje, fazer com que os funcionários leiam sobre como conduzir negócios em mercados emergentes não é mais suficiente. Acreditamos que eles devem ter uma experiência mais ativa sobre como viver, trabalhar e se comunicar em um país emergente.".

Cidadania global: envolve o entendimento de como conduzir negócios em um país estrangeiro, desenvolvendo uma maior inteligência cultural e uma apreciação mais profunda da relação entre empresas e sociedade, ser capaz de compreender ambientes de políticas complexas e como trabalhar em equipes virtuais com pessoas do mundo todo.

Um dos aceitos para o programa CSC da IBM foi o Dr. Stefan Radtke, arquiteto de sistemas que trabalha na empresa há 13 anos. Radtke, sediado na Alemanha, foi selecionado para se juntar a uma equipe de cinco pessoas em Gana, para trabalhar para a Yeboah Afihene Industries Limited, uma empresa familiar que produz colchões de mola, camas de aço, cadeiras de aço e outros móveis. Atualmente, a empresa está envolvida em um projeto para fabricar mais produtos ecologicamente corretos. Radtke se preparou para a tarefa internacional através da participação em um site de rede social protegido por senha, no qual ele e os outros integrantes foram se conhecendo, postando fotos, compartilhando expectativas, se familiarizando com os costumes e a economia locais, e realizando uma série de cursos online relacionados aos objetivos do trabalho em Gana.

Depois que Radtke voltou de Gana, concluiu que "A maior lição para mim, ao trabalhar em Gana, não foi o aspecto técnico do trabalho nem o fato de ajudar a empresa a atingir seu objetivo estratégico, mas foi o aspecto cultural, o que significa ter consciência sobre as diferenças culturais de Gana e como me conter de tentar convencer os outros integrantes da minha equipe que o jeito da IBM era o único jeito *certo* de trabalhar. Ao invés disso, aprendemos a trabalhar juntos para encontrar a *melhor* maneira de fazer as coisas.".

Agora, a IBM está usando o seu programa de investimento social e corporativo como ferramenta de recrutamento. Isso faz sentido, já que 94% dos recém-formados na universidade esperam trabalhar além das fronteiras geográficas, e 88% vão procurar empregadores com valores de responsabilidade social que refletem as ideias que têm, conforme revelou uma pesquisa da PricewaterhouseCoopers (PwC), entre 4.271 recém-formados que haviam sido contratados, chamada "Managing Tomorrow's People: Millenials at Work". Essa pesquisa também demonstrou que outros 86% dos recém-formados contratados vão considerar deixar um empregador cujos valores de responsabilidade social não reflitam mais o seu ponto de vista.[47]

Levando em conta esse grau de comprometimento com a responsabilidade social corporativa, não é surpresa que empresas como IBM, Pfizer e Ernst & Young estejam se certificando de que seus programas de responsabilidade social corporativa tenham um impacto cada vez maior. Eles estão criando oportunidades para os funcionários aumentarem sua competência de liderança global enquanto trabalham em países emergentes, e, depois, usam estes programas como meios de atrair, desenvolver e engajar os talentos com alto potencial.

10. A GERAÇÃO DO MILÊNIO NO AMBIENTE DE TRABALHO

A Geração do Milênio, formada por aqueles que nasceram entre 1977 e 1997, tem muitos outros nomes: Geração Internet, Geração Y, Nativos Digitais e até Geração Google, dentre outros. Porém, independentemente do termo utilizado, esses indivíduos compartilham uma característica comum: cresceram usando a tecnologia como parte da vida diária, e esperam que os empregadores forneçam as mesmas ferramentas para que possam colaborar, discutir ideias e formar redes no trabalho, tal como fazem em suas vidas pessoais.

Assim como Don Tapscott diz em seu livro, *Grown Up Digital: How the Net Generation Is Changing Your World*, "Se você entende a Geração Internet entenderá o futuro. Também entenderá como as nossas instituições e a nossa sociedade precisam mudar nos dias de hoje.".[48] Por ser a primeira geração a estar conectada desde o nascimento, ele diz: "A Geração Internet é mais esperta, mais rápida e mais tolerante à diversidade do que seus antepassados. Eles realmente se importam com a justiça e com os problemas pelos quais as sociedades passam.".[49] Esses jovens estão transformando as instituições da vida moderna. Eles estão pedindo oportunidades para o aprendizado personalizado através de mentores e indagando sobre as oportunidades de ter coaching virtual ou e-coaches na tentativa de desenvolver a carreira.

Se as empresas quiserem atrair e engajar os melhores talentos da Geração do Milênio precisarão dar maior ênfase em oferecer o que esses jovens profissionais mais valorizam, argumenta Tapscott. Oito normas ou características definidoras da Geração Internet são críticas para compreender suas necessidades e expectativas. De acordo com Tapscott, a Geração Internet:

- Quer liberdade em tudo o que faz — desde liberdade de escolha até liberdade de expressão.
- Adora desenvolver e personalizar suas experiências.
- É formada pelos "novos" escrutinizadores.
- Procura integridade e abertura por parte da empresa quando decide o que comprar e onde trabalhar.
- Quer encontrar diversão nas áreas profissional, educacional e social.
- Tem como foco a colaboração e a construção de relacionamentos.
- Tem necessidade de velocidade — e não apenas nos video games.
- É inovadora e está constantemente procurando por novas maneiras de colaborar, entreter-se, aprender e trabalhar.[50]

As organizações que entendem o que é importante no ambiente de trabalho para a Geração do Milênio terão uma vantagem competitiva para atraí-los e engajá-los. Leve em consideração a experiência do Johnson Space Center (JSC), da NASA. Um de seus objetivos, em 2007, era desenvolver uma nova estratégia de comunicação que explicasse o Constellation Program, um projeto de exploração do espaço com custo de $124 bilhões, que levaria os humanos novamente à superfície da lua. Em vez de desenvolver uma mensagem de marketing de apenas uma via e depois impô-la, a NASA reuniu um pequeno grupo de integrantes da Geração do Milênio, em uma força tarefa multigeracional, para desenvolver novas estratégias visando conectar uma população de funcionários da mais variada faixa etária com a missão da NASA. Garret Fitzpatrick, de 26 anos, engenheiro da tripulação de ônibus espaciais que se juntou a essa força tarefa diz o seguinte sobre sua experiência: "Eu me senti honrado por fazer parte desta equipe encarregada de recomendar um novo meio de comunicação com a NASA. Conheci outras pessoas da Geração do Milênio na NASA, enquanto fazia parte de uma grande iniciativa e interagia com o gerenciamento sênior.".

Fitzpatrick diz que uma das sugestões do pequeno grupo foi: "Abrir caminhos para permitir que os funcionários da NASA compartilhem suas incríveis histórias e perspectivas relacionadas ao trabalho, e ao futuro do programa espacial.". Open NASA (www.opennasa.com) é um blog colaborativo no qual os funcionários da NASA compartilham as percepções sobre o que está e o que poderia estar acontecendo dentro dos programas espaciais dos EUA. E Fitzpatrick continua: "As postagens do blog variam nos tópicos desde como a NASA está usando a mídia social até as maneiras pelas quais a NASA está recrutando novos funcionários e novas notícias sobre os próximos lançamentos. Essa é uma das razões pela qual me juntei à NASA, para fazer uma diferença duradoura e para inspirar as pessoas a se tornarem parte da aventura.". Para a NASA, envolver a Geração do Milênio na criação de um ambiente de trabalho mais aberto, colaborativo e inovador está começando a trazer recompensas: a NASA fiou em 16º lugar no ranking do Melhores Lugares para Fazer uma Carreira, *Business Week 2008*.

Para cada uma das cinco gerações no local de trabalho, as dez forças que elencamos — que incluem alterações demográficas, globalização e aumento do uso da tecnologia através da web social — necessitam de um conjunto diverso de soluções para atrair, desenvolver e engajar os funcionários. Assim como a Kátia, no início do capítulo, dependia de várias novas maneiras para contribuir e colaborar com o ambiente de trabalho, todos os funcionários também dependerão. As empresas que são pró-ativas na compreensão das forças em jogo terão uma vantagem para atrair os talentos que precisam para serem bem-sucedidas no novo mundo do trabalho.

RESUMO:

- **Mudança na demografia da mão de obra.** As mudanças na composição da mão de obra, baseadas em mudanças no gênero, etnia e gerações vão exigir que os empregadores aprendam a administrar a diversidade crescente da mão de obra.
- **Aumento na economia do conhecimento.** Cada vez mais, empresas têm de cortar os custos através da redução e terceirização, sempre que possível. O trabalho repleto em conhecimento vai necessitar de um conjunto de competências cada vez mais complexo.
- **Globalização.** As empresas vão depender do mercado global para alimentar o crescimento. Um número cada vez maior das melhores empresas globais estarão sediadas em países de economia emergente, alimentando a competição global por talentos.
- **Hiperconectividade crescente.** No nosso mundo cada vez mais conectado, a linha divisória entre trabalho e tempo livre está ficando obscura. Enquanto os empregadores aproveitam as ferramentas da web social, alguns funcionários acham difícil alcançar o equilíbrio entre trabalho e vida.
- **Responsabilidade social corporativa ampliada.** No mercado atual, as empresas estão incluindo atividades de desenvolvimento de liderança que incorporam uma oportunidade de RSC. Os empregadores que fazem isso estão formando líderes globais em mercados emergentes, os quais estão em franco crescimento.

CAPÍTULO DOIS

Múltiplas Gerações no Trabalho

InVentiv Health Inc. tem um total de 7 mil funcionários globalmente, cujas idades variam entre 18 e 78 anos. E não são apenas os mais velhos que estão gerenciando projetos. Veja Sandra Russo. Ela é integrante de três equipes diferentes, nas quais as idades variam da sua, 28 anos, a 65 anos. Com uma força de trabalho multigeracional, a InVentiv Health está bem ciente da diversidade etária no local de trabalho e, consequentemente, oferece aprendizagem e comunicação de vários modos, desde a sala de aula e o ambiente online até podcasts e webinários (palestras ou seminários transmitidos pela web). Ainda mais importante é que nunca presumimos que a geração mais antiga não seja tão conhecedora da tecnologia quanto os mais jovens. É muito fácil rotular as pessoas com base apenas na idade, mas preferimos permitir que cada funcionário decida o formato que prefere.

Peter Marchesini, CLO da inVentiv Health

DIVERSIDADE ETÁRIA NO AMBIENTE DE TRABALHO

Em grande parte, como as empresas lidam com as diferentes expectativas, necessidades de carreira, estilos de comunicação e as preferências de aprendizagem de cada geração determinarão como as empresas irão atrair, desenvolver, engajar e manter os talentos de ponta. A importância das alterações na demografia que estão ocorrendo nos dias de hoje é tamanha, que vale a pena mergulhar mais fundo para entender suas implicações em 2020. A citação acima, de Marchesini, expressa a importância do crescimento do problema de diversidade mais recente que as organizações encaram nos dias de hoje: a diversidade etária. Enquanto as organizações têm lidado, historicamente, com a diversidade de etnia, gênero, orientação sexual e deficiências físicas, agora, elas também precisam lidar com a extrema diversidade etária, com membros de até quatro e, às vezes, cinco gerações trabalhando juntos, lado a lado.

Enquanto um número recorde de integrantes da Geração do Milênio está entrando no mercado de trabalho, muitos trabalhadores mais velhos também estão retornando em busca de uma segunda carreira. Devido à crise econômica que começou em 2008, muitos trabalhadores mais antigos não podem se dar ao luxo de se aposentar. Uma pesquisa realizada pelo projeto Social and Demographic Trends do Centro de Pesquisa Pew descobriu que o fator mais importante quando o indivíduo decide se vai ou não adiar a aposentadoria é quanto dinheiro ele ou ela perdeu na crise econômica. Pew relata que, em uma amostra com 2.969 trabalhadores adultos, com idades entre 50 e 64 anos, os que perderam 40% ou mais de seus investimentos na crise tinham probabilidade duas vezes maior de adiar a aposentadoria do que aqueles que não perderam dinheiro algum.[1]

Esses trabalhadores mais velhos vão permanecer em seus empregos atuais por mais tempo ou buscarão uma segunda carreira, realizando sonhos de longa data, quando possível. O governo federal é um setor que parece estar contratando os trabalhadores mais velhos, com mais experiência.

O Partnership for Public Service, um grupo de defesa do serviço público com sede em Washington, D.C., tomou uma iniciativa que visa encorajar as agências federais a recrutar e contratar os trabalhadores mais velhos. Os dados da Partnership mostram que, dos 68 mil trabalhadores contratados em 2003 nos níveis 12 a 15 do General Service (o mais alto nível de emprego governamental), 15% vieram de fora do governo federal, e este número está aumentando a cada ano.[2] Veja o exemplo de John Emens, que se aposentou dos bancos comerciais em 2002, com 32 anos de carreira, sem ideia alguma do que fazer depois. Em uma reunião de diretoria em Washington, D.C., ele mencionou a aposentadoria para um colega, que lhe sugeriu que considerasse seguir carreira no serviço federal.

Emens disse: "Eu estava trabalhando em uma indústria extremamente regulamentada; o serviço federal e as oportunidades que este oferecia nunca tinham passado pela minha cabeça.". Ele se juntou ao Export-Import Bank, um banco federal no qual, agora, é vice-presidente sênior de pequenas empresas.[3]

Para recrutar mais pessoas com esse perfil, o Partnership formatou um programa que concede bolsas atraentes para os americanos mais idosos, nos moldes do White House Fellows[NE]. Esse é o tipo de solução criativa necessário para lidar com a escassez de talentos que as agências do governo federal encaram.

Enquanto o governo federal procura atrair trabalhadores mais velhos para uma segunda carreira, as outras empresas percebem um desafio diferente: como integrar os jovens trabalhadores da Geração do Milênio no ambiente de trabalho. Pense nas altas expectativas que essa geração traz para o local de trabalho. Como diz Ron Alsop, que já trabalhou no *Wall Street Journal* e é autor de *The Trophy Kids Grow Up*, "A Geração do Milênio está se preparando há anos para se sobressair em tudo o que faz, e ela leva isso para o local de trabalho.".[4] Em seu livro, ele cita James Danko, o reitor da faculdade de administração da Villanova University, que compartilha uma história de como os pais de um candidato uma vez lhe deram uma cópia da planilha do Excel que haviam usado para registrar todas as realizações do filho. Danko conta:

> "É uma geração guiada por credenciais... sem dúvida alguma. Tenho que cumprimentá-los pela ambição e direção, mas, às vezes, há intensidade demais ao competir. Chega ao ponto de eles sentirem que precisam fazer cursos na faculdade durante o verão e terem duas, até três especializações para continuarem na ponta.".[5]

O que acontece no ambiente de trabalho quando essa geração é forçada a trabalhar lado a lado com colegas mais velhos, que, às vezes, podem considerá-los fora da realidade?

Para responder a essa questão com êxito, bem como às outras que surgem por haver uma força de trabalho de várias idades coexistindo no mesmo ambiente, é importante compreender cada geração, além dos desafios que elas trazem para o trabalho, como estilos de comunicação, aspirações profissionais e transferência de conhecimento. Entender todas as gerações é crucial porque os empregadores que se adaptarem mais rápido conseguirão atrair os funcionários mais qualificados quando a luta por talentos estiver a todo vapor.

[NE] Um programa criado em 1964, pelo presidente Lyndon Johnson, que selecionava cidadãos para assistirem altos membros da administração federal, proporcionando-lhes uma experiência de alto nível nos assuntos da nação.

APRESENTANDO AS CINCO GERAÇÕES

Hoje, os empregadores estão lidando com quatro gerações no local de trabalho, mas, até 2020, serão cinco, e cada uma delas terá seus próprios valores e crenças, além de uma visão diferente do ambiente de trabalho.

Conforme podemos observar na Figura 2-1, o Departamento de Estatísticas Trabalhistas projetou que, até 2020, haverá cinco gerações no local de trabalho, e que a Geração do Milênio representará mais de 50% das pessoas.

Com essa demografia em perspectiva, as empresas precisarão criar estratégias novas para lidar com motivação, comunicação, desenvolvimento e engajamento dos integrantes de cada geração. Assim, a compreensão das necessidades, expectativas e exigências de cada uma delas será crucial para criar um plano de desenvolvimento da força de trabalho para os próximos anos.

Vamos analisar cada uma das gerações e as implicações que suas diferenças terão nos recursos humanos, na aprendizagem e nas estra-

Figura 2-1: Cinco Gerações no Local de Trabalho

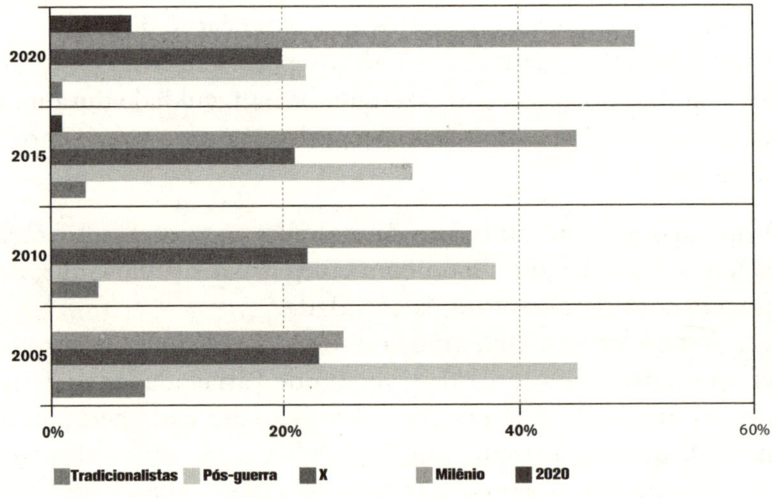

Fonte: Bureau of Labor Statistics Employment Projections.

Figura 2-2: População Norte-americana por Geração

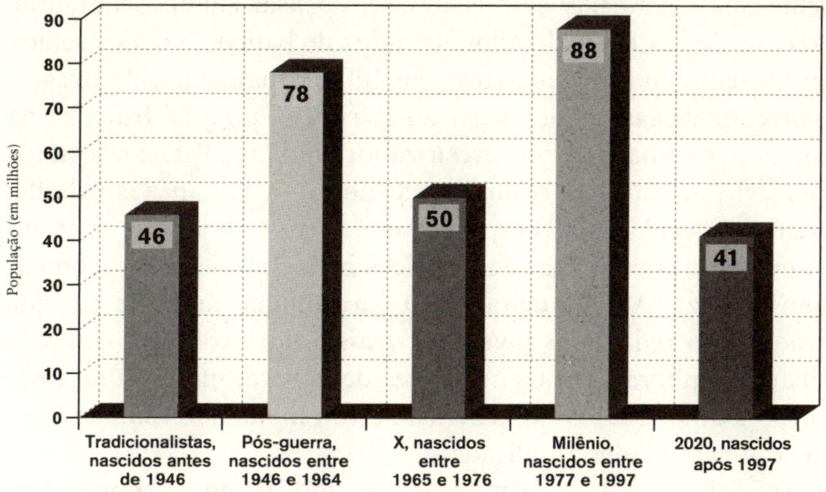

Fonte: U.S. Census Bureau, 2007 American Community Survey.

tégias de comunicação. Primeiro, o aspecto mais importante é entender a demografia. A Figura 2-2 mostra os dados da população norte-americana, de acordo com o Departamento de Censo dos EUA, de 2007.

Tradicionalistas: Nascidos Antes de 1946; 46 Milhões

Os tradicionalistas também são chamados de Geração Silenciosa e Veteranos. No ano de 2010, todos já tinham mais de 64 anos. Os eventos que definiram a Segunda Guerra Mundial e a Guerra da Coreia mudaram milhões de vidas e moldaram o caráter patriótico, leal e trabalhador da Geração Tradicionalista. Provavelmente, Tom Brokaw conseguiu capturar os Tradicionalistas da melhor maneira em seu livro, *The Greatest Generation*, quando escreveu: "Eles venceram a guerra; salvaram o mundo. Voltaram para casa a fim de participar de comemorações alegres e curtas e, imediatamente, deram início às atividades de reconstrução da vida deles e do mundo que eles queriam.".[6] Se há duas palavras que podem caracterizar essa geração, elas são "confiabilidade" e "sacrifício". Eles aprenderam desde cedo a deixar suas necessidades e seus desejos de lado para lutarem por um objetivo comum — seja a igreja, o aspecto militar ou o ambiente de trabalho.

Hoje, alguns tradicionalistas se aposentaram, porém, um número crescente está ativamente empregado, sem pensar em aposentadoria. Veja o caso de Les Resnick, administrador de banco de dados sênior, que se aposentou na Merrill Lynch, em 2005. Atualmente, ele atravessa o corredor de casa para chegar ao escritório, no qual trabalha na área de TI para uma empresa terceirizadora indiana. Esta é a segunda carreira dele e a que está realmente curtindo — não apenas pela flexibilidade oferecida, mas porque ele ainda tem a chance de continuar a ampliar suas competências técnicas bem como suas economias. É como ele diz: "A verdadeira razão para minha mudança na vida profissional foi reduzir os níveis de *stress* e ficar com um emprego semelhante, embora com menos dores de cabeça, mesmo que fosse com menos dinheiro. Como benefício, estou mantendo minhas competências e habilidades atualizadas.".

Os Tradicionalistas também são conhecidos como a Geração Melhor pelo serviço prestado durante a Segunda Guerra Mundial, mas também encararam as maiores mudanças tecnológicas nas áreas pessoal e profissional. Pense nas invenções tecnológicas que aconteceram nos últimos 60 anos, desde o final da guerra; desde o primeiro cartão de crédito, emitido em 1946; até a televisão em cores, em 1950; o computador pessoal, em 1981; o primeiro celular, em 1987; o surgimento da World Wide Web, em 1991; e a introdução do Google, em 1998, acompanhados por uma grande variedade de invenções de mídias sociais, que variam desde MySpace até Facebook, YouTube, Second Life e Twitter.

Até 2020, os Tradicionalistas mais antigos terão 75 anos e, conforme vimos através do Centro de Pesquisas Pew, alguns ainda farão parte da força de trabalho. Ao pesquisar para escrever este livro, encontramos um representante de vendas, de 82 anos, na PPG Industries, que conhece tão bem seus produtos e como os clientes os utilizam, que o CEO da PPG o leva em visitas aos clientes mais importantes. Pense: 82 anos de idade e ainda trabalha lado a lado com várias gerações dentro da empresa.

Pós-guerra: Nascidos Entre 1946 e 1964; 78 Milhões

Em 2010, os nascidos na Geração Pós-Guerra têm entre 40 e 60 anos, e representam um grande segmento da força de trabalho. Eles foram chamados de Geração da Guerra Fria ou Geração da Economia em Crescimento.[7] Todavia, independentemente de como são conhecidos, dois dos maiores impactos nesta geração foram a televisão e o computador pessoal. Em 1950, apenas 12% dos domicílios nos EUA tinham televisão, mas, em 1958, o número subiu para 83%. O aumento no número de televisores moldou essa geração, provavelmente, mais do que qualquer outra coisa, e esse meio de comunicação tornou-se o mais poderoso disponível na época.[8] À medida que se sentava em frente às TVs, a personalidade dessa geração estava sendo moldada para os anos seguintes. Eventos como a Guerra do Vietnã, Watergate, o primeiro homem na lua e o assassinato dos irmãos Kennedy foram revelados através do meio visual. E, conforme essa geração assistia à TV, o respeito e a desconfiança em relação às autoridades iam se formando.

Embora tenha sido a TV a causadora do maior impacto nas casas da Geração Pós-Guerra, foi o computador pessoal que teve impacto direto sobre seus empregos. Pense nesse post de "Boomer Chronicles", um blog escrito por Rhea, uma jornalista de cinquenta e poucos anos, analisando as mudanças em sua carreira:

> No decorrer da minha carreira de jornalista, vi muita tecnologia ir e vir. Quando estava no colegial, em meados da década de 1970, eu trabalhava no jornal da escola. Usávamos máquinas de datilografias (lembram delas?) para escrever as notícias. Depois, tinha que copiar cada história, letra por letra, em folhas de papel cobertas por pequenos quadrados... No final da década de 1970, no meu primeiro emprego em um jornal, no *The Sentinel*, em East Brunswick, Nova Jersey, lembrei que tínhamos datilógrafos que faziam a composição dos textos através de uma máquina, que produzia tiras compridas de papel amarelo com furos... Por volta de 1979, lembro-me de ter visto o primeiro computador pessoal enquanto estudava jornalismo. Somente o professor o usava.[9]

Muitos da Geração Pós-Guerra ainda se lembram de quando tinham que "andar até o computador", porque ele ocupava uma sala inteira. A sala tinha perfuradores de cartão, leitores de fita de papel e unidades de fita magnética. Os funcionários tinham acesso limitado "ao computador". Tudo mudou em janeiro de 1975, quando o *Popular Electronics* publicou uma matéria na primeira página chamada "Project Breakthrough: The World's First Minicomputer Kit to Rival Commercial Models". Esse artigo se referia ao Altair, um computador em estilo *faça você mesmo*, que as pessoas podiam montar em casa, o que levou ao lançamento do primeiro computador pessoal comercial em 1981. Depois disso, o mundo mudou drasticamente, e Bill Gates e Paul Allen, cofundadores da Microsoft, nascidos em 1955 e 1953, respectivamente, tinham idade suficiente para ver o potencial de cada um ter o seu próprio computador, quando isso se tornou viável para eles. Não é de se admirar que a Geração Pós-Guerra aponte o computador pessoal como a invenção que mais mudou sua vida profissional.

Geração X: Nascidos Entre 1965 e 1976; 50 Milhões

Em 2010, os integrantes da Geração X tinham entre trinta e quarenta e poucos anos. Nos dez anos que seguiram os anos de expansão da década de 1950, as taxas de nascimento caíram drasticamente: houve uma redução de 15%. Aí, entra a Geração X, que recebeu esse nome depois do título de um romance de 1991, *Generation X: Tales for an Accelerated Culture*, escrito por Douglas Coupland. Neste romance, Coupland descreve a geração que alcança a maturidade no final da década de 1980, com um desejo ardente de não se deixar envolver pelo canto de sereia do dinheiro, status e alpinismo social. No local de trabalho, eles foram energizados por um manifesto de Tom Peters, chamado "The Brand Called You", que surgiu pela primeira vez na edição da revista *Fast Company*, em agosto de 1997, quando os integrantes da Geração X estavam na casa dos 20 ou 30 anos. Peters escreveu:

> Independentemente da idade, posição, dos negócios que temos, todos nós precisamos entender a importância das marcas. Somos os presidentes de nossas próprias empresas: Eu Ltda. E, para estar nos negócios hoje, nosso trabalho mais importante é ser o chefe de marketing da marca chamada Você. É simples assim — e difícil assim. E inevitável.[10]

O convite de Peters, para agir, desencadeou as aspirações da Geração X por liberdade. Essa é uma geração que busca autoconfiança, independência e equilíbrio. De acordo com "What Business Thinks", uma pesquisa com 408 executivos de Minnesota, conduzida pelos autores Lynne Lancaster e David Stillman, os integrantes da Geração X estão dispostos a buscar o equilíbrio quase que de maneira independente do impacto em suas finanças. O tempo livre é extremamente valorizado por esta geração, e ela tem menor probabilidade de trabalhar para um empregador, já que buscará a empresa que melhor se encaixa em suas necessidades pessoais/profissionais.

Essas pessoas são individualistas e idealistas. Frequentemente chamadas de "Latchkey Kids"* durante a juventude, devido à autossuficiência precoce, hoje, são conhecidas por pensar como empreendedores, vencendo em situações onde podem ser pensadores independentes e buscam o equilíbrio entre trabalho e vida pessoal. Começando as carreiras em uma época de mudanças econômicas e sociais, os integrantes da Geração X testemunharam a AIDS, a Guerra do Golfo e o efeito da quebra da bolsa, em 1987. Hoje, são a geração que mais se assemelha à forma como a Geração do Milênio usa a tecnologia para tocar as áreas profissional e pessoal. Embora muitos possam ser semelhantes aos da Geração do Milênio quanto ao uso da tecnologia, eles têm ciência de que a Geração do Milênio está esperando pelos seus empregos nos bastidores, pronta para agir assim que acionada.

Em 2010, os mais velhos desta geração eram da meia idade. As expectativas são altas para que eles se tornem os mentores e *coaches* da próxima geração.

Geração do Milênio: Nascidos Entre 1977 e 1997; 88 Milhões

Em 2010, a Geração do Milênio estava na casa dos vinte e dos trinta e poucos anos. Esses jovens são conhecidos como Nativos Digitais, Geração Y, Geração Internet e Geração Google. Mas, independentemente de como você os chama, eles têm vivido na internet desde quando aprenderam a escrever seus nomes. São confiantes no aspecto digital e compartilham fotos, enviam mensagens de texto para amigos, postam mensagens no Facebook e assistem a vídeos no YouTube com a maior facilidade — às vezes, fazem tudo isso de uma só vez.

Quando você olha para os últimos 20 anos, uma das mudanças mais significativas que afetou os integrantes da Geração do Milênio

---

* Expressão que designa crianças que cresceram com pouca ou nenhuma supervisão dos pais, seja porque estes trabalham ou por qualquer outra razão.

foi o surgimento da World Wide Web e a grande variedade tecnológica que veio a seguir. O Google, inaugurado em 1998, é tão onipresente nos dias de hoje que chega a ser utilizado como verbo, e se tornou o principal lugar para fazer perguntas que afetam as áreas profissional e pessoal. Em 1983, somente 7% dos domicílios tinham um computador pessoal; já em 2004 esse número chegou a 44%.[11]

Hoje, três quartos dos adolescentes norte-americanos, com idades entre 15 e 17 anos, têm um aparelho celular e 73% dos jovens com idades entre 12 e 17 anos usam a internet.[12] À medida que esses jovens, ávidos por tecnologia, chegam ao mercado de trabalho, os empregadores precisam descobrir como gerenciar, desenvolver e engajar todos eles.

Para se ter uma ideia de como a Geração do Milênio é hiperconectada, veja a pesquisa global com 862 integrantes desta geração, realizada pelo Chartered Management Institute, do Reino Unido, e chamada de "Generation Y: Unlocking the Talent of Young Managers (Geração Y: Liberar o Talento dos Jovens Gestores)". O perfil desta geração aparece como sendo ambiciosa, exigente e hiperconectada, acreditando piamente que pode mudar o mundo. De acordo com a pesquisa, a Geração do Milênio quer:

- Trabalhar para uma empresa que faça algo em que acreditem.
- Ser autodirecionada quando se trata do desenvolvimento pessoal e de aprendizagem, sendo que 68% das pessoas dizem querer iniciar grande parte do seu próprio aprendizado e desenvolvimento.
- Trabalhar para empresas que dão suporte, capacitação e inspiração.
- Misturar as áreas pessoal e profissional de modo que possa trabalhar quando, como e onde quiser.
- Desenvolver novas habilidades e boas prospecções de carreira com seus empregadores.[13]

Em resumo, essa pesquisa ilustra os jovens profissionais que têm sede de sucesso. Eles têm acesso a celulares, notebooks, Facebook, MySpace e YouTube desde a adolescência. Quando faziam a tarefa da escola, usavam o Google para encontrar as respostas mais rapidamente. Com as informações mais recentes chegando constantemente em seus quartos, os integrantes desta geração testemunharam o bombardeio em Oklahoma City, os ataques terroristas de 11 de setembro de 2001 e o massacre da escola Columbine. E não é de se admirar que eles mencionem a segurança pessoal como sendo de extrema importância em seus empregos.

Embora a imagem da Geração do Milênio seja de uma geração de direitos, a nossa pesquisa, "The Generations @ Work", e outros estudos demonstraram que esta é a geração mais socialmente consciente desde a década de 1960. Ela está comprometida com o desenvolvimento de novas competências e quer trabalhar para organizações em que possa ter coaches e mentores que possam ensiná-la. O treinamento corporativo normalmente é mencionado como um dos benefícios mais atraentes para esta geração, já que busca se diferenciar na carreira.

A PricewaterhouseCoopers (PwC) entrevistou 4.271 recém-formados na universidade, perguntando: "Quais benefícios você valorizaria mais nos próximos cinco anos além do salário?". Um terço escolheu treinamento e desenvolvimento como primeira opção além do salário. Esse número foi três vezes maior do que os que optaram por bonificação em dinheiro como primeira opção.[14] Ao serem indagados sobre como preferem aprender no local de trabalho, listaram o treinamento formal em sala de aula, coaching e tarefas rotativas como os meios preferidos, como pode ser observado na Figura 2-3.

Figura 2-3: Quanto Você Valoriza as Seguintes Oportunidades de Desenvolvimento?

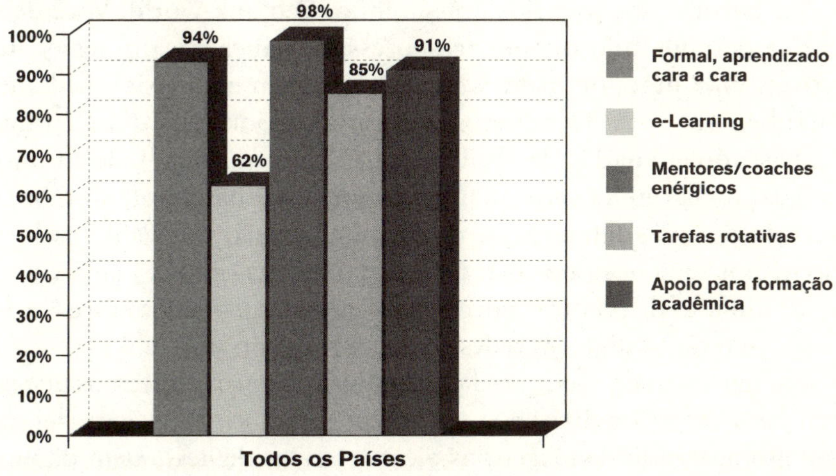

Fonte: PricewaterhouseCoopers, *Managing Tomorrow's People.*

Interessante notar que o veículo menos preferido para treinamento e desenvolvimento foi o e-learning tradicional, mostrando que a Geração do Milênio prefere ter uma aprendizagem mais pessoal e empírica, além de alavancar a rede de mentores e colegas.[15] Um dos participantes da pesquisa "Managing Tomorrow's People" foi enfático: "Pessoalmente, acho crucial ter acesso a coaches e mentores no meu emprego.".[16]

Geração 2020: Nascidos Após 1997; 41 Milhões

Quando se trata de hiperconectividade, a Geração do Milênio é o foco do momento. Contudo os empregadores com visão de futuro estão começando a estudar e pesquisar essa geração emergente, que chamamos de Geração 2020 (Gen 2020). Os componentes desta geração nasceram depois de 1997, portanto, eles têm, aproximadamente, entre 11 e 15 anos quando escrevemos este livro. Mas eles vão entrar no mercado de trabalho como recém-formados em 2020.

Como um todo, estão crescendo em um mundo hiperconectado. Para muitos, a primeira exposição às redes sociais aconteceu antes mesmo de entrarem na escola, em sites como Disney's Club Penguin. No ensino fundamental, aprenderam a usar redes como Webkinz World, um tipo de Second Life para crianças. Neste mundo virtual, as crianças constroem perfis como os do Facebook, enquanto batem papo com os amigos. Cada Webkinz vem com um código secreto único, que permite aos usuários acessarem o Webkinz World. Você deve estar se perguntando quanto tempo essas crianças ficam nesse site. Incríveis 2h 8 min por visita. Compare isso com uma visita média no YouTube, que dura 32 minutos, ou no Facebook, que dura 20 min 52s, baseado em dados de abril de 2008. Liana Crandall, de 11 anos e estudante da quinta série, diz: "Faço toda a minha tarefa durante o intervalo porque, daí, posso ir para casa e brincar no Webkinz. Jogo pelo menos uma hora por dia, duas horas no máximo.". Liana é uma das 20 milhões de crianças norte-americanas, com idades entre 8 e 14 anos, que estão online em redes sociais e jogando no Webkinz.[17]

Se achamos que a Geração do Milênio está conectada, temos que esperar para ver a Gen 2020 no mercado de trabalho. Eles vão trazer um conjunto agregado de exigências e expectativas digitais, além de uma "lista de desejos" com o que esperam de seus empregadores. Para ver o quanto a Gen 2020 é hiperconectada, a CTIA — The Wireless Association, juntamente com a Harris Interactive, entrevistou uma amostra nacionalmente representativa com 2.089 adolescentes, entre 13 e 19 anos, com perguntas sobre o uso do celular, em uma pesquisa chamada "Teenagers: A Generation Unplugged". Os resultados da pesquisa mostraram os seguintes valores da Gen 2020:

- 66% quer liberdade para estudar em qualquer lugar do mundo, mesmo que seja através do telefone.
- 66% quer que os registros médicos e outras informações críticas estejam disponíveis para os trabalhadores do resgate através do celular.
- 57% dos usuários de smartphones e 29% dos usuários de celulares normais disseram que carregam o aparelho porque é assim que ficam conectados com o mundo.
- 59% querem que o acesso móvel os ajude a organizar as oportunidades de voluntariado e responsabilidade social corporativa.[18]

Para muitas dessas crianças, o celular ideal é um aparelho multimídia com todos os recursos possíveis tornando-o, essencialmente, um MP3 player, GPS, notebook, programa para rodar vídeos, programa para envio de mensagens de texto e telefone em um pacote só.

A PESQUISA GLOBAL "GENERATIONS @ WORK"

Para entender as necessidades, os desejos e as expectativas de uma força de trabalho multigeracional, entrevistamos mais de 2.200 membros de quatro gerações que, atualmente, estão trabalhando. Todos os participantes eram profissionais empregados em indústrias que variam desde serviços administrativos até educação, finanças, governo, saúde, tecnologia e telecomunicações, manufatura, serviços profissionais e vendas. A distribuição dos participantes está ilustrada na Figura 2-4. A pesquisa explorou os valores, comportamentos e o jeito de pensar de cada geração com as expectativas que têm de seus empregadores.

Figura 2-4: Pesquisa "The Generations @ Work" por Indústrias e Regiões

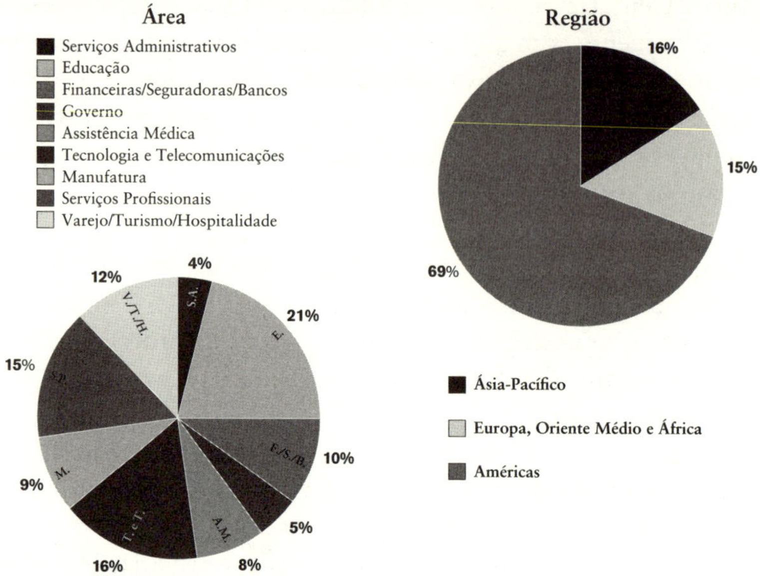

Fonte: Future Workplace

As várias gerações viveram durante os mais variados acontecimentos mundiais, e cada uma delas desenvolveu características fundamentais que refletem a época em que cresceram. Essas experiências e características estão ilustradas na Tabela 2-1.

TABELA 2-1: QUEM SÃO AS CINCO GERAÇÕES?

Geração	Principais influências	Características gerais	Principal invenção
Tradicionalistas Característica principal: lealdade	Segunda Guerra Mundial, Guerra Fria, Guerra da Coreia, crescimento dos subúrbios	Sacrifício, lealdade, disciplina, respeito pelas autoridades	Aparelho de fax
Geração Pós-Guerra Característica principal: competição	Watergate, direitos das mulheres, Woodstock, assassinato de JFK	Competitividade, sandwiched generation, trabalho duro, horas extras	Computador pessoal

[NE] Sandwiched generation é um termo que designa uma geração que zela por seus pais idosos e apoia seus próprios filhos.

Geração	Principais influências	Características gerais	Principal invenção
Geração X Característica principal: autoconfiança	MTV, AIDS, Guerra do Golfo, quebra da bolsa em 1987, queda do Muro de Berlim	Ecletismo, autoconfiança, agentes livres, equilíbrio entre trabalho e vida social, independência	Celular
Geração do Milênio Característica principal: urgência	Google, Facebook, ataques terroristas de 11/09, eleição de Barack Obama	Serviços comunitários, alfabetização cibernética, tolerância, diversidade, confiança	Google e Facebook
Geração 2020 Característica principal: hiperconectividade	Jogos sociais, Guerra do Iraque, Grande Recessão	Mobilidade, ávidos por mídias, vida online começa na pré-escola, leitura de livros em e-readers	aplicativos para iPhone

Fonte: Future Workplace.

CINCO DESCOBERTAS IMPORTANTES DA PESQUISA "THE GENERATIONS @ WORK"

Cada geração traz uma visão diferente para o local de trabalho. As pessoas têm expectativas diferentes quanto a como querem trabalhar, aprender e se comunicar. Os pontos de vistas diferentes de cada geração terão impacto na relação empregador-empregado. Cinco descobertas da pesquisa "The Generations @ Work" revelam como essas preferências e expectativas afetarão o ambiente de trabalho do futuro.

1. Os Integrantes das Gerações Tradicionalistas e Pós-Guerra têm a Mesma Probabilidade de Serem Contribuidores da Internet que a Geração do Milênio

Não são apenas os integrantes da Geração do Milênio que contribuem nos sites de mídia social; as outras gerações também estão engajando e contribuindo com esses sites. No entanto, os Tradicionalistas e os Pós-Guerra têm maiores probabilidades de serem contribuidores ativos de conteúdo existente, enquanto a Geração do Milênio foca em criar e publicar conteúdos novos.

Figura 2-5: Uso da Mídia Social de Acordo com a Pesquisa "The Generations @ Work"

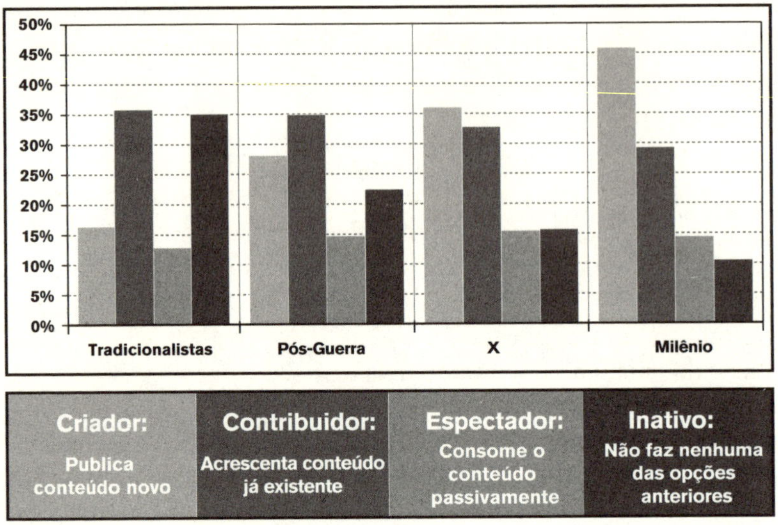

Fonte: "The Generations @ Work" survey, Future Workplace.

A Figura 2-5 mostra como o uso da mídia social varia de geração para geração, com contribuidores representados em todas elas. Ficamos surpresas ao ver que as taxas de contribuição de cada geração eram bem semelhantes, o que significa que os profissionais atuantes de todas as áreas são contribuidores ativos de todo o conteúdo da web. Contudo, embora todas as gerações façam suas contribuições na internet, a quantidade de contribuições pode variar, mesmo que a habilidade de contribuir seja semelhante.

Portanto, as variações no uso da mídia social podem refletir mais as diferenças de pensamento dos indivíduos do que os preconceitos geracionais. Alguns Tradicionalistas veem os últimos lançamentos tecnológicos como brinquedos que eles talvez aprendam a usar algum dia, enquanto outros veem na experiência com novas tecnologias uma extensão deles mesmos e uma maneira importante de permanecer no comando do jogo. Muitos integrantes da Geração Pós-Guerra também incluem-se nesta categoria. Jean Frink, 48 anos, proprietária da Frink Family Farms, de Fayetteville, Carolina do Norte, diz sobre o uso que faz do Facebook: "Eu vejo que consigo me comunicar rapidamente com um grupo de 'amigos' no Facebook. Uso o Facebook para obter um retorno sobre novos produtos na fazenda — na verdade, penso no tempo que passo nessa rede social como se fosse uma minicozinha de testes de novos produtos. Meus amigos do Facebook têm-me auxiliado a construir minha empresa.”.

2. A Geração do Pós-Guerra e a Geração X Buscam um Equilíbrio entre uma Vida Profissional/Pessoal, Já a Geração do Milênio Vê o Trabalho como “Parte da Vida”

A Geração do Pós-Guerra e os membros da Geração X dão muito valor ao fato de serem capazes de misturar as áreas profissional e pessoal, enquanto que a Geração do Milênio considera o trabalho como parte da vida. Para eles, encontrar um equilíbrio entre a vida profissional e a privada parece ser “irrelevante”, segundo um dos participantes de uma pesquisa, porque “o trabalho faz parte da vida, não é separado dela”. A Geração do Milênio vive em um tempo de *weisure*, onde o trabalho e o lazer são a mesma coisa.

> **Amigos:** em sites de redes sociais, contatos cujos perfis estão conectados. Ser “amigo” de um indivíduo é solicitar uma conexão do perfil dele para o seu.

A Geração do Milênio vê seu trabalho como um lugar para fazer novos amigos e desenvolver networks que os beneficiarão para o resto da vida. Como Joy Thomas, um membro da Geração do Milênio de 24 anos, que mora na Califórnia e trabalha na função de contabilista para a Aera Energy LLC, diz: “Não penso no trabalho como algo separado do resto da minha vida. Acho a expressão ‘equilíbrio profissional/pessoal’ desatualizada e sem significado. Ficarei em uma empresa se for capaz de ser desafiado pelo trabalho, fazer novos amigos, aprender novas habilidades e me realizar com o que faço.”. Embora os membros da Geração do Milênio queiram mais flexibilidade para escolher onde trabalhar, quando trabalhar e como trabalhar, eles ainda querem e esperam uma interação com colegas de equipe no trabalho.

3. Os Membros da Geração do Milênio e Geração X Priorizam Trabalhar em Empresas em que Seja Possível Desenvolver tanto suas Habilidades Profissionais quanto Pessoais

Os membros dessas gerações reconhecem que se estabilizar em uma profissão é muito diferente de ir à escola. O que é importante para eles é ser capaz de aproveitar os programas de treinamento e desenvolvimento patrocinados pela empresa.

Figura 2-6: A Porcentagem de Entrevistados de Cada Geração que Deram Muita Importância ao Desenvolvimento de Habilidades

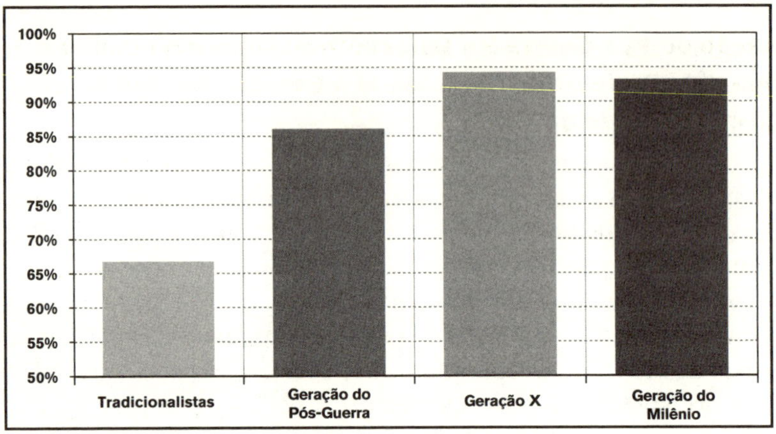

Fonte: "The Generations @ Work" survey, Future Workplace.

Como a Figura 2-6 mostra, os membros das gerações do Milênio e X também poderiam ser chamados de Geração de Aprendizagem, pela importância que dão ao desenvolvimento contínuo de habilidades no emprego.

Talvez mais surpreendente seja o fato de que os membros das gerações do Milênio e X estão solicitando treinamento e desenvolvimento de "habilidades pessoais" além das técnicas. Na verdade, dois terços das pessoas entrevistadas na pesquisa PwC "Managing Tomorrow's People" ficariam confortáveis com a ideia de "empregadores fornecendo mais serviços pessoais para os trabalhadores, como casa, comida e consultas médicas e odontológicas".[19] De forma semelhante, Debbie Merrington, uma assistente executiva de 40 anos que trabalha em uma agência de viagens e turismo em Cape Town, África do Sul, ao responder à pesquisa "The Generations @ Work", disse: "Acho que os empregadores não deveriam só treinar os funcionários em habilidades relacionadas à função, mas, também, dar a eles assistência em habilidades relacionadas à sua melhoria de vida. Por habilidades pessoais, quero dizer treinamento em áreas como a financeira (i.e., comprar um carro novo, investir na bolsa de valores ou comprar uma casa nova), aprender uma nova língua, saúde e bem-estar.". Indivíduos da Geração do Milênio e da Geração X veem uma distinção cada vez menor no limite entre a vida profissional e pessoal e, à medida que passam mais tempo do seu lazer trabalhando, esperam que seus empregadores tenham um papel maior, dando assistência ao desenvolvimento de seu viver.

4. Os Membros da Geração do Milênio Provavelmente Escolherão um Empregador Baseados na Capacidade de Utilizar as Ferramentas e Tecnologias mais Modernas no Trabalho

Cerca de 58% dos membros da Geração do Milênio e 52% da Geração X concordam em ter acesso a sites como o Facebook, LinkedIn e YouTube como um fator de seleção de um novo empregador.[20] A Figura 2-7 mostra a importância do acesso no trabalho às ferramentas e tecnologias mais modernas. E o que acontece se os empregadores não permitirem o acesso a esses sites? Uma pesquisa recente feita pela Accenture relata que os integrantes da Geração do Milênio usarão sua própria tecnologia e seus dispositivos portáteis no trabalho, e um fator que usarão na seleção de um empregador será o quão adaptada a empresa está às suas preferências pessoais. A pesquisa entrevistou mais de 400 estudantes e descobriu que eles esperam que seus empregadores se adaptem às suas preferências de TI. Estas variam do tipo de computador usado na empresa ao acesso a mecanismos de mensagens instantâneas, RSS feeds e sites de redes sociais.

Figura 2-7: A Importância de Ter Acesso a Tecnologias Web 2.0

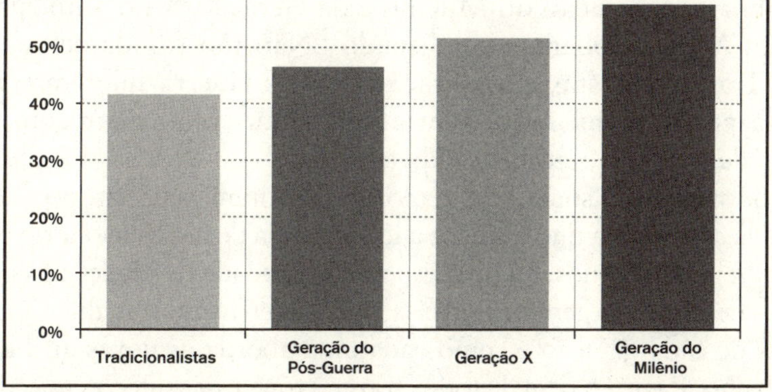

Fonte: "The Generations @ Work" survey, Future Workplace.

É interessante como quase metade dos componentes da Geração do Milênio pesquisados que usam redes sociais, blogs e Twitter o fazem sem o suporte do departamento de TI dos seus empregadores (e, ocasionalmente, contra a política de TI das suas empresas). A pesquisa Accenture argumenta que, com o passar do tempo, as empresas terão que aceitar as preferências tecnológicas dos seus funcionários, já que mais da metade dos entrevistados pela pesquisa disseram que o uso de tecnologia por parte da empresa era um fator importante na sua seleção de um empregador.[21]

Brad Hargreaves, fundador e CEO de 24 anos da GXStudios, uma empresa que cria jogos para aprendizagem corporativa, diz: "Os membros da Geração do Milênio que contrato para trabalhar na nossa empresa esperam que forneçamos a eles acesso a sites externos de redes sociais — confiamos que eles usem esses sites em suas atividades profissionais e treinamos novos contratados sobre como ser responsável no uso destes sites no trabalho".

5. Tanto os Tradicionalistas quanto a Geração do Pós-Guerra dão Muita Importância a Um Gerente que Entenda a Diversidade de Idades no Ambiente de Trabalho

Surpreendentemente, os Tradicionalistas e a Geração do Pós-Guerra são as mais preocupadas em trabalhar para um gerente que valorize os funcionários de todas as quatro gerações. Poderia se esperar que os membros da Geração do Milênio fossem os mais preocupados, já que eles entram no mercado de trabalho e veem gerações estabelecidas antes deles. Na verdade, porém o que ocorre é o contrário. Por que isso? Pode ser que os Tradicionalistas e a Geração do Pós-Guerra vejam o crescente foco agora direcionando-se a como os empregadores integram membros da Geração do Milênio e da Geração X no ambiente de trabalho. Alguns podem estar dizendo "Não tão rapidamente, e nós?". Os Tradicionalistas e a Geração do Pós-Guerra querem trabalhar para gerentes que valorizem e entendam como lidar com a diversidade de idades no ambiente de trabalho.

Robert Burnside, um sócio de 60 anos da Ketchum, uma empresa de relações públicas, observa que, embora a idade média de um funcionário de sua empresa seja de 35 anos, há uma grande diversidade de idades na empresa. Burnside diz: "Os gerentes precisam entender melhor as diferentes expectativas de cada geração e como cada uma aborda as novas atribuições do trabalho. É para o bem de todos trazer à tona essas diferenças cedo e aprender a usá-las para criar um melhor produto final.".

COMUNICANDO-SE COM MÚLTIPLAS GERAÇÕES NO AMBIENTE DE TRABALHO

Assim que as necessidades, expectativas e os desejos das gerações são reconhecidos e abordados, o próximo obstáculo é como se comunicar melhor com cada geração no ambiente de trabalho.

A Deloitte Consulting e a International Association of Business Communicators (IABC) fizeram uma pesquisa com 1.279 associados da IABC para identificar o melhor modo de comunicação para cada geração. Conforme mostrado na tabela 2-2, as diferenças são grandes:

TABELA 2-2: FALANDO SOBRE MINHA GERAÇÃO

As quatro gerações representadas na força de trabalho atual têm preferências muito diferentes com relação a todos os aspectos da comunicação. É claro que elas mudaram e precisamos nos adaptar para envolver diversos públicos.

	Tradicionalistas	**Geração do Pós-Guerra**	**Geração X**	**Geração do Milênio**
Estilo	Formal	Semiformal	Não tão séria. Irreverente	O que chama a atenção; divertido
Conteúdo	Detalhe; escrito no estilo de prosa	Agrupe, mas me dê tudo	Direto ao ponto — o que eu preciso saber?	Se e quando eu precisar, encontrarei online
Contexto	Relevância à minha segurança; perspectiva histórica	Relevância ao resultado final e minhas recompensas	Relevância ao que importa para mim	Relevância ao agora, ao hoje e à minha função
Atitude	Aceitação e confiança na autoridade e hierarquia	Aceitação das "regras" conforme criadas pelos Tradicionalistas	Questiona abertamente a autoridade; muitas vezes taxada de cínica e cética	Sem problemas com autoridade que ganha seu respeito

(A tabela continua na próxima página)

	Tradicionalistas	**Geração do Pós-Guerra**	**Geração X**	**Geração do Milênio**
Táticas	Impressão; correspondência tradicional; diálogo frente à frente ou por telefone; alguma informação/ interação online	Impressão; correspondência tradicional; diálogo frente à frente; ferramentas e recursos online	Online; algumas reuniões frente à frente (caso realmente necessário); jogos; interação tecnológica	Online; com fios; conectados transparentemente através de tecnologia
Velocidade	Atêm-se dentro de um cronograma de tempo razoável	Disponível; fácil de usar	Imediata; quando necessária	Cinco minutos atrás
Frequência	Em quantidades digeríveis	Conforme necessário	Sempre	Constante

Fonte: Deloitte Consulting e International Association of Business Communicators (IABC).

Enquanto que os Tradicionalistas preferem quantidades digeríveis de informação passadas na forma impressa, por correspondência, frente a frente ou por telefone, os membros da Geração do Milênio querem comunicação constante, preferencialmente através de mensagens ou e-mails ou em sites internos ou externos de redes sociais. Especificamente, os membros da Geração do Milênio querem:

- Atualizações menores e mais frequentes: os indivíduos da Geração do Milênio querem ser mantidos atualizados e conectados. Se eles acharem que a liderança não os está atualizando suficientemente, encontrarão a resposta em outro lugar — mais provavelmente nas suas próprias redes sociais. Resumindo: a velocidade e a frequência nas comunicações são críticas para eles.
- Comunicações autênticas: marqueteiros da MTV ao eBay têm bombardeado os membros da Geração do Milênio há anos e, com isso, essa geração se tornou um público difícil. Eles demandam comunicação autêntica e leem cada mensagem com uma atitude: "Por que eu deveria me importar com isso?". Eles não se envolverão se acharem que estão recebendo uma mensagem formal do "escritório de propaganda corporativa".

- "Comunicação em formato livre", usando ferramentas colaborativas do mundo real, como jogos com múltiplos participantes. O Google talvez seja o melhor candidato a ser um "ótimo lugar para trabalhar pelos membros da Geração do Milênio". Em 2008, o Google novamente ficou em primeiro lugar no ranking anual das "100 Melhores Empresas para se Trabalhar" da revista *Fortune*.[22] Quando o Google abriu seu escritório em Nova York, em 2007, o espaço do escritório se estendeu por quatro andares, deixando próximos os funcionários de diferentes projetos. A gerência do Google logo percebeu que a empresa poderia se beneficiar com a criação de conexões mais fortes entre funcionários do mesmo andar, os quais normalmente poderiam não interagir entre si em um projeto. A resposta: um jogo social online com múltiplos participantes chamado GoCrossOffice, modelado como o jogo Risk, no qual os jogadores colaboram, organizam e socializam entre si, aumentando suas habilidades de criação de equipes e de pensamento estratégico.

Então, o que isso significa para as organizações? Como você pode desenvolver e envolver cada uma das gerações para trabalhar e diminuir as tensões que podem ocorrer quando quatro gerações se encontram no mesmo ambiente de trabalho?

Em primeiro lugar, embora cada geração traga uma perspectiva única do que procura em um potencial empregador, há amplas semelhanças entre elas. Executivos de empresas devem primeiro ver as semelhanças entre as gerações antes de passar para a compreensão das suas diferenças.

Membros de todas as gerações querem se sentir valorizados, autorizados e envolvidos no trabalho. Esta é uma necessidade humana fundamental que se espalha pelas gerações. Embora os componentes da Geração X e da Geração do Milênio discutam abertamente, e até demandem mais flexibilidade no trabalho enquanto tentam adequar seu trabalho às demais áreas da vida deles, a Geração do Pós-Guerra e os Tradicionalistas têm a mesma necessidade também, mesmo falando menos sobre o assunto.

Além disso, membros de todas as gerações querem que haja confiança em seu trabalho. Os funcionários querem que seus líderes acreditem que eles executarão suas tarefas de forma tão produtiva e eficiente quanto possível. Cada vez mais, isto significa ter acesso às ferramentas e tecnologias mais modernas, como Facebook, YouTube e wikis, no trabalho. Muitas vezes, as empresas, sob a desculpa de largura de banda inadequada ou aumento de segurança, bloqueiam esse acesso. Se formos honestos, contudo, a questão real geralmente é de confiança.

Há não muito tempo, havia questões semelhantes quanto ao uso de e-mails, pois alguns executivos experientes acreditavam que seu uso poderia expor segredos corporativos para o mundo externo. O mesmo argumento agora está sendo usado com relação à mídia social no ambiente de trabalho. Contudo, confiando nos seus funcionários e dando a eles diretrizes para o uso da mídia social, as empresas podem criar uma ferramenta poderosa de retenção e produtividade.

À medida que os membros da Geração X e do Milênio trazem expectativas digitais para o ambiente de trabalho, eles irão demandar mais mudanças nos tipos de ferramentas e tecnologias que podem acessar no trabalho. Para abordar tais expectativas, empregadores que pensam à frente estão investindo em ferramentas de mídia social para criar comunidades de prática, murais de discussão e troca de inovações, assim como wikis e blogs para transferência de conhecimento entre as gerações. O Capítulo 5, "Hiperconecte sua Organização", é dedicado às formas inovadoras pelas quais as empresas estão usando tecnologias sociais corporativas para orientar as inovações no ambiente de trabalho.

O QUE VOCÊ PODE FAZER PARA GERENCIAR MELHOR A DIVERSIDADE DE IDADES NO AMBIENTE DE TRABALHO?

Algumas empresas estão lidando com a diversidade de idades no ambiente de trabalho criando novas estratégias para gerenciar as múltiplas gerações. Estas estratégias variam do desenvolvimento de novos programas de treinamento à revisão dos processos de aprimoramento de desempenho e à formatação de funções e carreiras mais personalizadas. A L'Oréal Canada, com uma força de trabalho de idades variadas constituída de um terço da Geração do Pós-Guerra, um terço de membros da Geração X e um terço de membros da Geração do Milênio, atentou para a criação de um programa de treinamento para como gerenciar múltiplas gerações. De acordo com Marjolaine Rompre, diretora de desenvolvimento de aprendizado, "esta nova geração é muito sincera sobre a participação e muito mais livre. Quando vimos isso, percebemos que poderíamos estar nos deparando com um problema interessante. Chamamos isso de Choque de Gerações. Para corresponder às necessidades dessas gerações, a L'Oréal criou um programa de treinamento chamado Valorize as Diferenças Gerenciais. Até agora, mais de 500 empregados passaram pelo programa. De acordo com Rompre, "os mileniais nos disseram que estavam muito felizes em aprender porque a Geração do Pós-Guerra era muito conservadora e porque a Geração X não queria compartilhar informações com eles.".[23]

Rompre fala sobre um dos maiores impactos do programa: mostrar os valores, mitos e paradoxos de cada geração com um foco nos membros da Geração do Milênio. Por exemplo, na L'Oréal, eles "querem muito ser autônomos, mas ainda assim querem uma validação. Eles querem ser independentes, porém gostam de trabalhar em equipes. Praticam muita liberdade de opinião e são muito sinceros, entretanto, não têm muita compreensão política. Querem estar em todos os lugares ao mesmo tempo, mas têm uma dificuldade real em gerenciar prioridades". Rompre continua: "Quando compartilho essas coisas com eles, me dizem 'Sim'. Percebem que não é tão fácil gerenciar, e isto esclarece quem eles são.".[24]

Além de criar novos programas de treinamento, algumas empresas estão renovando seus processos de gerenciamento de desempenho para implantar expectativas de carreira em organizações cada vez mais horizontais. Danielle Robinson, diretora de diversidade, talento e projeto organizacional da empresa global de bebidas finas Diageo, fez isso por esse caminho. Robinson diz que a presença de membros da Geração do Milênio no ambiente de trabalho "acrescentou uma camada de complexidade a um já complexo ambiente".[25] A resposta para a Diageo foi revisar seu processo de desenvolvimento de desempenho e criar uma nova seção, chamada Big Hopes, que incentiva um diálogo aberto sobre a carreira entre alguém da Geração do Milênio e seu ou sua gerente. De acordo com Robinson, "Big Hopes pode ajudar a estabelecer expectativas dos membros da Geração do Milênio sobre o desenvolvimento das suas carreiras. Por exemplo, funcionários mais jovens podem ter expectativas não razoáveis, mas fortes quanto às suas carreiras. Ter um diálogo leva o gerente a explicar a diferença e a iniciar uma conversa com o funcionário. Os programas têm sido bem-sucedidos na Diageo porque todos ficam sabendo onde estão.".[26]

Finalmente, parece que tudo atualmente, dos nossos iPods aos nossos jeans, pode ser personalizado. Todavia, muitas vezes, nossos empregos e benefícios parecem iguais aos do ano passado. Susan Cantrell e David Smith argumentam em seu novo livro, *Workforce of One*, que as empresas devem adotar uma "abordagem de força de trabalho de um" com relação ao gerenciamento de capital humano, o que significa aplicar personalização orientada ao cliente e práticas de segmentação, nos funcionários. Afinal, no nível individual, mesmo generalizações amplas sobre idade podem não ser verdadeiras, como em um trabalhador técnico da Geração do Pós-Guerra, que pode ter mais conhecimento em mídias sociais que alguém da Geração do Milênio. David Smith diz que "Criar tal abordagem inicia-se com a segmentação dos funcionários de acordo com diversos fatores, como o valor da força de trabalho da organização [i.e., funcionários de alto potencial], áreas de missão crítica de vendas, cadeia de fornecimento ou contato com o cliente e, finalmente, idade. A seguir, desenvolvimento da carreira, estruturas de gratificação e até mesmo métodos para ensinar e desenvolver podem ser personalizados para cada segmento de funcionários.". Usar estratégias de segmentação de clientes para funcionários também pode levar à personalização de benefícios. Em vez de um pacote padrão de saúde, gratificações e folga remunerada, as empresas podem fornecer aos funcionários um orçamento e um conjunto amplo de opções. Estas podem variar do patrocínio de tempo de serviço comunitário no estrangeiro até à concessão de crédito para comprar um carro híbrido ou até mesmo apoiar financeiramente a melhoria de uma habilidade pessoal, como a aprendizagem de uma nova língua. As opções são infinitas. Como sustentar isso? Em uma pesquisa, os membros da Geração do Milênio indicaram que estão dispostos a fazer trocas em termos de salário básico para ter um emprego que se ajuste aos seus valores.[27]

Quando os membros da Geração do Milênio entram no mercado de trabalho, começam a transformá-lo, assim como transformaram o cenário político. Nos Estados Unidos, pessoas com menos de 25 anos não apenas votaram em número recorde na eleição presidencial norte-americana de 2008, como também estiveram altamente engajadas e participaram ativamente no fornecimento de sugestões de políticas participando da rede social do então candidato Obama, My.BarackObama.com. Esta rede social foi responsável por obter mais dinheiro, realizar mais eventos, fazer mais ligações para solicitar dinheiro e oferecer mais sugestões de políticas que qualquer outra campanha presidencial na história das eleições norte-americanas. Se esses indivíduos da Geração do Milênio foram um fator-chave na decisão de quem venceu uma eleição presidencial, eles quase que certamente desempenharão um papel maior em um ambiente de trabalho global e formatarão como, onde e quando o trabalho ocorrerá.

Prosperar no ambiente de trabalho de 2020 irá requerer que as organizações entendam as diversas necessidades, expectativas e valores de todas as gerações. As empresas precisarão começar a executar algumas mudanças fundamentais no modo pelo qual projetam empregos, carreiras, programas de aprendizagem e até mesmo benefícios. Cada vez mais, elas precisarão levar em consideração o impacto que inovações online para os clientes (como o Google, o Facebook, o YouTube e o Twitter) terão sobre como, quando e onde o trabalho é realizado. MyBarack, MySpace e MyYahoo levarão ao MyCareer, MyLearning, MyCommunityService e MyBenefits — todos possibilitados pelas tecnologias mais recentes com as quais estamos acostumados. Embora vejamos demandas aumentadas para acesso a essas tecnologias partindo da Geração do Milênio, logo ficaremos espantados pelas necessidades de hiperconexão da Geração 2020. R U RDY?*

*R U RDY?, "Are you ready?" (Você está pronto?).

RESUMO

- **Entenda que o balanço de gerações do seu ambiente de trabalho está mudando.** Os Tradicionalistas (aqueles nascidos antes de 1946) estão ficando mais tempo no ambiente de trabalho, assim como os membros da Geração do Milênio (aqueles nascidos entre 1977 e 1997) estão entrando no ambiente de trabalho em números recordes, e os da Geração do Pós-Guerra (nascidos de 1946 a 1964) e da Geração X (nascidos ente 1965 e 1976) estão atingindo novos níveis nas suas carreiras. Os que integram a geração 2020 (nascidos após 1997) ainda não estão no ambiente de trabalho, mas os empregadores precisam estar preparados agora para as necessidades e expectativas que essa geração hiperconectada trará para o ambiente de trabalho.
- **Reconheça as características distintas de cada geração.** Cada geração é definida por determinadas características básicas. Reconhecer e integrar as diferentes tendências das gerações no ambiente de trabalho ajudará a permitir que todas as gerações de uma empresa progridam.

- **Aprenda a se comunicar de formas diferentes para alcançar funcionários diferentes.** Cada geração se comunica de forma peculiar, e os funcionários terão de aprender como negociar suas diferentes expectativas e seus desejos. Por exemplo, enquanto os Tradicionalistas preferem que as informações sejam transmitidas de uma forma tangível — impressas, por correspondência, face à face ou por telefone —, a Geração do Milênio prefere receber informações com um fluxo constante de comunicação transmitido através de novas tecnologias, quais sejam: mensagens de texto, mensagens instantâneas, e-mail ou atualizações nos seus perfis em uma rede social corporativa.
- **Construa aos poucos uma ponte na distância entre o gerenciamento de funcionários de diferentes gerações.** Aprenda a desenvolver e orientar os funcionários de maneira que atinja sua geração. Por exemplo, a pesquisa mostra que a Geração do Milênio prefere aprender com treinadores, orientadores e com as próprias redes, então, esteja preparado para expandir os modos de fornecimento dos programas de aprendizado corporativo.
- **Tenha cinco temas em mente ao pensar sobre a Geração do Milênio:** *politicamente informados, socialmente engajados, com conhecimento técnico, comprometidos com o aprendizado e orientados para inovações.* A Geração do Milênio, com sua profunda paixão e seu profundo comprometimento com o uso das tecnologias mais recentes, moverá o desenvolvimento de novos produtos, novos serviços, novos movimentos políticos e um novo conjunto de requisitos para funcionários. Empresas que pensam à frente terão de entender as necessidades e os desejos dessa geração para melhor escolher, recrutar e reter.

PARTE II

Práticas em Uso

CAPÍTULO TRÊS

Princípios do Engajamento 2020

Andrew Levy nunca imaginou que sua carreira o levaria às Filipinas. Levy é um consultor administrativo sênior que trabalhou para a IBM por 15 anos antes de ser aceito na IBM Corporate Service Corps. Durante esse tempo, ele obteve experiência internacional em negócios através da IBM, assim como um MBA em administração global. Contudo, foi apenas após liderar uma equipe de resposta a emergências e desastres por um mês nas Filipinas que ele disse: "Agora, sou realmente um executivo global. Esta experiência de viver e trabalhar em Davao City, Filipinas, para melhorar a qualidade dos sistemas de resposta a emergências do país foi um desafio de vida. A experiência no país é algo que nenhuma outra empresa poderia oferecer naquela época. Poder conhecer outros membros da equipe da IBM através de grupos de redes sociais, receber treinamento e orientação online sobre a cultura e as questões de negócios com as quais as empresas se deparam nas Filipinas e fazer parte de um projeto importante que fez uma diferença real para as pessoas das Filipinas — tudo isso foi uma experiência de vida e de carreira desafiadora para mim. Falando francamente, é o motivo pelo qual continuo a me interessar pelo trabalho para a IBM.".

Como as empresas criam funcionários mais entusiasmados e comprometidos como Andrew Levy? Os fatores que contribuem para a atração, a motivação, o desenvolvimento e a manutenção dos funcionários são geralmente chamados de engajamento do funcionário. A maior parte das pesquisas sobre o engajamento de funcionários revela que quando os indivíduos estão engajados no trabalho, eles se oferecem para fazer funções extras, falam quando veem uma forma diferente de fazer as coisas ou classificam como alta sua intenção de permanecer em uma empresa.[1] Contudo, como o exemplo de Andrew Levy da IBM destaca, é importante que as empresas consigam ir além de registrar os fatores específicos de engajamento dos funcionários. Os empregadores devem criar um ambiente de trabalho em que os funcionários possam criar um relacionamento pessoal e emocional com a marca dos empregadores.

Os ingredientes essenciais usados para tornar funcionários engajados são semelhantes àqueles presentes em um relacionamento pessoal satisfatório: confiança mútua, comunicação autêntica, respeito, valores compartilhados e um compromisso de crescer juntos. Analise este comentário de Dorie Morgan, uma especialista em controle de documentos da Geração do Milênio trabalhando na indústria manufatureira: "Atrair funcionários é como um encontro. Para que um relacionamento sério funcione, você precisa ser claro e direto desde o início.". O conselho sobre encontros não tem fim: digite "What Do Men Want*" no mecanismo de pesquisa do YouTube e encontrará mais de 245 mil vídeos sobre o assunto. Mas, se você digitar "What Do Employees Want**", encontrará apenas 2.260 vídeos no YouTube, muitos dos quais são inapropriados para consumo corporativo. Onde uma empresa pode ir para obter conselhos sólidos?

Até hoje, há poucos modelos holísticos para como as organizações podem se preparar para o futuro formando funcionários realmente engajados que vestem a camisa da empresa ao mesmo tempo em que realizam um ótimo trabalho. Definimos o ambiente de trabalho 2020 como um ambiente organizacional que fornece uma experiência profissional intensamente personalizada para atrair, desenvolver e engajar os funcionários de todas as gerações e geografias. Neste capítulo, apresentamos o Workplace Engagement 2020 Model (WE 2020), um conjunto de princípios que qualquer organização — grande ou pequena, multinacional ou local — pode usar pra formar funcionários engajados agora e no futuro.

Propomos que os princípios correspondentes ao ambiente de trabalho do futuro já estão em ação entre organizações inovadoras e que pensam à frente. Estas empresas são exemplos vivos de que integrar o modelo WE 2020 dá a elas uma vantagem competitiva na atração, no desenvolvimento e na manutenção dos maiores talentos, tanto agora como em 2020.

---

* N. T.: "O que os homens querem?"

** N. T.: "O que os funcionários querem?"

O MODELO 2020 DE ENGAJAMENTO AO AMBIENTE DE TRABALHO

Ao pensar no futuro, a questão mais fácil de perguntar à maioria dos funcionários é como eles gostariam que o seu *próximo* emprego fosse. A pesquisa "The Generations @ Work" forneceu uma lista de 15 características aos entrevistados para que indicassem quais critérios utilizariam para selecionar seu próximo emprego. Todas as quatro gerações pesquisadas concordaram com as dez primeiras, conforme mostrado na tabela 3-1.

TABELA 3-1: AS 10 PRINCIPAIS CARACTERÍSTICAS DESEJADAS EM UM EMPREGADOR POR GERAÇÃO

	Posição geral	Tradicionalistas	Geração do Pós-Guerra	Geração X	Geração do Milênio
Possui valores fortes	1	1	1	2	2
Desenvolverá minhas habilidades para o futuro	2	7	4	1	1
Oferece benefícios e recompensas flexíveis	3	3	2	3	3
Oferece a capacidade de misturar trabalho e vida pessoal	4	2	3	4	5
É uma boa marca empregadora	5	4	5	6	8
Oferece um plano de carreira claro	6	8	8	5	4
Tem uma reputação de responsabilidade corporativa social	7	6	6	7	7

(Tabela continua na próxima página)

	Posição geral	**Tradicionalistas**	**Geração do Pós-Guerra**	**Geração X**	**Geração do Milênio**
Permitirá trabalhar a partir de qualquer local	8	5	7	8	10
Pagará pela continuação da minha educação	9	9	9	9	9
Possui funcionários dos quais acho que poderia ser amigo	10	10	10	10	6

Fonte: "The Generations @ Work" survey, Future Workplace.

Embora as gerações concordem com as dez principais características, há algumas descobertas notáveis na pesquisa. Ter uma empresa com valores fortes, uma marca forte e uma reputação de responsabilidade social corporativa tem quase a mesma importância para todas as gerações. As diferenças surgem no preparo das habilidades para o futuro, item que os Tradicionalistas classificam muito abaixo do que as gerações posteriores, que podem estar planejando permanecer na força de trabalho por mais tempo. A importância de amigos no ambiente de trabalho é maior para os membros da Geração do Milênio, indicando uma maior necessidade de um ambiente social. Também é interessante que os Tradicionalistas classifiquem a necessidade de flexibilidade de local de forma mais significativa do que a Geração do Milênio. Através de uma combinação de revisão de pesquisa, conversas com os líderes, nossas pesquisas e mais de uma centena de entrevistas com empresas líderes, desenvolvemos um modelo que acreditamos expressar as necessidades de todas as gerações enquanto se preparam para o ambiente de trabalho de 2020, mostrado na Figura 3-1. O modelo Workplace Engagement 2020 cobre todos os princípios subjacentes que o futuro ambiente de trabalho deve incorporar, assim como as áreas mais relevantes e impactantes nas quais praticar os princípios dentro de uma organização.

Figura 3-1: O Modelo Workforce Engagement 2020

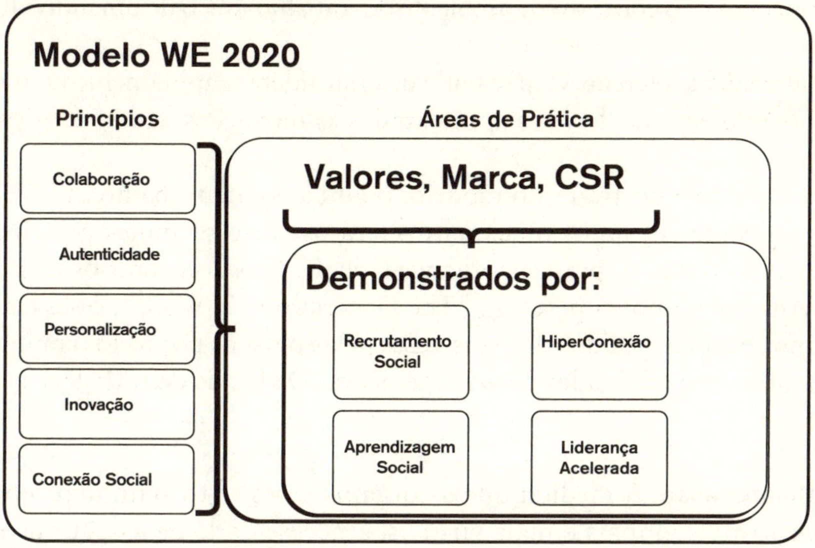

Fonte: Future Workplace.

Estas áreas de prática começam assegurando que valores fortes tenham ressonância entre as gerações, criando uma marca com a qual os funcionários se identifiquem e desenvolvendo uma reputação de responsabilidade social corporativa. Embora haja muitas áreas que podem contribuir para uma força de trabalho engajada, enfocamos quatro: recrutamento, conexão do funcionário através de métodos avançados de comunicação, aprendizagem e liderança. No nosso modelo, nós as chamamos de:

1. Recrutamento social. Uma prática que alavanca redes sociais e profissionais, online e offline, tanto da perspectiva de um candidato quanto do lado empregador, para conectar, comunicar, engajar, informar e atrair futuros talentos.

2. Hiperconexão. Capacidade de uma organização para usar as ferramentas de mídia social já em uso por muitos departamentos de marketing para se conectar com clientes e expandir seu uso para o engajamento de funcionários.

3. Aprendizagem social. Área que é colaborativa, imediata, relevante e apresentada no contexto de ambiente de trabalho único de um indivíduo.

4. Liderança acelerada. Capacidade de criar líderes rapidamente ao mesmo tempo em que lhes são apresentadas as inovações administrativas.

Conforme mostrado no modelo, o ambiente de trabalho 2020 que efetivamente engaja os funcionários terá os cinco seguintes princípios atingindo todas as práticas organizacionais. Nos comentários dos entrevistados na nossa pesquisa "The Generations @ Work", esses cinco termos foram repetidos diversas vezes pelas pessoas por todo o mundo, em diferentes atividades e várias gerações. Os locais de trabalho apresentam:

1. Colaboração. À medida que as organizações se tornam mais complexas, mais globais e mais virtuais, a necessidade de assegurar que a cultura do ambiente de trabalho fortaleça a colaboração pela empresa toda se torna cada vez mais importante. Tradicionalmente, isto significa colaboração interna, incluindo como as pessoas colaboram entre si, assim como a organização estrutura a colaboração entre as equipes. No futuro, a colaboração externa crescerá exponencialmente como um requisito, incluindo o trabalho com fornecedores, clientes, entidades governamentais, organizações não governamentais e comunidades locais. Mesmo atualmente, as organizações estão colocando executivos nas empresas fornecedoras em atribuições temporárias para fortalecer a cadeia de valores recíprocos e fornecer desenvolvimento acelerado de lideranças para seus próprios executivos. Os conselhos e as diretorias da Cisco, descritos no capítulo 7, são um exemplo de ambiente colaborativo do lugar de trabalho 2020. Pensando sobre o que os membros da Geração do Milênio irão querer do ambiente de trabalho no futuro, Mary Greatbatch, uma trabalhadora na área da saúde da Austrália, disse que no futuro precisaremos incluir a Geração do Milênio "em decisões colaborativas importantes".

2. Autenticidade. Todas as gerações foram moldadas por incidentes recentes de excessos corporativos, o uso de poder político para ganhos pessoais e marketing incessante e generalizado. Os requisitos emergentes demandarão que uma organização harmonize sua mensagem por todos os aspectos das suas operações de uma forma que reflita seus "valores em uso" básicos, como Edgar Schein os chamou, ao contrário de "valores professados".[2] A autenticidade é de importância primária na construção dos valores, da marca e reputação de uma organização. Um componente de autenticidade necessário é a transparência, e as melhores empresas já são pioneiras nesta área, frequentemente usando mídia social, através do uso de técnicas como livros financeiros abertos, blogs de CEOs com funcionários, wikis coletivos e demonstrativos completos de pagamentos. Danielle Pearson, membro da Geração X e consultora da indústria de energia, defende o uso de "previsões realistas de trabalho como parte do processo de manutenção, desde que sejam autênticas".

3. Personalização. As palavras "pessoal" e "personalizado" apareceram centenas de vezes nas seções escritas da nossa pesquisa. Não será mais possível "processar" todos os funcionários da mesma forma com ofertas de emprego, planos de carreira e opções de benefícios quase idênticos. Até mesmo o conceito de "processar" funcionários à medida que eles entram na organização sugere uma visão de linha de montagem antiquada do relacionamento com o funcionário. Defendemos o banimento dessa palavra do léxico dos recursos humanos. Estabelecer um relacionamento de emprego que satisfaça às necessidades de cada geração em cada etapa da vida, ao mesmo tempo em que fornece a elas a capacidade de obter seus objetivos pessoais na carreira, requer que as organizações usem técnicas de customização em massa, geralmente reservadas para clientes. Como diz Nichole Urban, um integrante da Geração do Milênio que trabalha no ramo da hotelaria, "A atenção pessoal conquista muitas coisas. Funcionários da minha idade têm muito mais probabilidade de se investirem nos objetivos da empresa se estiverem envolvidos na comunidade da empresa. É por isso que é importante ter amigos no trabalho.". Alguns dos exemplos que mostramos incluem alcançar o potencial dos funcionários nos seus próprios espaços, usando técnicas de aprendizagem informais para permitir personalização baseada no contexto e liberando os funcionários para usar mídia social a fim de permitir a eles amplo contato por toda a organização.

4. Inovação. O poder da inovação possibilita sustentabilidade organizacional e pessoal. Organizações que inovam conseguem competir continuamente no mercado. Pessoas que trabalham em organizações inovadoras aprendem pessoalmente e avançam em suas habilidades até o limite do seu domínio de conhecimento. Funcionários em potencial são atraídos para as organizações que tenham uma fonte renovável e energizante de ideias para o futuro, colocando pressão em organizações para que estas ofereçam também práticas alinhadas à estratégia organizacional. Empresas inovadoras reciclam práticas tradicionais e as transformam. No Capítulo 6, relacionamos um exemplo de como orientações podem ser expandidas usando-se mídia social, as quais podem ocasionar uma orientação reversa, com os funcionários da Geração do Milênio orientando os executivos seniores, conforme apresentado no capítulo 7. Como Darryl Greyling, um funcionário de compliance com base na África do Sul diz, "a Geração do Milênio responde melhor à gerência inovativa e madura", sugerindo a importância da experiência no gerenciamento aliada às técnicas progressivas e atualizadas.

5. Conexão social. A era do reconhecimento do individualismo heroico terminou — pelo menos no que diz respeito a como nos engajamos, reconhecemos e recompensamos os funcionários. Afinal, quem obtém o crédito por um produto que foi desenvolvido em um wiki por dúzias de pessoas através de cinco iterações principais? Os empregadores precisarão oferecer ambientes interessantes e envolventes — sejam virtuais ou físicos —, que satisfaçam às necessidades humanas básicas de ser um membro de uma comunidade altamente considerada. Uma extensão natural do fornecimento de um ambiente social é o uso de ferramentas e técnicas de mídia social para permitir aos funcionários conectarem-se com comunidades que melhor lhe capacitem para o desempenho no ambiente de trabalho e suportem seus interesses, examinados no Capítulo 5. A presença de um ambiente de trabalho vibrante e social é de alta importância para a Geração do Milênio, já que, dentre outras coisas, ela está procurando um ambiente de trabalho com funcionários com os quais possa se conectar no trabalho e fora dele. Esta é uma imagem que nenhuma empresa evoca tão fortemente quanto o Google, muitas vezes chamado de "uma empresa que parece uma pós-graduação".[3] Cada empresa constrói sua marca como extensão do que seus fundadores acreditam e, no Google, Larry Page e Sergey Brin criaram uma empresa onde gostariam de passar o tempo. Em outras palavras, o objetivo deles era criar um ambiente que parecesse uma pós-graduação, completada com pequenos grupos de trabalho, muita experimentação, bastante retorno e liberdade para gastar 20% do tempo em atividades que não fossem as centrais. Dessa forma, o Google desenvolve continuamente novos produtos ao mesmo tempo em que também é conhecido como um lugar em que a inovação pode ser a paixão de todos.[4]

Esses cinco princípios destacam os valores, a marca e reputação de uma empresa, assim como as áreas de prática que podem afetar mais a capacidade de engajar a força de trabalho de 2020. Analisamos outras áreas de prática, como recompensas, benefícios e contratos personalizados, mas a preponderância da evidência nos levou a essas cinco áreas como as mais influentes e práticas nas quais enfocar para criar uma força de trabalho engajada. É nossa intenção auxiliar as organizações a selecionar as áreas onde as mudanças possam ser mais necessárias e fornecer diretrizes sobre como fazer essas mudanças acontecerem.

OS TRÊS OBJETIVOS FINAIS*

Existe um movimento crescente no sentido de expandir as práticas de contabilidade de empresas para além dos aspectos financeiros a fim de incluir o capital humano e as práticas ambientais sustentáveis. Até agora, o desafio tem sido reduzir a subjetividade das medições não financeiras, de modo que as organizações emitam relatórios separados de responsabilidade social corporativa como adendo aos seus relatórios anuais para demonstrar boa-fé.

Estes "três objetivos finais", às vezes, são chamados de "TBL" ou, alternativamente, "pessoas, planeta e lucros"; eles se referem ao conceito de uma organização que presta atenção a valores além daqueles dos donos das ações para incluir os de todos os interessados. Este conceito é bem recebido por muitos membros da geração do Milênio assim como por aqueles das outras gerações no período após a recessão, que se iniciou em 2008.

Pessoas, ou o capital humano, são um componente da TBL que diz respeito à extensão, de modo justo e equitativo, das práticas de negócio para as pessoas que trabalham em uma empresa e a região na qual uma corporação conduz seus negócios, reconhecendo, assim, a interdepen-

* NE: "The Triple Bottom Line", no original.

dência de todos os interessados. O planeta, ou o capital natural, refere-se à necessidade de práticas ambientais sustentáveis. Uma organização TBL tenta deixar a menor quantidade possível de rastros no ambiente, para, no mínimo, não causar danos. Isto inclui gerenciar o consumo de energia e reduzir o desperdício em toda a cadeia de suprimentos. Quando toda a cadeia de suprimentos é considerada, incluindo o que é necessário para plantar a alimentação do gado que vai para abate e é enviado para venda em locais onde é embalado para os consumidores, avalia-se que o consumidor médio norte-americano gera uma tonelada de restos por *dia*.[5] As organizações que prestam atenção ao seu impacto ambiental podem atrair uma geração que foi sensibilizada para questões ambientais desde o jardim da infância e passou seus anos no segundo grau como voluntária em projetos de serviços sociais. Ir para um ambiente de trabalho onde eles têm a oportunidade de desempenhar um papel proativo nas questões com as quais se importam no mundo será uma proposta interessante.

Os lucros, ou o capital financeiro, são o benefício econômico pago aos proprietários da organização. É claro que as empresas sempre serão medidas pelo seu retorno financeiro, entretanto, há especulações de que um foco único sobre retornos trimestrais tenha sido o culpado, em parte, pela crise econômica de 2008.[6] Agora é a oportunidade para as empresas informarem sobre seus três objetivos finais e usarem isso como uma forma de atrair a próxima geração de funcionários.

A IMPORTÂNCIA DA MARCA, DOS VALORES E DA REPUTAÇÃO DA SUA ORGANIZAÇÃO

Para começar, há uma área de prática tão importante, que deve ser bem feita, ou o trabalho bem feito no resto do modelo não conseguirá compensar tal falha. Em primeiro lugar, as organizações devem se diferenciar através da marca de empregador, criando um conjunto de valores e cultura correspondentes, ao mesmo tempo em que constroem uma reputação como organizações comprometidas com mais do que apenas lucros. Esses princípios são os descritos nas dez principais prioridades para uma oferta de emprego para cada geração, conforme mostrado na tabela 3-1.

Cada empresa expressa sua marca, seus valores e sua reputação de diferentes formas, seja a famosa "Do no evil*" do Google ou a política da Intuit de permitir que todos os funcionários tenham três dias pagos de folga para doar seu tempo para sua causa preferida. Esses princípios, resumidos na figura 3-1, destacam todas as práticas mostradas neste livro e demonstram como o WE 2020 pode ser aplicado na prática em qualquer organização. Estabelecer e implementar um conjunto de valores e reforçar os dogmas de uma cultura com a marca e a reputação resultantes, pode ser, na verdade, a forma mais barata e eficaz para criar um ambiente de trabalho interessante. Potencialmente, isso pode ter o impacto mais duradouro para incentivar os funcionários a selecionar e permanecer em uma empresa. A mídia social pode ser usada para auxiliar a comunicação com potenciais funcionários e atingi-los, mas, conforme visto nos exemplos a seguir, não é um requisito necessário.

Projetando uma Marca

Embora muitos fatores contribuam para uma proposta de valor do ponto de vista do empregador, a maioria dos funcionários deseja um nome de empresa nos seus currículos que lhe dê orgulho. Funcionários talentosos de empresas maculadas passaram pela dor de cabeça de ter sua própria empregabilidade futura ameaçada pela desgraça dos seus executivos, como, por exemplo, aconteceu com alguns funcionários da Enron, que desistiram em grande parte de procurar empregos corporativos e iniciaram seus próprios negócios.[7] Não importa o quão bem uma empresa desempenhe seu papel nos outros aspectos do modelo; se esta base não for sólida, nenhuma quantidade de trabalho em outras áreas compensará isso.

Libby Sartain, ex-chefe de RH da Southwest Airlines e do Yahoo!, foi perguntada em uma entrevista de emprego sobre o seguinte: "Quais são as coisas que você tem que fazer em RH, não importa o que aconteça?". Enquanto ela descrevia isso, sua primeira reação foi: "Cada empresa tem seu conjunto próprio de prioridades e desafios, que exigem diferentes soluções.". Porém, após pensar um momento, ela afirmou: "A importância de um tipo de funcionário é tão central, que não importa onde eu tenha trabalhado, eu sempre assegurava que fôssemos claros ao definir e implementar um tipo de funcionário na cultura e nos valores únicos da empresa.".[8]

---

* N.T.: "Não faça o mal".

Construir uma marca sólida é parte do ambiente de trabalho do futuro, mas vender esta marca não pode mais ser feito nas formas tradicionais do passado. Em primeiro lugar, Sartain diz: "A Geração do Milênio não acreditará na marca sem ouvir recomendações dos seus amigos das redes sociais. Além disso, ainda haverá necessidade de se ter um toque pessoal. A mensagem que vai a um engenheiro de software provavelmente não será a mesma que vai a um representante de vendas. Não basta conhecer às pessoas através de seus amigos confiáveis como também precisamos ter uma abordagem segmentada.". Especialmente para aqueles que estão acostumados e confortáveis em comprar pela web, a escolha de onde trabalhar fica muito influenciada pela pesquisa online. A capacidade de comparar empregos através da web e da mídia social não tem precedentes na história da procura de emprego. Agora é fácil ter uma boa ideia sobre a cultura de uma organização obtendo informações de amigos em sites de mídia social; visitar sites como o glassdoor.com, no qual as pessoas postam seus salários e comentam sobre o trabalho nas suas empresas; e julgar a sofisticação do site de uma empresa. Todos estes fatores são importantes para se tomar decisões de carreira.

Uma palavra de cautela: uma empresa com uma ótima marca não é necessariamente um ótimo lugar para se trabalhar. As empresas mais bem-sucedidas descobriram como integrar homogeneamente as marcas interna e externa de uma forma que faça da vida no trabalho uma autêntica extensão da marca. Nenhuma empresa exemplifica melhor isto do que a Nike.

Mike Tarbell está com a Nike há mais de 12 anos e é, atualmente, o chefe da gerência de talentos, cujas atribuições incluem proporcionar aos funcionários experiência crítica, engajando-os em um aprendizado e desenvolvimento estruturados. "Temos uma filosofia na qual 70% do desenvolvimento acontece no trabalho, 20% através de treinamento e orientação e 10% através de programas de aprendizagem e desenvolvimento.". Como a marca do empregador permeia as decisões de gerenciamento de talentos? Tarbell continua: "É importante que nossa marca de emprego seja tão positiva para os funcionários e candidatos externos quanto nossa marca no mercado é para nossos consumidores. Nossa estratégia para o talento é integrada e holística — o que significa que é projetada para criar contabilidade e propriedade com o funcionário da Nike e pelos 'pipelines de talento' funcionais da organização. Ela é fortemente baseada nos nossos valores em funcionários engajados para realizar tanto seus potenciais individuais quanto o potencial da Nike. Também criamos relacionamentos proativos e em execução com candidatos externos para criar sucessores internos e externos para futuras funções".

"Enquanto a Nike cresce, trabalhamos duro para manter a qualidade da nossa cultura, que a torna única. Nossos valores, conhecidos como as Máximas da Nike, são fundamentais para nossa cultura. Máximas como: 'Estamos sempre na ofensiva' e 'O consumidor decide' são projetadas para criar uma estrutura para a tomada de decisões entre todos os funcionários e como operamos as equipes. Outros símbolos da cultura são atrelados ao nosso DNA — em reuniões de vendas, orientações a novos funcionários, revisões de desempenho, no site interno, transmissões na estação de rádio interna da Nike, conhecida como KAOS, e nas imagens visuais de atletas em nossos escritórios e nossas instalações. Há sempre um desejo de respeitarmos nossas raízes — e sermos verdadeiros com a cultura da Nike. Usamos palavras como inovação, desempenho, trabalho de equipe e autenticidade como a linguagem de quem somos.

Embora a empresa tenha crescido bastante, ela permaneceu muito pessoal — isso se deve à forma pela qual atletas e consumidores se relacionam com as nossas marcas. É um ambiente casual, não hierárquico e colaborativo. Isso orienta as decisões que tomamos, como agimos e como é a nossa cultura. Pregame, nossa nova linha de artigos para treinamento, enfatiza nossa herança, história e as Máximas da Nike. Criamos intencionalmente uma experiência para os funcionários descobrirem a cultura e incitá-los a trazer suas próprias habilidades diversas como contribuição. Nossa avaliação cultural (pesquisa de funcionário) é uma forma de solicitar informação corrente de funcionários sobre a cultura, diversidade e inclusão, as práticas e os programas de gerência; e também uma maneira de nos mantermos responsáveis para que continuemos a melhorar sempre mais. Quando pergunto a funcionários o por que de ficarem, dizem: 'Gosto muito da marca. Gosto muito do produto. Gosto muito da equipe'. Não é uma coisa em específico — mas tentamos reforçar estes conceitos simples. Tem a ver com permanecermos verdadeiros com relação a quem somos.".

A Nike não está sozinha no seu compromisso de construir uma marca empregadora forte. Conforme Kristen Weirick, diretora de aquisição de talentos na Whirlpool, diz: "A forma mais rápida de matar sua marca é comunicando externamente algo que não seja bem recebido internamente. Todos vão para casa e contam a alguém como foi seu dia.".[9] As pessoas são atraídas por organizações nas quais acreditam que melhorarão sua própria marca e imagem pessoais. Uma boa marca na empresa na qual você trabalha é pessoal e influencia sua decisão de onde trabalhar e se permanecerá ou não.[10] Embora comunicar uma marca através de mídia social possa ser altamente eficaz, assim como é se conectar com os clientes, antes de mais nada é importante ter uma marca definida, autêntica e envolvente. O envolvimento flui de uma marca autêntica, não de campanhas em alguma mídia.

Vivendo os Valores

E se uma empresa não tiver uma marca facilmente reconhecível pelo consumidor? E se for uma firma pequena ou média? Ela ainda pode ter um conjunto de valores e uma cultura que se destaquem a ponto de ser uma oferta interessante de emprego? A Qualcomm, uma empresa localizada em San Diego, Califórnia, cresceu rapidamente após ser fundada em 1985. Atualmente uma empresa Fortune 500 com quase 13 mil funcionários, ela ainda não é um nome tão conhecido, embora suas tecnologias estejam em telefones celulares de muitos consumidores. A cultura precoce da empresa girava em torno de entretenimento, empreendedorismo e inovação. Enquanto se expandia rapidamente, tornou-se difícil manter a cultura peculiar que fazia com que nela houvesse uma "atmosfera casual, divertida, que alimenta a inovação".[11]

Um dos programas que a Qualcomm usava e continua a usar para manter sua cultura divertida e inovadora é uma prática chamada "52 Semanas". Para um funcionário novo na Qualcomm, conhecer a marca e a cultura não é tão intuitivo desde o início como ocorre na Nike, de modo que o processo de integrar de forma bem-sucedida um funcionário requer um programa mais planejado.

Conforme Tamar Elkeles, vice-presidente de desenvolvimento de aprendizagem e organização, diz: "Nosso objetivo primário no '52 Semanas' é criar e manter nossa cultura. Estamos crescendo rapidamente e contratando milhares de pessoas todo ano, e queremos manter uma cultura que incentive o risco e o empreendedorismo. A forma que escolhemos para fazer isso é contando histórias, pois queremos dar às pessoas uma visão realista do emprego e assegurar a permanência da cultura.".

Todos os novos funcionários da Qualcomm são automaticamente registrados online para receber uma história por semana durante seu primeiro ano. Partindo da fundação da empresa até o dia de hoje, as histórias descrevem o histórico dos seus sucessos e fracassos tecnológicos, assim como as razões por trás das decisões-chave ao mesmo tempo em que expressam a cultura da empresa em um formato de memorial.

As histórias transformam-se à medida que funcionários submetem versões mais novas delas. Uma das favoritas é uma sobre o código de vestimenta. Como a Qualcomm está baseada em San Diego, não é incomum que funcionários surfem ou andem de bicicleta no horário do almoço, de modo que o código de vestimenta é compreensivelmente flexível. Entretanto, o diretor de tecnologia, certa manhã, viu um funcionário andando pelos corredores com chinelos de coelho cor-de-rosa, o que o inspirou a enviar um memorando deixando claro o código de vestimenta. Chamado de Memorando Franklin, devido ao nome do executivo, o documento dizia que, daquele momento em diante, "embora não haja código de vestimenta na Qualcomm, ninguém deverá usar sapatos com orelhas".

De acordo com Elkeles, foi uma forma divertida de comunicar que o código de vestimenta da Qualcomm, embora flexível, na verdade tinha limites. Outras histórias nos contam sobre a atitude de perseverança e risco que distinguiu a empresa nos seus primeiros anos e como esse pensamento contraditório levou a algumas das inovações mais importantes da empresa.

As histórias também refletem transparência como uma forma de incentivar o tipo de risco que tem sido bem-sucedido para a Qualcomm, ao mesmo tempo em que desencoraja o oposto. Em outra das histórias das "52 Semanas", é descrito um projeto com excesso de engenharia. Elkeles diz: "A equipe adorou a tecnologia e, com muito poucas informações dos clientes, acabou gastando dinheiro e esforço demais em um produto que não se saiu bem no mercado.". Contando a história de um fracasso, a Qualcomm enfatiza seu compromisso com o projeto guiado por requisitos dos clientes, limitado por investimentos financeiros sensatos. Também reforça uma norma cultural de discussão aberta e aprendizado a partir de erros, um bem que pode auxiliar uma empresa de tecnologia a permanecer competitiva e ágil no mercado.

Como a Qualcomm sabe que as histórias das "52 Semanas" estão funcionando? "As histórias são recontadas. Viram tradição.", diz Elkeles. "Você sabe que está funcionando porque as pessoas contam as histórias para outras.". Sugestões de histórias são apresentadas por funcionários, de modo que o conjunto de histórias está constantemente sendo atualizado. Uma história é selecionada se expressar uma parte das normas culturais importantes de execução e inovação, tiver uma lição que ajude as pessoas a entender a Qualcomm, e for memorizável. Cada história é registrada para determinar quantas pessoas clicam para lê-la, com uma média de três mil cliques, significando que não só os novos contratados as leem. Uma história com menos do que a média de cliques é substituída por uma nova, criando um conjunto novo e dinâmico de "52 Semanas".

Estabelecendo uma Reputação Através de Responsabilidade Social Corporativa

De acordo com uma pesquisa da PwC, 88% da Geração do Milênio nos Estados Unidos quer se envolver em algum tipo de serviço público, o que indica que ela também se interessaria em trabalhar com um empregador que tenha registros de responsabilidade social corporativa.[12] Responsabilidade Social Corporativa (CSR — Corporate Social Responsability) é um conceito "pelo qual as organizações levam em consideração os interesses da sociedade, assumindo a responsabilidade pelo impacto das suas atividades sobre os clientes, fornecedores, funcionários e acionistas, assim como no ambiente".[13]

Conforme Glen Naedts, membro da Geração do Milênio que trabalha na indústria do varejo, viagens e hotelaria na Europa, diz: "Creio que somos uma espécie nova no mercado com maior consideração pelos valores que a empresa tem em vez de o dinheiro como único incentivo. Estamos mais preocupados com o ambiente e com o futuro do planeta, sistema monetário, as relações humanas etc.".

Para todas as gerações, trabalhar para uma empresa que tenha um compromisso forte com a responsabilidade social corporativa é um dos dez principais fatores que influenciam sua seleção de um futuro empregador, conforme relatado na pesquisa "The Generations @ Work". A responsabilidade social corporativa também é importante para os clientes, e estudos mostram que potenciais clientes que se identificam pessoalmente com as atividades de CSR de uma empresa têm maior probabilidade de fechar negócios com ela. De forma semelhante, os funcionários querem permanecer em uma empresa que esteja trabalhando para algo maior do que apenas ela.".[14]

Para empresas de tamanhos pequeno ou médio, é possível criar um senso de propósito para cada funcionário, o que pode ser uma atração competitiva para a Geração do Milênio e seu desejo de fazer a diferença. Entretanto, empresas grandes têm a vantagem da escala na criação e implementação de possibilidades de CSR de alta abrangência e amplo impacto que também podem ser atrativos para a Geração do Milênio, conforme Andrew Levy da IBM observou no início deste capítulo. Embora os membros de todas as quatro gerações pesquisadas considerem a CSR como um fator na seleção de um empregador, ela é especialmente importante para funcionários mais jovens. Um possível motivo para isso é que muitos membros da Geração do Milênio gastaram anos no segundo grau sendo voluntários em projetos comunitários, às vezes, como um critério para a graduação. Eles entram, então, no mercado de trabalho com a expectativa de que seu empregador fará o mesmo.

Para algumas organizações, isto significa selecionar questões sociais específicas que estejam fortemente relacionadas à sua missão central. Algumas empresas, como o Goldman Sachs, um banco de investimentos globais com escritórios em todos os principais centros financeiros do mundo, desenvolveram programas CSR que estão se tornando importantes alavancas para gerar mudanças sociais e atrair funcionários. Em 2009, o Goldman Sachs foi uma das dez primeiras empresas da lista das 100 Melhores para se Trabalhar da revista *Fortune*. A empresa recebeu muita aclamação da mídia pelo seu programa "10.000 Women", o qual está "aumentando o número de mulheres desvalorizadas no ambiente de trabalho que recebem educação em negócios e administração [...] e melhorando a qualidade e a capacidade da educação de negócios e administração pelo mundo". Neste programa de cinco anos, o "Goldman Sachs apoiará parcerias com universidades e organizações de desenvolvimento e assim alcançarão 10 mil mulheres recebendo este apoio.".[15]

Embora as parcerias iniciais financiem certificados de educação em negócios e administração para 10 mil mulheres em países por todo o mundo, o programa faz muito mais do que isso. Ele abre portas para milhares de mulheres cujas circunstâncias financeiras e práticas impedem-nas de receber uma educação tradicional em negócios. É claro que preparar futuros investidores leais à marca se alinha à missão do Goldman Sachs, porém, o investimento de 100 milhões de dólares mostra uma dedicação maior do que os potenciais futuros negócios que essas 10 mil mulheres trarão para a empresa.[16]

O programa CSR da Qualcomm inclui trabalho com parceiros locais e globais para levar tecnologia wireless por todo o mundo para desenvolver comunidades. Seu programa Wireless Reach ajuda a distribuir desde melhor auxílio de saúde a uma melhor educação, oportunidades de negócios e ruas mais seguras, tudo isto servindo para melhorar a qualidade de vida.[17] Já que os produtos da Qualcomm estão tão intimamente vinculados à disponibilidade de telefones celulares, a empresa pode obter um conjunto especialmente bem alinhado de objetivos.

A Intuit é outro exemplo de como um fundador de empresa pode construir uma marca de empregador para reforçar suas próprias crenças sobre responsabilidade social corporativa. A Intuit, reconhecida como uma das mais admiradas empresas de software, opera sob o princípio "Com o nosso sucesso, vem a responsabilidade de dar algo de volta para a comunidade".[18] Scott Cook, fundador da Intuit e ex-consultor da Bain & Company, enfatiza a importância de se criar uma empresa saudável. Contudo, os valores subjacentes que ele guarda são refletidos na sua declaração de que é responsabilidade de uma empresa retribuir para a comunidade, apoiada em uma política que dê a seus funcionários três dias do seu tempo pessoal para se voluntariar na organização da sua escolha. "Torna-se parte das notícias do escritório", disse Rob Lake, um ex-chefe de conquista de talentos da Intuit. "As pessoas gostam de contar histórias sobre o que fazem com seu tempo. Algumas pessoas foram prestar auxílio após o furacão Katrina e outras doaram seu tempo após o tsunami, em 2004. Pessoalmente, eu trabalhava como comerciante, então, doo meu tempo para ajudar a remodelar e reconstruir abrigos femininos. O que há na Intuit é que você sabe que isso faz parte do DNA deles, e não é apenas um conjunto de valores na parede.". Este compromisso com a responsabilidade social corporativa se tornou uma parte importante dos princípios operacionais da Intuit.

Às vezes, chegar às pessoas no início das suas carreiras não apenas ajuda a construir uma impressão favorável da marca de uma empresa, como também pode influenciar futuros funcionários e clientes através de um amplo conjunto de atividades. A Cisco é uma empresa assim, já que cultiva uma forte reputação nas seguintes áreas: ambiental, econômica, educacional e de iniciativas sociais.[19] Um exemplo dos projetos CSR da Cisco é o City Year, uma organização que coloca jovens adultos em um ano de serviço comunitário. Um aspecto-chave do programa é o desenvolvimento de lideranças dos voluntários, aumentando a probabilidade de que o sejam nas suas carreiras quando seu serviço com o City Year estiver completo.[20] Os milhares de jovens adultos que passaram pelo programa City Year também lembrarão do investimento que a Cisco fez no desenvolvimento deles.

Porém, o CSR pode ir além do recrutamento para se alinhar com a missão do departamento de aprendizagem corporativa de uma empresa. Considere a CIGNA University, o departamento de aprendizagem da CIGNA, uma empresa de serviços de saúde que tem ido além do oferecimento de aprendizagem a seus funcionários internos para fornecer programas educacionais para consumidores sobre como o sistema de saúde funciona, assim como os componentes-chave do debate político de tratamento de saúde.[21] Inspirada pelo www.freerice.com,[22] a CIGNA University desenvolveu um programa chamado Water for People. Enquanto as pessoas respondem a um pequeno questionário online sobre seu conhecimento sobre saúde e o sistema de tratamento de saúde, dinheiro é doado para o programa. Cada três questões respondidas corretamente fornecem um dia de água para crianças na Índia. Usando a abordagem de jogos e um conjunto de ferramentas interativas, o programa ajuda os consumidores a aprenderem a fazer escolhas informadas sobre o cuidado com a saúde, ao mesmo tempo em que criam uma forma para elas desempenharem um papel na doação de água limpa e segura para países necessitados. Karen Rocher, chefe de aprendizagem da Cigna, compartilha esse conhecimento sobre o valor do programa Water for People: "O treinamento grátis leva não apenas a consumidores de planos de saúde melhor informados, o que beneficia a empresa de forma geral, mas também ajuda a criar uma reputação, já que a instituição investiu mais nesse programa do que em seus próprios lucros.".

DIVERSOS CAMINHOS LEVAM AO AMBIENTE DE TRABALHO DE 2020

Inovação na criação e comunicação da marca, valores e reputação são apenas o primeiro passo para assegurar uma força de trabalho engajada no futuro. Para obter o engajamento do funcionário, as empresas estão usando táticas muito diferentes, cada uma para a sua própria cultura e marca. Não há um caminho único para se obter uma força de trabalho engajada. Recomendamos a criação de ambientes de trabalho que sejam colaborativos, autênticos, pessoais, inovadores e sociais, expressos na cultura única da organização. Para começar, crie uma mensagem forte da marca, consistente dentro e fora da organização, apoiada em valores que ressoem por gerações e locais diferentes. A seguir, procure inovar as práticas de RH, especialmente nas áreas de recrutamento, aprendizagem corporativa, uso de mídia social dentro da empresa e desenvolvimento de liderança. Juntas, constituem a base do ambiente de trabalho de 2020, necessária para abordar as forças descritas no capítulo 1: mudanças demográficas, globalização e a Web social. Nos próximos quatro capítulos, perfilaremos práticas que fornecem a maior oportunidade de apresentar valor aos funcionários de 2020. Cada uma destas práticas, todavia, vem do núcleo da organização. Um grupo pequeno, porém crescente, de empregadores tem cruzado as fronteiras do engajamento dos funcionários. Através de suas histórias, compartilharemos métodos criativos e bem-sucedidos para encontrar e engajar seus funcionários, ir além do aprendizado corporativo tradicional e acelerar a liderança de modo que o sucesso da organização seja parte do trabalho de todos.

RESUMO

- **Expanda sua definição de colaboração no ambiente de trabalho.** Tradicionalmente, a colaboração tem sido concebida como interna, referindo-se ao modo através do qual os indivíduos colaboram em uma base de um para um. No ambiente de trabalho do futuro, a colaboração externa ganhará importância à medida que as empresas e as tecnologias de comunicação se expandirem em uma escala global.

- **Seja autêntico nas suas políticas e em seu trabalho com sua marca.** A era na qual vivemos está saturada de informação. Potenciais funcionários esperam poder acessar quantidades sem precedentes de informação sobre empresas antes de considerar trabalhar nelas. Empresas que não oferecerem este nível de transparência sofrerão com sua falta de divulgação. Os empregadores devem esperar também que potenciais funcionários façam pesquisas sobre alegações feitas pela empresa em uma diversidade de sites. Assim, honestidade e transparência são as facetas-chave de autenticidade que precisarão estar instituídas.
- **Personalize o contrato de emprego.** Os funcionários estão começando a demandar que sejam tratados como indivíduos. Ofertas de trabalho, planos de carreira e opções de benefícios genéricas estão se tornando coisas do passado. O profissional de RH experiente enfocará na criação de relacionamentos empregatícios que satisfaçam às necessidades de cada segmento separado de funcionários.
- **Faça da inovação um valor central da sua empresa.** Organizações que inovam conseguem competir de forma contínua no mercado e auxiliam seus funcionários a aprender e avançar nos seus conjuntos de habilidades. As empresas precisam focar a inovação, não apenas para se manter atualizadas no mercado, mas porque potenciais funcionários são atraídos para organizações que tenham ideias para o futuro.
- **Incentive interações e conexões sociais entre seus funcionários.** No mundo interconectado no qual vivemos, fornecer um ambiente social no escritório, embora necessário, não é mais suficiente. Em vez disso, os empregadores precisarão desenvolver o uso de ferramentas e técnicas de mídia social para permitir aos funcionários se conectar com comunidades globais.

Surge o Recrutamento Social

"**Estou** falando sério quando digo que o Twitter tirou meu trabalho", diz Kevin Smith, trabalhando atualmente como desenvolvedor de software na Gnoso.

Por volta de um ano e meio atrás, Smith quase não dormia e, como escreveu no site Marketing Profs Daily Fix: "Estava me juntando às pessoas que leem *Dilbert* mais pela empatia do que pelo humor... Eu estava preso no inferno do *Como Enlouquecer Seu Chefe*, incluindo o dia da camisa havaiana.".

No início do processo de procura de emprego de Smith, ele começou usando o Twitter, uma rede social e serviço de microblogging gratuito, que permite aos usuários enviar e receber mensagens de texto de até 140 caracteres, conhecidos como tweets. Os tweets são exibidos na página do perfil do usuário e entregues a outros usuários, conhecidos como seguidores, que façam parte da rede dessa pessoa. Smith começou a usar o Twitter como uma válvula de escape, como ele diz, "para lamuriar-me sobre meu trabalho". Um dos primeiros tweets dizia: "Sou oficialmente o único no escritório que decidiu não usar uma camisa havaiana. /suspiro.".

> **Microblogging:** Um irmão do blogging, que consiste no envio de mensagens curtas (140 caracteres ou menos) para um grupo de seguidores.

Não foi surpreendente que este não tenha sido o caminho para o sucesso. Contudo, o que Smith fez a seguir lhe deu o emprego dos sonhos. Ele decidiu que queria trabalhar na linguagem de programação Ruby e usou o Twitter como uma forma de encontrar uma comunidade Ruby.

Inspirado pela comunidade de colegas dos quais se cercou, ele começou a "tuítar" sobre seus artigos favoritos, notícias e próximas conferências, além de outros assuntos que lhe ocorriam. Mais ou menos ao mesmo tempo, fez uma lista dos seus critérios para um empregador ideal: pequeno, local, colaborativo, aberto para novas formas de fazer as coisas, focado em qualidade e projeto, constituído por uma comunidade de usuários Mac e em um lugar onde se espere que todos estejam continuamente aprendendo e melhorando seu trabalho todos os dias.

Logo depois de criar sua lista de critérios, Smith percebeu que um dos seus novos seguidores no Twitter trabalhava na Gnoso, uma empresa que satisfazia à maioria dos seus requisitos. Smith foi ao site da empresa e se sentiu atraído imediatamente pela sua filosofia: "Imaginação. Função. Beleza.".

Smith enviou seu currículo e esperou algumas semanas, mas não obteve resposta. Ele enviou, então, uma mensagem para o seguidor que ele conhecia da Gnoso e, após diversos outros tweets e algumas mensagens no LinkedIn, Smith conseguiu uma entrevista e, depois, um emprego como desenvolvedor de software na Gnoso.

Peter Waldschmidt, fundador e CEO da Gnoso, disse o seguinte sobre o processo de contratação de Smith: "Conseguimos ter uma boa ideia das habilidades e dos interesses de Kevin apenas conversando pelo Twitter por alguns meses. Embora isso não elimine a necessidade de entrevistas, torna o processo de entrevista mais como a contratação de um amigo do que a de um estranho.".[1]

Agora compare a experiência de procura de emprego de Smith com a rede tradicional. Muitas vezes, nas redes, a comunicação é feita pessoalmente ou através de e-mail. Quando há uma reunião, ela dura pouco tempo, e, geralmente, termina após uma hora, e é seguida por notas de agradecimento e talvez uma conexão no LinkedIn ou Facebook. Este é geralmente o final do processo para muitos candidatos.

Contudo, usando recrutamento social em uma busca de emprego, o processo continua. Após irem cada um para seu lado, as duas partes continuam a interagir através de ferramentas de mídia social e têm uma oportunidade de continuar formando ou obtendo uma impressão. Uma parte do controle do relacionamento de recrutamento passa para o candidato, que pode fazer com que as pessoas lembrem dele todos os dias através do uso de redes sociais. Uma pesquisa recente conduzida por Jobvite com 115 profissionais de recrutamento de recursos humanos descobriu que 80% estavam usando mídia social ou rede social para recrutamento e que esta prática estava aumentando em 39% da amostra. Além disso, entre aqueles que usam redes sociais para recrutamento,

Recrutamento social: uma prática que potencializa redes sociais e profissionais, tanto online quanto offline, da perspectiva de um candidato e do lado do empregador, para se conectar, comunicar, engajar, informar e atrair futuros talentos.

o LinkedIn é utilizado por 95% dos recrutadores, enquanto que o Facebook é utilizado por 59%, tendo ganhado 23% no período entre 2008 e 2009. O Twitter já está em terceiro, com 42% das pessoas respondendo à pesquisa usando a ferramenta para recrutamento.[2]

RECRUTAMENTO REDEFINIDO: SURGE O RECRUTAMENTO SOCIAL

Conforme vimos no Capítulo 1, mudanças demográficas na força de trabalho significam que a Geração do Milênio será o segmento dominante da força de trabalho de 2020. A Tabela 4-1 mostra como as empresas estão redefinindo a função de recrutamento para enfocar o recrutamento social.

TABELA 4-1: RECRUTAMENTO REDEFINIDO

Desafios	Recrutamento Tradicional	Recrutamento Social
Expandir-se globalmente	Feiras de recrutamento em países de alto crescimento	Buscas de candidatos em redes sociais
Encontrar talentos	Agências de emprego, quadros de empregos	Grupos no Facebook, especialistas em empregos
Atrair talentos	Entrevistas no campus	Canais no YouTube, concursos de vídeos de funcionários
Criar relacionamentos	Diversas entrevistas feitas pessoalmente	Grupos de Twitter, pais em programas de emprego
Expressar os valores da empresa	Pesquisa no site da empresa	Links para canais no YouTube da empresa, grupos no Facebook ou postagens no Twitter

Fonte: Future Workplace.

Em vez de recrutar candidatos em campus universitários, as empresas estão começando a se tornar exploradoras virtuais de talentos e a utilizar uma gama de ferramentas de mídia social, como Facebook, YouTube, LinkedIn, Second Life e Twitter, para atrair e engajar os futuros trabalhadores. Os chefes de recrutamento estão indo onde a Geração do Milênio está — online — para encontrar as pessoas de que precisam, muitas das quais podem não estar procurando ativamente uma nova oportunidade. As redes sociais se tornaram muito influentes na busca de talentos, no estabelecimento de relacionamentos com candidatos e para começar um diálogo com uma ampla gama de formadores de opinião. Afinal, candidatos prospectando empregos, como Smith, estão buscando proativamente empregadores que tenham os mesmos valores que eles: autenticidade, personalização, colaboração, inovação e desejo de um ambiente de trabalho social.

Em segundo lugar, à medida que as empresas se tornam globalizadas, a função de recrutamento deve liderar o trabalho de buscar uma fonte global de talentos de forma tão eficiente e eficaz quanto possível. Isto significa criar uma presença no Facebook ou no Second Life, de modo que o recrutamento da sua empresa possa alcançar as mais de um bilhão de pessoas que atualmente têm perfis em redes sociais.

Em terceiro lugar, a internet possibilita que a maioria das pessoas que trabalham com conhecimento se localizem longe da base física dos seus empregadores. Projetistas, operadores de call centers, vendedores, até muitas pessoas no departamento de recursos humanos, podem trabalhar com eficácia onde queiram. Neste mundo móvel, textos e mensagens instantâneas estão ultrapassando muitas outras formas de comunicação em muitos países, de modo que os recrutadores devem utilizá-los também.

Finalmente, os empregadores estão percebendo o quão social e colaborativo o mundo do trabalho pode ser e estão incorporando isto à sua descrição de trabalho. Por exemplo, a Best Buy, recentemente, fez um anúncio de gerente sênior para marketing de mídias emergentes, buscando candidatos com pelo menos um ano de experiência ativa em blogging, graduação e mais de 250 seguidores no Twitter. Quando a descrição do emprego causou agitação na blogosfera, o chefe de marketing da Best Buy, Barry Judge, foi mais um passo adiante — ele elaborou em *crowdsourcing* as especificações do emprego, pedindo a todos que estavam interessados que ajudassem a escrever a descrição do trabalho.

A descrição do emprego que sofreu *crowdsourcing* falou às peculiaridades da revolução da mídia social que estamos vivenciando: humor, colaboração e autenticidade. Por exemplo, a descrição reformulada do emprego incluiu um curioso requisito: o gerente sênior deveria entender as siglas comumente usadas em mídias sociais, além de estar totalmente a par de todas as capacidades de um smartphone. A Best Buy está liderando no uso dos pontos fortes da web social para obter e atrair talentos.

> **Crowdsourcing:** Aproveitamento das habilidades de indivíduos através de uma chamada pública para participação. Esses indivíduos, devido ao seu entusiasmo, contribuem com conteúdo, fazem pesquisas e resolvem problemas juntos.

Os candidatos a um emprego, assim como os empregadores, estão mais informados do que nunca. Eles têm acesso incomparável a informações sobre um empregador em prospecção através da web social e de suas próprias redes sociais. À medida que esses candidatos ficam mais conectados entre si e seus possíveis empregadores, ocorre uma mudança da Era da Informação para uma Era da Colaboração, na qual os trabalhadores valorizam a colaboração, comunicação e conexão constantes entre si.

Na Era da Colaboração, o recrutamento é pessoal e social, de modo que os gerentes de recrutamento devem fazer parte da web social para buscar e atrair os maiores talentos. A importância da potencialização do recrutamento social fica evidente em uma pesquisa abrangente executada pela PricewaterhouseCoopers (PwC), com universitários recentemente contratados para a firma. A pesquisa, chamada "Managing Tomorrow's People: Millennials at Work", consultou 4.271 universitários graduados de 44 países sobre suas expectativas de trabalho. Uma das questões centrais da pesquisa era o papel que a tecnologia desempenhava na vida profissional desses membros da Geração do Milênio, já que 86% dos consultados informaram que faziam parte de uma rede social e esperavam poder acessar sites externos de rede social, e trocar mensagens de texto e mensagens instantâneas no trabalho. Como um dos participantes deste estudo disse: "A tecnologia estará no centro de tudo o que fazemos, em tal escala que agora pode ser inimaginável.".[3]

Os integrantes da Geração do Milênio pesquisados veem as tecnologias de rede social como ferramentas para aumentar sua produtividade, e não apenas como interação com amigos. Eles acreditam que a tecnologia estará no centro da vida deles durante suas carreiras e esperam que os empregadores adotem as tecnologias e ferramentas mais recentes no ambiente de trabalho, de modo que possam trabalhar de forma mais rápida e inteligente.

À medida que mais empresas se globalizam, também o fazem as expectativas da Geração do Milênio no ambiente de trabalho. Quase todos os membros da Geração do Milênio — 94% — esperam trabalhar além de limites geográficos. Experiência internacional é um dos requisitos essenciais das suas carreiras, com mais de 70% dos indivíduos da Geração do Milênio querendo aprender uma nova língua no trabalho. Esse fato é compreensivelmente maior em países onde o inglês não é a língua principal, mas, mesmo neste caso, há uma expectativa de que ser proficiente em outra língua será necessário para ser bem-sucedido no ambiente de trabalho do futuro.[4]

Mesmo se supormos que o segmento da Geração do Pós-Guerra da força de trabalho vá trabalhar até a idade de 74 anos ou mais, a Geração do Milênio é a futura força de trabalho de 2020. Uma vez que os integrantes da Geração do Milênio constituem uma porcentagem maior nas firmas de prestação de serviços e de tecnologia de informação, são essas as empresas que irão experimentar ao máximo as ferramentas mais novas para obter talentos da Geração do Milênio.

Não é surpreendente que as empresas que estão sempre na lista da *BusinessWeek* dos Melhores Lugares para Iniciar uma Carreira estão inovando, pois percebem as formas pelas quais o mundo do trabalho está mudando. Estas empresas estão potencializando as ferramentas mais recentes de redes sociais para atrair e recrutar novos funcionários. Exemplos que se destacam são a Deloitte (que está começando a recrutar no ensino fundamental e médio), a Ernst & Young (que está criando grupos no Facebook e no Twitter), bem como a KPMG, que compartilha vídeos no seu canal do YouTube altamente personalizado. O objetivo disso tudo é ir onde a Geração do Milênio se concentra e criar uma marca de empregador que seja nova, autêntica e pessoal — exatamente o que essa geração demanda.

PROGRAMAS EMPREGADORES DE BUSCA NA PRÉ-UNIVERSIDADE

Temendo uma falta de funcionários nas áreas de contabilidade e engenharia, algumas empresas estão procurando formas inovadoras de criar suas marcas de empregadoras logo nos primeiros anos do ciclo escolar. Um estudo importante feito em 2007 pela Weekly Reader Research para a Deloitte LLC, intitulado "Accounting and the Next Generation of Workers", descobriu que os alunos já estavam considerando possibilidades de carreira aos 12 anos. De acordo com Stan Smith, o diretor nacional da Next Generation Initiatives (NGI) na Deloitte Services, uma divisão da Deloitte LLC, os estudantes passam por diversas etapas para fazer uma escolha de carreira. Eles veem essas possibilidades a partir de 10 ou 12 anos, analisam vários tipos de carreiras dos 12 aos 14, e enfocam algumas possíveis carreiras entre 15 e 16. De acordo com Smith: "Nossa pesquisa mostra que os estudantes estão mais abertos a um número maior de possíveis escolhas profissionais entre 12 e 14 anos. Após esta idade, começam a restringir suas escolhas. Assim, nosso foco na campanha de pré-universidade é desenvolver um grupo selecionado de estudantes na escola intermediária que estão predispostos ao que fazemos como negócio.".

Considere as seguintes estatísticas: em 2007, havia 16,5 milhões de alunos da 9ª à 12ª séries nos Estados Unidos. Estima-se que, aproximadamente, 33% vão completar o segundo grau, entrar em uma universidade e se graduar como bacharéis dentro de quatro a seis anos. Isso significa que em torno de 5,4 milhões de alunos graduados, potencialmente entrarão no mercado de trabalho no período de 2011-2014. Quando o número de alunos do segundo grau que indicam interesse em contabilidade ou consultoria é examinado, o número se estreita para apenas 2,3%.[5] Para evitar uma potencial falta de talentos em contabilidade, a Deloitte LLP está criando parcerias com escolas intermediárias e secundárias para auxiliar os alunos no seu processo de exploração de carreiras. O objetivo: transformá-los em possíveis funcionários tão cedo quanto possível.

Embora as empresas tenham procurado moldar o currículo das escolas públicas antes, tais esforços, muitas vezes, enfocavam o ensino de práticas vocacionais ou o fornecimento de certificados em formas especializadas de tecnologia. Agora, as empresas começam a exibir sua marca de empregador para os estudantes desde os 12 anos de idade. Essas parcerias representam uma nova dimensão na crescente influência do mundo dos negócios na educação pública.

Smith destaca o que ele vê como uma revolução demográfica impactando na profissão de contabilista. Citando uma pesquisa feita por Robert Half, a maior empresa de recrutamento especializado do mundo, Smith estima que haverá um aumento de 26% em empregos de contabilidade disponíveis até 2015 devido a dois fatores: uma onda de contabilistas da Geração do Pós-Guerra se aposentar por volta daquele ano, já que começam a atingir a idade de 70 anos, e um declínio no interesse em contabilidade, pois os estudantes procuram empregos mais bem remunerados em áreas como consultoria e tecnologia da informação. Estas forças se combinaram para tornar a contabilidade uma área em que haverá uma falta de talentos no futuro próximo.

A solução de Smith é um programa que se divide em três, incluindo (1) um currículo prescritivo para alunos K-12*, chamado *Life, Inc: The Ultimate Career Guide for Young People*, de Neale; (2) um sistema de "treinamento virtual" que incentiva os estudantes a examinar o que gostam e o que não gostam através de um site interativo encontrado em www.nealeslifeinc.com e, finalmente, (3) uma simulação online de negócio chamada Deloitte's Virtual Team Challenge. Este desafio online mostra como é trabalhar no negócio. Junta, esta abordagem expandirá o conjunto de talentos incentivando os estudantes a examinar o negócio como uma carreira e, tendo isso como base, a considerar uma carreira em contabilidade ou consultoria tão cedo quanto possível. A Deloitte Foundation tem fornecido fundos para o programa até o momento, e futuras expansões incluem ir além de estudantes do segundo grau, alcançando, assim, adolescentes de famílias de militares em bases por todo o mundo, veteranos retornando da guerra e suas famílias.

A importância desse programa pode ser vista em uma história que Godfrey e Smith contam sobre a vida de Dunia Fernandez. Ela tem agora 35 anos e trabalha como diretora da Pathways to Success na Maricopa Community College Foundation. Fernandez cresceu em East Los Angeles, na Califórnia, após imigrar do México para os Estados Unidos quando era muito nova. Ela recebeu uma bolsa integral para Brown, graduou-se em 1998 e iniciou sua jornada para encontrar uma carreira pela qual era apaixonada. Pelo caminho, experimentou a escola de Direito, lecionou, e, agora, trabalha em um cargo executivo onde gerencia uma equipe de oito pessoas. Quando Fernandez relembra sua carreira, reflete: "Quando entrei na universidade, contabilidade não estava no meu horizonte. Se eu tivesse compreendido como realmente é o trabalho de um contabilista — usando habilidades quantitativas, de comunicação, analíticas e investigativas — teria escolhido esta como a

---

* Alunos matriculados nas 12 séries escolares a partir da pré-escola.

carreira certa após a universidade. Contudo, não tive contato com contadores enquanto crescia, nenhum modelo que fosse contador e ninguém a quem recorrer para saber sobre como era o trabalho. Entretanto, agora, após minha vida ter me levado na direção da contabilidade, descobri que a adoro. Hoje, gerencio um orçamento de mais de dois milhões de dólares e aprendi contabilidade como executiva. Não há dúvida de que, se tivesse sido exposta ao que a profissão de contadora oferece logo cedo, eu a teria escolhido.".

Criar estas parcerias nas séries iniciais está provando ser um veículo valioso para evitar uma falta de talentos em engenheiros assim como de contadores. A Lockheed Martin projeta que, em 2018, metade da sua força de trabalho em Ciência e Engenharia estará apta a se aposentar. Enquanto isso, o interesse em Engenharia como uma carreira está declinando entre os estudantes dos EUA. Em uma pesquisa feita em 2007, com mais de 270 mil alunos universitários novatos feita pelo Higher Education Research Institute da UCLA, apenas 7,5% dos universitários recém-matriculados expressaram interesse em Engenharia como carreira — o menor nível desde a década de 1970.[6]

A isso se junta o fato de que restrições de segurança nacional impedem a Lockheed Martin e outros empreiteiros da defesa de terceirizar suas funções para o exterior.[7] Atualmente, a Lockheed Martin está enfrentando uma questão estratégica séria: como desenvolver um programa de formação de trabalhadores técnicos nas áreas de Engenharia, Ciências Naturais e Ciência da Computação, já que estes trabalhadores constituem até metade da força de trabalho atual. Jim Knotts, diretor de relações corporativas e comunitárias da Lockheed Martin, compartilha sua visão sobre a importância das empresas se envolverem no processo de exploração de carreiras.

De acordo com Knotts, "Decidimos como uma empresa, em 2007, poderia criar parcerias com escolas de segundo grau e de ensino fundamental em áreas onde a empresa tivesse uma presença corporativa. Assim, durante os últimos 18 meses, desenvolvemos parcerias com escolas em nove estados nos EUA, incluindo Califórnia, Colorado, Geórgia, Flórida, Maryland, Minnesota, Nova Jersey, Texas e Virgínia. Nosso objetivo é ter parcerias com pelo menos 25 estados até 2012, totalizando 10 mil estudantes que terão contato com o programa de currículo Lockheed Martin Engineers in the Classroom.".

O programa de currículo Lockheed Martin Engineers in the Classroom foi desenvolvido em parceria com a firma sem fins lucrativos Project Lead the Way e inclui oito cursos anuais em Engenharia Civil e Eletrônica Digital, assim como cinco programas de dez semanas em Introdução à Robótica para estudantes de escolas intermediárias.

Basicamente, o programa in the Classroom possui quatro componentes: (1) cursos com trabalhos de engenharia, (2) projetos de engenharia com créditos extras, (3) projetos individuais sob a supervisão de engenheiros da Lockheed Martin e (4) Bolsas de Estudo Lockheed Martin baseadas em mérito e dirigidas a estudantes que tenham completado o currículo de Engenharia no segundo grau.

Esse programa é especialmente importante à luz de estatísticas da National Academy of Sciences que avaliam que os Estados Unidos graduarão aproximadamente 70 mil engenheiros por ano, enquanto que a China gradua 600 mil, e a Índia, 350 mil. Embora o tamanho e a natureza exatos da escassez de talentos em engenharia ainda seja assunto de debates, há uma concordância entre os economistas e outros especialistas quanto ao fato de que a Engenharia é uma profissão que dá aos Estados Unidos a capacidade de inovar, que é central para o crescimento e sucesso do país no mercado global.[8]

O *Life, Inc.: The Ultimate Career Guide for Young People* da Deloitte e o currículo Engineers in the Classroom da Lockheed Martin são apenas dois exemplos de como empresas que enxergam à frente estão respondendo à potencial escassez de talentos. Tais empresas estão colocando recursos financeiros e humanos nos sistemas de escolas K-12 em um esforço para posicionar suas respectivas profissões como desejáveis nas idades mais jovens possíveis. Espere ver níveis maiores de inovação e investimentos desse teor à medida que os empregadores buscarem formas de prover a força de trabalho de 2020.

POTENCIALIZANDO O PODER DO YOUTUBE PARA RECRUTAMENTO

À medida que as pessoas se tornam cada vez mais hiperconectadas na vida pessoal, passando cada vez mais tempo no Facebook, compartilhando vídeos no YouTube e tweetando, as empresas estão seguindo seus passos. Estas empresas querem criar marcas de empregador onde seus potenciais funcionários estão passando seu tempo.

Para Brian Fugere, responsável pelo marketing e pela comunicação da Deloitte, o poder do uso da mídia social ficou claro no dia 4 de fevereiro de 2007, durante o Super Bowl XLI. Este foi não apenas o dia em que o Indianapolis Colts venceu o Super Bowl contra o Chicago Bears, mas também o dia em que a Frito-Lay mudou o jogo em propagandas de TV, permitindo que os clientes criassem um anúncio de 30 segundos.

Para o Super Bowl XLI, o custo de um anúncio de 30 segundos era de $2,6 milhões. Em vez de pedir à sua agência de propaganda que produzisse um comercial, a Frito-Lay decidiu criar um site chamado Doritos Crash the Super Bowl. Nele, os consumidores colocavam seus comerciais em vídeo caseiro, para ter uma chance de ganhar $10 mil e uma viagem com todas as despesas pagas para o Super Bowl XLI, em Miami, na Flórida. O poder de marketing do conteúdo gerado por consumidores logo se tornou evidente quando o site registrou mais de 4 milhões de visualizações. Cinco finalistas acabaram selecionados entre mais de mil concorrentes.

Enquanto Fugere assistia a essa revolução nos comerciais de consumidores, a ideia para o Deloitte Film Festival era formada; esta é uma competição aberta para todos os funcionários da Deloitte, os quais respondem à pergunta "Qual é a sua Deloitte?" em um vídeo de cinco minutos. Como Fugere explica, "Começamos pedindo aos funcionários da Deloitte que criassem um vídeo sobre um dos nossos valores básicos, como diversidade, integridade e valor focado no consumidor. Contudo, a reação dos funcionários foi muito direta: 'Dá um tempo — isso é entediante e corporativo demais'".

Fugere concordou em mudar os termos do concurso — mas não facilmente. Como ele admite, "Deixar para lá é uma coisa assustadora de se fazer nos negócios, especialmente para um profissional de marketing e comunicações. Percebi, porém, que o conceito de um festival de filmes tinha que ser divertido, envolvente e autêntico, e certamente não um exercício para ver o quão bem os funcionários da Deloitte conseguiam memorizar os valores básicos da empresa.".

A partir desse ponto de vista, nasceu o "Qual é a sua Deloitte?", que pede a equipes de funcionários da Deloitt e que criem um vídeo que represente como é a vida dentro da Deloitte. E, é claro, havia um incentivo: o primeiro prêmio era uma viagem com todas as despesas pagas para o Sundance Film Festival.

Mais de dois mil funcionários da Deloitte, nos EUA, participaram do festival de filmes, e mais de 30 mil pessoas assistiram e votaram no site da intranet durante o período da campanha. Fugere continua, dizendo que: "Sabíamos naquele momento que havíamos obtido uma grande vitória. Esperávamos 50 inscrições e ficamos extremamente contentes quando recebemos mais de duas mil.". O resultado foi uma campanha de marketing não convencional e não corporativa que é agora um componente-chave do programa de recrutamento da Deloitte. Um vídeo se destaca entre os mais de 2 mil registros. Chama-se "The Green Dot", e foi assistido por mais de 27 mil pessoas no YouTube, aparecendo nos materiais de recrutamento da Deloitte.[9]

No "The Green Dot", um funcionário da Deloitte é mostrado trabalhando como um completo "super-herói" em serviços com clientes, com capa e poderes mágicos. Todo o tempo, uma narração explica o que significa trabalhar na Deloitte em termos de valores, tradições e trabalho diário da firma.

Embora a Deloitte tenha sido a primeira firma a chamar atenção no YouTube com seu concurso "What's Your Deloitte?", a KPMG chama a si mesma de primeiro empregador a criar um canal personalizado no YouTube que difunde informações de carreiras para potenciais funcionários novos que estiverem desejosos de entrar na firma. De acordo com Manny Fernandez, sócio-gerente nacional, relações universitárias e recrutamento da KPMG, tempo e pesquisas consideráveis foram investidos em um canal personalizado para o YouTube. Fernandez diz que "Pesquisamos com estudantes universitários e descobrimos que eles usavam o YouTube não apenas para assistir a vídeos, mas, também, para pesquisar sobre determinados tópicos. Em outras palavras, o YouTube estava se assemelhando ao Google como mecanismo de pesquisa para a Geração do Milênio. Então, abordamos o YouTube com a ideia de criar um canal de recrutamento universitário expressamente para a geração do Milênio.".

Assim que você se conectar ao site da campanha do YouTube, chamado KPMG Go, ouve a música alegre de "Huddle Formation" do The Go! Team.[10] A seguir, você tem uma chance de pesquisar qualquer número de vídeos online e tópicos como treinamento global de novos funcionários, dar um retorno à KPMG e tornar-se um associado sênior. Lá, você pode ver funcionários reais compartilhando histórias autênticas do porquê deles terem escolhido a KPMG e como são suas experiências na firma. Estes não são vídeos promocionais criados por uma firma de marketing, e sim por funcionários reais ao redor do mundo. O KPMG Go também conecta com uma versão on-line da revista KPMG, assim como com uma seção de carreiras no site da empresa. Nesta seção, há uma ferramenta interativa que associa universidades importantes a diferentes práticas na firma. Digite Matemática como a sua graduação, e o site o informa de possíveis áreas de emprego em gerência de risco financeiro ou econômico. Shawn Quill, gerente de recrutamento em campus da KPMG, diz: "Na nossa pesquisa com estudantes universitários, descobrimos que, à medida que mais estudantes jogam video games como o World of Warcraft e têm avatares no Second Life, esperam ser entretidos ao mesmo tempo em que são informados.".

O KPMG Go tem construído lentamente uma marca no YouTube. Agora, clicando na playlist do KMPG Go, você pode assistir a mais de 60 vídeos narrados por funcionários da KPMG em diversos níveis da firma — de estagiários a associados, gerentes e sócios — tudo personalizado para atingir novos funcionários ao redor do mundo. Isto é recrutamento investigativo, e alcança a Geração do Milênio de uma forma que estes já acham confortável e em um local onde já passam seu tempo.

> **Avatar:** Uma representação gráfica de uma pessoa em um mundo virtual, como o Second Life. Um Avatar pode ser uma representação precisa de uma pessoa real, ou pode ser um alter ego mítico, fantasioso.

CRIANDO UM GRUPO NO FACEBOOK PARA RECRUTAR NOVOS FUNCIONÁRIOS

A Ernst & Young (E&Y), a empresa número um na classificação da *BusinessWeek* de 2008 dos Melhores Lugares para Iniciar uma Carreira, foi um dos primeiros empregadores a iniciar um grupo tanto no Facebook quanto no Twitter. Você pode pensar nisso como uma estratégia inovadora de recrutamento, no entanto, de acordo com Dan Black, diretor de recrutamento em campus para as Américas na Ernst & Young, é uma necessidade atual.

A E&Y emprega mais de 5 mil estudantes universitários e recém-graduados por ano para estágios e oportunidades iniciais de carreira na América do Norte. Como uma organização com tantas necessidades de contratação encontra um número suficiente de candidatos altamente qualificados? Além do seu trabalho tradicional de recrutamento em campus, indicações de funcionários e anúncios em quadros de empregos e outras mídias, a E&Y foi a primeira empregadora a iniciar um grupo no Facebook para ser usado exclusivamente para recrutamento.

Até agora, a resposta ao grupo do Facebook E&Y Careers tem sido um grande sucesso, com mais de 34 mil fãs. Black diz: "É muito fácil se juntar. Tudo o que você precisa é ter um perfil, depois, basta procurar por Ernst & Young. A seguir, assim que você for membro da comunidade E&Y no Facebook, receberá atualizações da empresa, participará de pesquisas e, o melhor de tudo, irá interagir diretamente com potenciais funcionários da E&Y, assim como recrutadores da E&Y.".

A competição pelos melhores graduados é intensa, e conectando-se a eles na plataforma Facebook, a E&Y consegue estabelecer uma marca de empregador mais pessoal e uma conexão duradoura com os melhores candidatos. A abordagem tem seus riscos e recompensas, pois empresas que solicitam feedback público podem receber comentários negativos e positivos. Entretanto, Black acredita que as empresas precisam perceber que não estão mais sozinhas no controle da sua marca de empregador — sites de redes sociais, como o Facebook e o Twitter, além do Vault.com, o abrangente site de pesquisa de empregos, já estão trazendo transparência cada vez maior para o processo de recrutamento.

Black e sua equipe monitoram regularmente o grupo Facebook E&Y Careers e respondem a consultas do tipo: qual a forma de se obter um emprego na firma, que tipos de formação educacional a E&Y está procurando e como se envolver em programas de responsabilidade social corporativa patrocinados pela firma. Black vê o compromisso da E&Y com o uso das mídias sociais mais recentes como crucial para encontrar e manter os melhores talentos. Como ele diz, "A Geração do Milênio se comunica de maneiras imensamente diferentes das nossas. Muitos preferem mensagens de texto e enviar IMs para e-mail e telefone. A realidade é que a maioria dos universitários novatos vive online, então, faz sentido para nós estar lá também. Potencializando as redes sociais, blogs, microblogs e outros canais da nova mídia, damos oportunidade para os alunos conhecerem a firma de um modo pessoal. O que está realmente funcionando para nós é utilizar novos métodos de comunicação por todo o ciclo de vida do recrutamento. Por exemplo, na nossa reunião de estagiários alguns anos atrás, os participantes receberam mensagens de texto sobre a nova agenda de diversos líderes da firma.".

Finalmente, Black acrescenta: "Temos aprendido que livretos, eventos em campus com mídia impressa e até o nosso site não são mais suficientes por si só para transmitir nossa mensagem de marca de empregador para a Geração do Milênio. Esta geração quer descobrir suas próprias respostas para as perguntas. Eles, muitas vezes, fazem isso indo às suas próprias redes sociais. Assim, temos uma presença em ambos os locais — na mídia tradicional e também na mídia social.".

Quando você lê as postagens no grupo do Facebook E&Y Careers sobre a International Intern Leadership Conference, você começa a ver o poder de ir onde a Geração do Milênio está. Eddie Ho, um graduado da Queen's University, classe de 2008, participou de um estágio E&Y em Toronto, Canadá, durante o verão de 2007. No final do estágio, Ho recebeu a oferta de um cargo na firma e tem trabalhado lá em tempo integral desde agosto de 2008.

De acordo com Ho, a experiência do estágio foi provavelmente o fator mais importante na sua conquista do emprego. Como ele lembra, "Eu diria que foi 80% da minha decisão.". Como estagiário, ele foi à International Intern Leadership Conference e, como diz, "Realmente conheci a firma bem. Não é fácil entender uma empresa do tamanho da E&Y se você estiver em apenas um escritório, mas, quando todos se juntaram de diferentes partes do mundo, ficou claro onde a firma estava indo e o que poderia estar à frente para mim se eu me juntasse à organização.".

Após a International Intern Leadership Conference, Ho escreveu uma postagem extensa no grupo do Facebook E&Y Careers recapitulando suas impressões sobre a conferência:

> Jim Turley, CEO da E&Y, é um cara muito legal e muito divertido. Durante sua palestra, ele se vestiu de DJ em vez de se apresentar

com um traje de homem de negócios. Ele compartilhou conosco a extensão do crescimento internacional da E&Y. Por exemplo, aprendi sobre os países do BRIC (Brasil, Rússia, Índia e China) e porque esta é uma área importante para o futuro crescimento. É onde eu realmente consegui entender a estratégia da firma e o porquê de querer fazer parte dela.

Se você fosse entrevistado na E&Y, a quem recorreria primeiro para obter informações — Eddio Ho, o estagiário, ou o livreto oficial de recrutamento da E&Y? Não é à toa que a E&Y está se esforçando para se tornar mais transparente na criação de uma marca de empregador em redes sociais.

RECRUTANDO NO SECOND LIFE: ISSO FUNCIONA?

Além de potencializar o Facebook e o YouTube, as empresas estão explorando como usar mundos virtuais para atrair e recrutar uma base global de funcionários. O Second Life, uma comunidade virtual com mais de 16 milhões de usuários, é local de um número crescente de escritórios de recrutamento e feiras virtuais de empregos. Estas feiras estão começando a fornecer a quem procura empregos um acesso direto, embora limitado, a recrutadores de empresas importantes. Na maioria dos casos, os pretendentes aos empregos têm que ser convidados, mas as pessoas que procuram emprego também podem ir a um edifício virtual da empresa no Second Life e deixar seus currículos. Primeiro, você tem que se tornar um membro do Second Life, e isso é gratuito. Em maio de 2008, a TMP Worldwide, uma firma de recrutamento, fez sua primeira feira de empregos, chamada Norfolk in World, no Second Life e atraiu 1.800 candidatos.

Uma vez que as empresas mais globais têm como objetivo candidatos com mais conhecimento em tecnologia, uma forma de avaliar as habilidades técnicas de um pretendente à vaga é ver como ele opera no Second Life. Por exemplo, os empregadores podem avaliar quão bem os candidatos conseguem criar sua conta no Second Life, desenvolver um avatar de aparência relativamente profissional, encontrar o caminho até o escritório de recrutamento e se comunicar com o recrutador através de conversa em texto ou voz. Isto demonstra um certo nível de instrução técnica.

Adicionalmente, recrutar no Second Life permite a uma organização interagir com um conjunto geograficamente disperso de possíveis funcionários. A empresa comScore informa que 13% dos residentes no Second Life são da Ásia, 61% da Europa e 19% da América do Norte.[11] Pense na economia de escala que significa atingir uma população global de candidatos a empregos sem ter que viajar ou incorrer nos custos de alugar salas de reunião, alimentação, passagens e hotéis para oradores e oferecer os prêmios distribuídos normalmente em um evento tradicional. Optar por um investimento único no Second Life (espaços de reunião, telas de apresentação, e assim por diante) é significativamente menor do que organizar eventos tradicionais. Quando você analisa que as empresas globais, muitas vezes, recrutam colaboradores em, aproximadamente, 40 países, criar um "escritório virtual de recrutamento" significa que as economias nos custos rapidamente crescem.

Polly Pearson, a vice-presidente de marca de empregador na EMC, compartilha sua perspectiva sobre como o mundo do recrutamento tem mudado nos últimos anos: "Diverti-me recentemente quando um recém-graduado me contou quanto tempo gastou em seu currículo e sua carta de apresentação e o quão chateado ficou com a empresa para a qual ele os enviou, que não respondeu como ele esperava. Ele realmente achava que era assim que funcionava?".

Em vez disso, Pearson vê mais empresas usando contatos virtuais em áreas como o Second Life para atrair candidatos a empregos. Em outubro de 2007, a EMC teve sua primeira feira de carreiras no Second Life, na qual os candidatos foram entrevistados para cargos EMC em marketing, tecnologia e vendas. A feira de carreiras da EMC ocorreu em três noites ao longo de duas semanas.

Até agora, houve 3.780 "visitas" no quartel general de recrutamento da EMC no Second Life, conforme mostrado na Figura 4-1. Isto se traduziu em 307 candidatos à EMC, com 23 entrevistas reais ocorrendo no Second Life. Desses entrevistados no Second Life, 80% foram solicitados para uma segunda rodada de entrevistas pessoais. Dois foram contratados pela empresa e ainda estão empregados após um ano.[12]

Além de abrir um canal de acesso, e formar um banco de dados de candidatos a emprego no Second Life, há enormes benefícios na manutenção de uma presença de recrutamento lá. Um dos maiores e mais óbvios é a economia nos custos, já que uma despesa única hoje

Figura 4-1: A EMC no Second Life

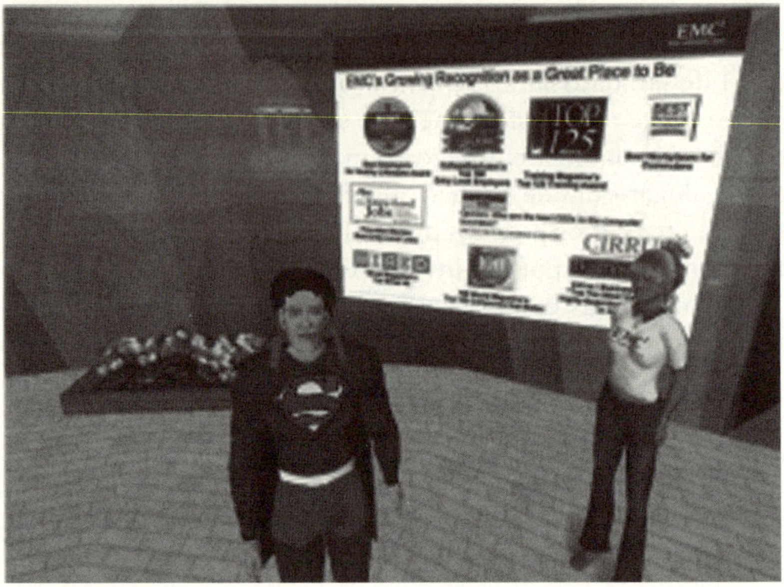

Fonte: EMC.

pode ser usada literalmente a qualquer momento. Pearson explica como estas economias podem ser calculadas: "Avaliamos que uma feira de carreiras média em uma única cidade custa em torno de 10 mil dólares, entretanto, além de prepará-la, você precisa atrair candidatos dessa cidade que tenham o tempo e a disposição de se encontrar com você. Com o Second Life, assim que a empresa cria uma presença no mundo e obtém os materiais de marca que vão junto, não há mais custos.".

Outro benefício é a possibilidade de alcançar um público global em tempo recorde. Embora a EMC anunciasse sua feira de carreiras do Second Life apenas nos Estados Unidos, os candidatos que chegavam eram de lugares tão distantes quanto o Reino Unido, a Holanda e o Japão. Recrutar no Second Life é um acelerador de relacionamentos. Pearson observa que "A imersão integral no Second Life torna a experiência de conhecer o candidato ao emprego muito mais rápida do que seria pelo telefone, no Facebook ou no LinkedIn. O recrutador conhece melhor os candidatos, vê suas iniciativas e habilidades interativas, e observa do que riem, como interagem e o que estão vestindo para a entrevista. No Second Life, ele ainda pode estar 'vestido para o sucesso', mas o foco fica na 'impressão para o sucesso'".

Você pode estar imaginando como é passar por uma entrevista de emprego no Second Life. Isto significa que você não se encontra com seu possível empregador pessoalmente? Simone Brunozzi, um profissional técnico da Itália, de 30 anos, compartilhou sua experiência de recrutamento no Second Life no seu blog, "Thoughts of a Technology Evangelist".

> Era um dia comum na Itália, em 28 de novembro de 2007, quando me loguei no Second Life. Eu havia planejado visitar a Luxembourg Virtual Job Fair para informar minhas impressões no meu blog do Second Life. Cansado de ser um administrador de sistemas disponível na University for Foreigners em Perugia, sem alguma boa oportunidade de carreira à frente, estava procurando um novo emprego, e a feira era, portanto, uma chance para eu dar uma olhada.
>
> Cheguei à ilha com meu avatar quase meia hora antes do final da feira. Com surpresa, percebi que empresas bancárias e financeiras não eram as únicas presentes: também havia a Amazon.com! Espere um pouco, pensei: "o que traz a grande Amazon.com a um pequeno lugar como Luxemburgo?" Você tem que saber que trabalhar em uma empresa como a Amazon, o Google, o Ebay ou o Yahoo é meu sonho desde minha experiência de estudos na Califórnia no final de 2003; sem dúvida, decidi, em menos de zero segundos, verificar isso.[13]

Brunozzi, então, relata no seu blog como participou de uma série de entrevistas no mundo, por telefone e frente a frente. Ele finalmente obteve seu "emprego dos sonhos" na Amazon.com seis meses depois da sua primeira entrevista no Second Life. Durante o processo de entrevista de seis meses, a Amazon e Brunozzi aprenderam um sobre o outro ao mesmo tempo em que usavam um arsenal de ferramentas de mídia social. Assim, embora o recrutamento no Second Life não tenha substituído a entrevista pessoal, permitiu à Amazon Brunozzi com relação pré-qualificar o custo efetivo de suas habilidades tecnológicas, de comunicação e de rede, enquanto ele, como um possível funcionário, teve a oportunidade de utilizar suas habilidades digitais para mostrar suas qualidades.

Empresas fora da tecnologia de informação estão usando o Second Life para atrair e recrutar novos funcionários? A resposta é sim. O

Departamento de Polícia de Vancouver (VPD), no Canadá, é a primeira organização do seu tipo a usar o Second Life para recrutar candidatos com conhecimento tecnológico. O VPD começou oferecendo seminários de recrutamento dentro do Second Life para atrair candidatos a policiais de todo o mundo. Kevin McQuiggin, responsável pela divisão de crimes tecnológicos do departamento, observa que quase todo crime importante atualmente tem um aspecto tecnológico. Como ele explica, "Quando uma nova mídia surge, ou uma nova forma de comunicação, o crime migra para lá. Enquanto avançamos para o futuro, precisamos de pessoas que entendam de tecnologia — as que estão familiarizadas com ela têm conhecimento da web, entendem seu impacto e sabem como usá-la.".[14]

Mesmo com a prevalência do roubo de identificações e diversos crimes cibernéticos que continuam a desafiar os departamentos de polícia, McQuiggin observa que "Muitos departamentos de polícia não estão preparados para usar tecnologia para resolver crimes. Crimes relacionados com a Internet e com tecnologia, desde fraudes a assédios, estão se tornando cada vez mais comuns, e todo crime importante envolve tecnologia de algum modo, formato ou forma. Assim, recrutar no Second Life permite ao VPD examinar as habilidades virtuais de um candidato a emprego, assim como suas capacidades investigativas e analíticas — algo que pode ser observado enquanto estão entrevistando no mundo virtual.".

Recrutar no Second Life faz sentido na área de negócios, já que as empresas procuram funcionários com conhecimentos técnicos digitais que estão confortáveis com novas tecnologias e são capazes de trabalhar em rede em escala global. O que parece uma moda hoje se tornará corriqueiro em 2020, à medida que as organizações perceberem os benefícios para o negócio de buscar talentos globais em mundos virtuais.

USANDO O TWITTER PARA RECRUTAR FUNCIONÁRIOS

O Twitter teve um grande e repentino crescimento em 2008-2009, período no qual cresceu assombrosos 1.382%.[15] Parte da atração do Twitter é o que o escritor sobre tecnologia Clive Thompson chama de "ter ciência do ambiente". Seguindo informações rápidas e abreviadas de membros da sua rede social estendida, você obtém uma ideia estranhamente satisfatória das suas rotinas diárias.

Além disso, de acordo com uma pesquisa do portal de empregos Job-Hunt, mais de 50 empresas estão usando o Twitter para recrutar novos funcionários. As empresas que usam o Twitter para recrutamento incluem as que você desejaria, como a Deloitte (@joindeloitteUSA) e a Ernst & Young (@Ernst_and_Young). Contudo, também há empresas tradicionais, como a Hershey Company (@HersheyCareers) e até mesmo o Departamento de Estado dos EUA (@DOScareers).

Convém notar que, a história por trás de como e porque o Departamento de Estado veio a usar o Twitter é um bom exemplo de como as organizações estão começando a migrar do Facebook e LinkedIn para o Twitter nas suas estratégias de recrutamento. De acordo com Rachel Friedland, uma consultora do mercado de recrutamento para o Departamento de Estado, o Twitter tem sido usado no trabalho de recrutamento do departamento desde 2006 como uma forma de solidificar sua marca de empregador, expressar detalhes específicos sobre oportunidades de carreira e conectar candidatos diretamente a diplomatas em residências localizadas por todos os Estados Unidos. Friedland diz que: "Em nosso trabalho para alcançar potenciais candidatos a emprego com a diversidade correta (inclusive de línguas, habilidades, formação cultural e educacional, localizações geográficas, perspectivas, etnias, pensamentos etc.), experiência e conhecimento, precisamos nos comunicar nos termos deles e em seu território. Acreditamos que ter uma presença no Twitter é de importância central para formar a próxima geração de diplomatas (generalistas e especialistas do Serviço Exterior) e profissionais do serviço civil. No recrutamento, para esclarecê-los, temos que continuamente responder às seguintes questões: 'O que um oficial do Serviço Exterior na área econômica faz?', ou 'Em que um oficial de Engenharia de Segurança do Serviço Exterior trabalha?', ou ainda 'Como é um dia na vida de um diplomata?'. Usar o Twitter nos permite responder a estas perguntas rapidamente e, no processo, comunicar as realidades diárias positivas de uma gama de carreiras no Departamento de Estado dos EUA.".

O Departamento de Estado também usa o Twitter para anunciar eventos de rede pelo país para recrutar novos funcionários para o Serviço Exterior dos EUA (a maioria desses eventos lota). Usar o Twitter para colocar links para artigos sobre tópicos como, por exemplo, qual é o trabalho de um chefe de embaixada dos EUA, ajuda a informar potenciais recrutas. Os candidatos também seguem os links do Twitter para entrevistas, incluindo um com Luis Arreaga, o diretor de recrutamento do Departamento de Estado, explicando como os funcionários no Departamento de Estado trabalham ao redor do mundo. Usando o Twitter para recrutamento, os empregadores podem rapidamente ver não apenas os tweets de um indivíduo, mas também todas as mensagens de candidatos a empregos. Aberto, transparente e autêntico, o Twitter fornece tudo isso no recrutamento de candidatos.

ESTENDENDO O RECRUTAMENTO AOS PAIS DOS FUNCIONÁRIOS

Embora o processo de recrutamento possa começar no ensino intermediário ou no segundo grau, também está se estendendo para incluir os pais dos funcionários da Geração do Milênio. Imagine ser um típico recém-contratado, de 23 anos, cuja empresa esteja hospedando o Take Your Child to Work Day*. Se você não tiver filhos, ainda pode querer compartilhar o que faz no trabalho com sua família. Se você trabalha na Ogilvy Public Relations Worldwide, pode convidar sua mãe e seu pai para o Take Your Parents to Work Day. Esta se tornou parte da história de recrutamento da Ogilvy Public Relations Worldwide.

Conforme relatado por Kate Cronin, diretora gerente do escritório de Nova York da Ogilvy, "No ano passado, fizemos uma pesquisa com funcionários para descobrir o que poderíamos fazer para criar um ambiente que fosse mais amigável para todos os nossos colaboradores, incluindo os da Geração do Milênio, de forma que todos se mantivessem interessados em trabalhar para a Ogilvy. Formamos um painel de funcionários da Geração do Milênio para pensar como criar um ambiente de trabalho mais interessante, e o Take Your Parents to Work Day (Dia de levar seus pais para o trabalho) surgiu como uma sugestão. Essa equipe identificou uma necessidade entre a Geração do Milênio de compartilhar suas conquistas com suas famílias, assim como funcionários mais antigos, com seus filhos.".

Para sua surpresa, durante o primeiro Take Your Parents to Work Day, mais de 30 funcionários trouxeram seus pais ao escritório para

---

* Evento educacional anual, nos EUA, em que os pais levam seus filhos para trabalhar com eles por um dia.

aprender sobre o negócio de RP e sua base de clientes, participar de uma sessão de brainstorming e, depois, de uma recepção. Cronin diz: "Quando eu tinha a idade deles, certamente, não iria querer meus pais perto do meu escritório. Mas a vida mudou para esta geração do Milênio e seus 'pais corujas'. Estes jovens profissionais, muitas vezes, falam com seus pais diariamente, e muitos os consideram seus conselheiros mais sábios. Então, pensamos: por que não?".

O que Cronin não percebeu foi que ela estava tocando em um fenômeno global. Patricia Somers, uma professora de educação da University of Texas, avalia que, de acordo com um estudo elaborado em 15 universidades, de 40 a 60% dos pais de todos os grupos sócioeconômicos são pais corujas.[16] Assim, não é surpresa que a maioria das universidades agora ofereça aos alunos novos workshops de orientação não apenas para os alunos que entram, mas também para seus pais. Somer diz que este envolvimento dos pais começa muito antes de a Geração do Milênio chegar à universidade. Ele começa na escola secundária, quando os pais usam programas online para ver as notas dos seus filhos, ajudam-nos a escrever seus currículos, usam suas próprias redes para colocá-los em estágios e até assistem a suas entrevistas em universidades. Isto não para aqui. Quase 10% dos empregadores informam que os pais ajudam seus filhos a negociar salários e benefícios, e 15% ouvem reclamações de pais, dizendo que seus filhos não recebem dinheiro suficiente.[17]

Veja o que está acontecendo na Índia. As empresas de lá descobriram que manter os pais envolvidos na vida de seus funcionários leva a uma maior produtividade e satisfação com o emprego. Uma pesquisa recente da Towers Watson & Company indica que empresas na Índia estão cada vez mais envolvendo os pais como uma forma de engajar a unidade familiar inteira. A Índia possui a maior porcentagem de trabalhadores altamente engajados da Ásia, com 78% de funcionários 58% da China e 39% do Japão.[18]

Cronin e sua equipe expandiram a visão do Take Your Parents to Work Day para incluir um painel permanente das mães dos funcionários para conversar sobre como elas estão lidando com a osteoporose. A Ogilvy PR tem um cliente que produz um dos remédios líderes nesta área, e Cronin, considerando que havia um grupo da Geração do

Pós-Guerra, poderia engajá-lo em um assunto de interesse de ambos. Esse painel de "Mães Ogilvy" se tornou uma comunidade permanente, enviando e-mails regulares com suas sugestões para seus filhos e solicitando atualizações sobre o que a Ogilvy está fazendo nessa área. O que começou como uma ferramenta para engajar a Geração do Milênio, tornou-se uma vantagem competitiva para recrutar novos funcionários e manter suas famílias antenadas ao que acontece a eles no trabalho.

À medida que as empresas cooptam os pais, estão descobrindo um grande número de formas de construção de relacionamentos com as famílias dos funcionários. De acordo com a autora e consultora Tammy Erickson, elas podem, dentre outras coisas:

- Distribuir informações projetadas por pais para os alunos em feiras de empregos.
- Ter uma feira de empregos na sua comunidade projetada especificamente por pais.
- Criar material FAQ especial no site da empresa direcionado a prováveis questões e preocupações dos pais — aposentadoria, benefícios de saúde, planos 401(k)*, oportunidades educacionais.
- Ter sessões de orientação para os pais, como as que existem em universidades para alunos novos.
- Fornecer incentivos para que os pais indiquem seus filhos para um emprego na firma.[19]

Outras formas de construir estes relacionamentos poderiam incluir o oferecimento de descontos nas taxas escolares para a família inteira do novo contratado, promover um Take Your Parents to Work Day e criar painéis online de pais.

ESTENDA AS REDES SOCIAIS A EX-FUNCIONÁRIOS

Era costume que, quando os funcionários deixavam uma empresa, os gerentes lhes desejassem o melhor, e ambos os lados simplesmente seguiam suas vidas. Atualmente, mesmo com a era do emprego para a vida toda tendo desaparecido, isso tem sido substituído por uma escassez de

* NE.: 401(k) é um tipo de plano de aposentadoria patrocinado pelo empregador, adotado nos Estados Unidos.

talentos em áreas-chave, como Engenharia, Contabilidade e Ciência da Computação. Um número crescente de organizações está descobrindo que os funcionários de ontem podem ser uma fonte de referência frutífera em futuras contratações.

Para citar apenas algumas empresas, J. P. Morgan, Accenture, McKinsey, Bain & Company e Sapient, estão criando o equivalente corporativo do aluno universitário. Na verdade, muitas associações de alunos universitários poderiam aprender com o que as redes corporativas de alunos têm feito para criar e desenvolver melhores relacionamentos de longo prazo. Os benefícios das redes sociais corporativas variam da criação de um sentido de comunidade entre os alunos ao recrutamento de ex-funcionários, referências a futuros colaboradores em potencial e, é claro, ao desenvolvimento do negócio.

Embora as redes de alunos tenham sido implementadas primeiro em firmas prestadoras de serviço, como a Accenture e a McKinsey, atualmente, instituições financeiras estão se juntando ao grupo. Veja a experiência da J. P. Morgan. Catherine Coluzzi, diretora executiva sênior da rede de alunos da firma, tem o seguinte a dizer sobre seu desenvolvimento e evolução: "Começamos nossa iniciativa no banco de investimentos, em abril de 2008, e, no final de outubro de 2009, tínhamos mais de 10 mil usuários registrados. Embora ofereçamos os benefícios típicos de qualquer rede de alunos, como acesso a notícias sobre o J. P. Morgan, ir a eventos de alunos, baixar pesquisas atuais e visualizar postagens recentes de empregos, nossa oferta mais recente é a mais interessante — grupos de afinidade. Por exemplo, em breve, teremos reuniões regulares para ex-funcionárias J. P. Morgan, que também atuam em diretorias corporativas. Este nicho de alunos poderá discutir e debater o que significa ser um membro bem-sucedido da diretoria. Este é apenas um exemplo de como estamos segmentando nosso público de alunos e oferecendo a eles acesso excepcional a seus semelhantes.".

Em um estudo chamado "HR Executive's Guide to Web 2.0", feito entre 537 organizações pelo Aberdeen Group, 40% das organizações estavam usando redes sociais para se manter em contato com ex-funcionários e outros 29% planejam implementar algum tipo de rede corporativa de alunos dentro dos próximos 12 meses.

Estas redes sociais de alunos estão deixando de ter uma presença online para compor grupos bem estabelecidos no LinkedIn, Facebook e Second Life, no qual anunciam eventos presenciais e estendem a comunidade para lugares onde os alunos passam seu tempo.

O impacto da criação destas redes de alunos sobre os negócios é substancial. Em um estudo chamado "Corporate Social Networking: Increasing the Density of Workplace Performance to Power Business Performance", realizado com 60 organizações globais, a SelectMinds, Inc., descobriu que recontratados (também conhecidos como funcionários "bumerangue"), que sejam ativos em uma rede social corporativa de alunos, podem se tornar integralmente produtivos 49% mais rapidamente do que outros contratados experientes e que eles permanecem com a organização duas vezes mais tempo do que outros contratados experientes.[20] Esses funcionários bumerangue têm conhecimento especializado e vivência interna em uma organização que lhes permite dar uma contribuição imediata.[21] Se conduzidas da maneira correta, as redes corporativas de alunos podem ser centrais na construção de uma associação corporativa por toda a vida e na manutenção de indivíduos de alto desempenho engajados com a marca de um empregador.

À medida que as empresas passam de suas funções de recrutamento tradicional para o social, usam o maior número de métodos possível — pessoal, pelo telefone, on-line, em redes sociais externas, como o Facebook, YouTube, Twitter e Second Life, e criam redes sociais de alunos. Esse novo recrutamento social está transformando o processo em uma série de experiências interativas, envolventes e, às vezes, 3-D. Empresas que pensam à frente estão redefinindo o recrutamento para que seja social, pessoal, transparente e colaborativo como uma forma de atrair a força de trabalho de 2020.

RESUMO

- **Use táticas de recrutamento social.** Chefes de recrutamento na Deloitte, E&Y, KPMG e EMC estão construindo sua marca de empregador online, usando as ferramentas mais modernas de mídia social, como Facebook, YouTube, Twitter e Second Life. Por quê? Porque é onde os candidatos estão, de modo que os recrutadores precisam criar uma presença para buscar talentos de ponta.
- **Construa um case de negócios para potencializar redes sociais.** Antes de ficar online com sua marca de empregador, faça o que a EMC fez: crie seu próprio case e demonstre a escala de atração de talentos globais. Lembre-se, seu case de negócio vem antes de usar as tecnologias e ferramentas mais modernas.

- **Comece a recrutar nos ensinos fundamental e médio.** Nunca é cedo demais para iniciar o processo de recrutamento. As empresas devem considerar seguir o exemplo da Lockheed Martin e da Deloitte, alcançando potenciais candidatos desde a adolescência, quando, conforme indica a pesquisa, estão começando a escolher suas carreiras profissionais.
- **Estenda a criação do relacionamento aos pais de funcionários e até a ex-funcionários.** Siga empresas como a Ogilvy PR, envolvendo os pais da Geração do Milênio no processo de recrutamento e manutenção, pois são conselheiros valiosos para a Geração do Milênio, e explore a criação de redes sociais de ex-funcionários como uma forma de obter referências.
- **Fator de mudanças no ambiente de recrutamento.** Entenda que o processo de recrutamento está se tornando cada vez mais social e transparente. Os candidatos de hoje valorizam suas próprias redes sociais tanto quanto, se não mais, que as mensagens oficiais de recrutamento dos empregadores. Lembre-se de que os contratados de hoje são candidatos inteligentes, que fazem suas próprias pesquisas. Fique visível em várias redes sociais e expanda sua marca de empregador, a fim de que os candidatos tenham bastantes dados de sua empresa.

CAPÍTULO CINCO

Hiperconecte Sua Organização

Thomaz Sanchez, um engenheiro de software de 28 anos da Cerner Corporation, traz seus hábitos de rede social para o trabalho. Ele tem perfis de membro no LinkedIn, Twitter, Facebook, MySpace e The A List, uma rede social local em Kansas City, assim como o uCern, a rede social corporativa da empresa. Sanchez diz: "Estou lá em parte para ficar em rede com meus amigos e colegas, mas se tornou a forma mais eficiente de fazer o trabalho. Não preciso mais ficar enterrado em e-mails ou mensagens de voz para receber uma resposta. Agora, usando uma combinação de Twitter, Facebook e uCern, consigo ver facilmente quem são os especialistas em quaisquer assuntos, apenas visualizando seus perfis e lendo suas discussões. Assim, em questão de minutos, consigo identificar um especialista e resolver rapidamente um problema no local, muitas vezes, sem ter que enviar um e-mail sequer.".

O *CASE* PARA SE TORNAR HIPERCONECTADO

Este é o novo mundo do trabalho. O Pew Internet & American Life Project avalia que, desde 2008, um terço de todos os usuários adultos de internet nos EUA tiveram um perfil em uma rede social, quatro vezes mais do que em 2006.[1] Embora a cobertura da mídia e a opinião pública geralmente enfoquem o crescente uso de redes sociais por adolescentes, os adultos constituem a massa de usuários, e o seu uso está aumentando rapidamente. No período de um ano, terminando em 2007, a porcentagem de membros da Geração do Pós-Guerra que consumiam mídia social aumentou de 46% para os mais jovens (43 a 52 anos) e 39% para os mais velhos (53 a 62 anos), para 67% e 62%, respectivamente.[2] E mais: a Geração do Pós-Guerra contribui com conteúdo em vez de apenas serem espreitadores. A proporção de indivíduos da Geração do Pós-Guerra que adiciona novos conteúdos em sites de redes sociais pulou de 15%, em 2007, para 34%, em 2008.[3]

Contribuidores de conteúdo: indivíduos que adicionam comentários e um ponto de vista a uma discussão online ou um blog. **Observadores:** indivíduos que acompanham as discussões que ocorrem em salas de bate-papo ou em blogs, mas não colocam comentários nem interagem.

As estatísticas do Facebook contam a história de como as redes sociais se difundiram para além da Geração do Milênio. A base de usuários do Facebook é agora maior que a população das Américas: mais de um bilhão. Esses usuários enviaram mais de 15 bilhões de fotos, tornando o Facebook o maior serviço de compartilhamento de fotos do mundo.

A faixa demográfica que mais cresce no Facebook é a da idade entre 35 e 49 anos, que engloba 24 milhões de usuários.[4] De dezembro de 2007 a dezembro de 2008, o Facebook recebeu mais usuários com idades entre 50 e 64 anos (13,6 milhões) do que menores de 18 anos (7,3 milhões).[5] Com mais de um bilhão de usuários no Facebook, 50 milhões no LinkedIn e 44,5 milhões no Twitter desde agosto de 2009, as redes sociais se tornaram onipresentes, já que muitos de nós as utilizamos para viver, trabalhar e nos comunicar.

No relatório "Global Faces and Network Places", a Nielsen Online informou que as redes sociais e os blogs eram mais populares do que e-mails como forma de comunicação.[6] Dois terços da população global da internet integram uma rede social online, fato que coloca essa atividade como a quarta mais popular do mundo, depois da pesquisa, acesso a portais e uso de aplicações de computadores pessoais. E mais: o tempo gasto em redes sociais está aumentando a uma taxa três vezes superior à da internet e contabiliza em torno de 10% de todo o tempo gasto na internet.[7]

VOCÊ SABIA?

- A cada minuto, **60 horas** de vídeos são enviadas para o YouTube.
- Mais vídeos foram enviados para o YouTube em **um mês** do que todas as filmagens transmitidas pela ABC, CBS e NBC desde 1948.
- Levaria mais de **nove mil anos** para assistir a cada vídeo no YouTube.
- Há **13 milhões de artigos** disponíveis na Wikipedia em mais de 200 línguas.
- O adolescente, em média, envia **2.272 mensagens de texto** por mês.
- Mais de **um bilhão de conteúdos** (links, notícias, postagens em blogs) são compartilhados por semana no Facebook.
- Entre grandes empresas dos EUA, **17%** puniram um funcionário por violar as regras internas de uso de blogs e mensagens eletrônicas.[8]

Fonte: Brand Infiltration and Did You Know 4.0.

As empresas estão começando a perceber essa transformação no modo em que vivemos, trabalhamos e nos comunicamos, fornecendo ferramentas semelhantes dentro da empresa. Nossa previsão para o ambiente de trabalho de 2020: o uso da web social se tornará a primeira forma de atrair, engajar e manter os melhores talentos. Examine as estatísticas no quadro "Você Sabia?" para ver como o uso da web social está alterando a forma pela qual todos nos comunicamos.

EMPRESAS INOVADORAS USAM MÍDIA SOCIAL PARA CRIAR MARCAS DE CONSUMIDOR

É provável que você já seja um membro de uma rede social ou que esteja usando uma das ferramentas da mídia social. Você pode ter visto um vídeo viral* no YouTube, contribuído com um comentário em um blog, encontrado um novo músico no MySpace ou ter sido convidado a ser amigo por um ex-namorado ou namorada no Facebook.

As empresas estão descobrindo que a rede social está se tornando rapidamente a maneira pela qual as pessoas se comunicam, colaboram

* Um vídeo postado no YouTube é considerado "viral" quando é assistido por um enorme número de internautas.

Mídia social: A mídia social é uma gama de ferramentas Web 2.0 como blogs, wikis e RSS feeds, através das quais as pessoas criam e disseminam conteúdo.

e encontram novas empresas. Isto está criando um interesse no lançamento de redes sociais atrás dos firewalls das empresas a fim de trazer esse espírito de inovação para dentro delas, de forma que os funcionários possam colaborar entre si e os clientes para criarem juntos novos produtos e serviços. Antes de examinarmos como as empresas estão usando as redes sociais internamente, veremos como elas estão adotando uma estratégia de mídia social externa para melhorar os resultados do negócio.

Threadless: Uma Rede Social Online para Entusiastas de Camisetas

Você já teve uma ideia perfeita para colocar em uma camiseta? Então, deve conhecer a Threadless, uma rede social online na qual os membros colaboram entre si para projetar e escolher novos desenhos para camisetas. Eroc von Hippel, um professor e chefe do Innovation and Entrepreneurship Group na MIT Sloan Scholl of Management e autor de *Democratizing Innovation*, chamou a Threadless de exemplo perfeito de um novo jeito de pensar em inovação. Os membros da Threadless pedem uns aos outros conselhos sobre seus desenhos, postam links para blogs, MySpace e Facebook, e solicitam aos amigos que votem nos seus desenhos. Assim que um desenho é submetido, a comunidade vota, e os mais populares são produzidos e depois vendidos no site da Threadless. Os desenhistas de inscrições vencedoras recebem um prêmio em dinheiro e um crédito na loja.[9] Fundada em 2000 por Jake Nickell and Jacob DeHart, a empresa fatura atualmente mais de 30 milhões de dólares e tem uma base de usuários que se expandiu mais de dez vezes em cinco anos, de 70 mil para mais de 800 mil integrantes.[10]

Muitos empreendedores sabem intuitivamente que os usuários dos produtos são, muitas vezes, os mais bem equipados para inovar, e um conjunto crescente de pesquisas apoia isso. Um estudo publicado no *Strategic Entrepreneurship Journal* sugere que um grande número de empresas são fundadas por usuários-empreendedores, pessoas que entram no negócio para melhorar um produto que usam diariamente. Embora muitos achassem que a sabedoria das massas pudesse criar apenas negócios de software, como a Wikipedia e o YouTube, a Threadless provou o contrário. Jeff Lieberman, um membro da diretoria da Threadless e diretor administrativo da Insight Venture Partners, comenta que "Dizer que a Threadless é apenas uma empresa de camisetas é absurdo. Vejo-a como uma comunidade de artistas que usa T-Shirts como sua tela de trabalho.".[11] O sucesso da Threadless aponta para um futuro onde as comunidades de usuários entusiastas criam coletivamente novos produtos e serviços.

John Fluevog Boots & Shoes: Calçados Open-Source

No centro de uma rede social bem-sucedida que lida com os consumidores, está a crença de que a criatividade vem da simplicidade. Com apenas 60 funcionários em tempo integral, a John Fluevog Boots & Shoes incentiva seus consumidores a desenhar novos sapatos através da sua Open Source Footware Social Network. Ela permite a qualquer pessoa participar, submetendo um desenho para o seu sapato ideal. Nenhum formulário sofisticado ou processo complicado de inscrição é necessário.

Assim que o consumidor sugere um desenho de novos sapatos, ele é postado online para votação da comunidade. Os esboços mais populares viram sapatos Fluevog oficiais e são vendidos online ou em lojas por todo o país. Embora o desenhista não receba compensação, ele ou ela recebe um par gratuito de sapatos e o reconhecimento público. Celebridades como Madonna e Scarlett Johansson, agora, vestem alguns dos sapatos desenhados pelos consumidores de John Fluevog.

Com esta iniciativa, a Fluevog permite aos consumidores, que já são apaixonados pela empresa, contribuir com suas ideias de novos sapatos. É como Bill Taylor, o autor de *Mavericks at Work* e cofundador da *Fast Company* diz: "Poucos de nós estão em posição de contratar muitos novos talentos ou ter grandes orçamentos para desenvolvimento de produtos. Porém, todos nós temos clientes apaixonados pelo que fazemos, cheios de grandes ideias e dispostos a ficar mais conectados. Então, por que não convidá-los a compartilhar sua criatividade com a sua empresa — e transformar as melhores ideias em produtos reais?".[12] O programa de calçados open-source da Fluevog prova que a inovação pode vir de qualquer pessoa — dentro ou fora da empresa. A nova função da liderança empresarial é liberar esta inovação. Desenhos vencedores de sapatos vêm de fontes inesperadas, como um escritor de roteiros em Moscou e um ilustrador de livros infantis em Utah.[13]

No caso de Carrie Kozlowki de Kitchener, Ontario, no Canadá, desenhista do sapato Hi Choice Vanny, a experiência de submeter um novo desenho de sapato levou a uma nova carreira. Kozlowski diz: "Sempre gostei tanto do marketing participativo e não convencional da Fluevog quanto dos seus calçados fabulosos. Há mais ou menos um ano, decidi que estava na hora de sair da entediante indústria de seguros na qual trabalhei (em marketing) durante muito tempo. Melhorei meu currículo adicionando 'desenhista de sapatos' para a Fluevog e acabei obtendo um emprego em um escritório de arquitetura!".[14]

Starbucks: Minha Ideia Starbucks

Não são apenas pequenos inovadores que estão potencializando o poder das mídias sociais para criar novos produtos. A Starbucks, com 172 mil funcionários em 49 países, tem uma rede social chamada My Starbucks Idea, encontrada em http://mystarbucksidea.force.com, que permite aos consumidores compartilhar ideias e sugestões sobre como tornar a experiência na Starbucks melhor.[15]

Quando um consumidor Starbucks sugere uma ideia para um produto ou serviço, outros votam, classificam-na e compartilham comentários sobre ela. Gerentes da Starbucks respondem às ideias e informam quais ações a empresa tomará para implementar as mais promissoras. O blog Ideas in Action, encontrado em http://blogs.starbucks.com, acompanha o site de rede social My Starbucks Idea. Ele fornece retorno sobre quais sugestões são selecionadas para implementação e por quê.[16]

Os resultados do My Starbucks Idea e o blog da empresa são realmente impressionantes. Em um ano, My Starbucks Idea recebeu 70 mil ideias. Exemplos incluem:

- **Starbucks Gold Card.** Um cartão de recompensas para clientes frequentes com o qual, por uma taxa anual de 25 dólares, os clientes recebem desconto de 10% na maioria dos produtos da Starbucks.
- **Birthday Brew.** Os membros do Starbucks Gold Club ganham uma bebida grátis nos seus aniversários.[17]

A Starbucks também cativa consumidores na sua página no Twitter com notícias e anúncios. Desde janeiro de 2010, a página da Starbucks no Twitter teve 728.517 seguidores.[18] Examinando o site de um competidor, a Dunkin' Donuts, você vê a diferença de estilo, que pode contar para o motivo pelo qual a Dunkin' Donuts tem apenas 42.192 seguidores.[19] Finalmente, a Starbucks tem uma presença no YouTube, assim como no Facebook, em que a empresa compartilha os comerciais e informações mais recentes sobre cafés, assim como exemplos de projetos de responsabilidade social corporativa pelo mundo. A experiência da Starbucks mostra como a empresa usa redes sociais e uma gama de mídia social para inovar, incentivando seus consumidores a sugerir novos produtos e ideias criativas.

HIPERCONECTE SUA ORGANIZAÇÃO

Imagine se uma empresa pudesse criar uma forma simples para os funcionários conversarem entre si, compartilhar seu conhecimento, envolver-se na criação de novos produtos e serviços e contribuir com essas ideias para a organização. A Threadless, a Fluevog e a Starbucks estão fazendo isso externamente com seus clientes. Mas isso também pode ser feito internamente quando as empresas canalizarem a energia e o entusiasmo dos seus funcionários para obter um maior crescimento do negócio.

Muitas empresas estão se tornando hiperconectadas, o que significa que estão usando uma série de ferramentas Web 2.0 associadas com a web social. Elas podem, trabalhando sob a proteção de seus *firewalls*, conectar os funcionários, permitir a colaboração em massa e melhorar a capacidade de inovar no mercado global. Essas empresas estão descobrindo que usar a mídia social não é apenas implementar tal ferramenta; em vez disso, tem a ver com a criação, o desenvolvimento e a potencialização de comunidades de funcionários e, em alguns casos, clientes e fornecedores, para que se juntem e proponham novos produtos e serviços.

A Tabela 5-1 ilustra como as empresas estão começando a jornada para **acelerar** o modo pelo qual encontram e obtêm conhecimento, **transmitir** e compartilhar o conhecimento dos funcionários, **colaborar** com equipes virtuais de funcionários, **projetar** novos produtos e, finalmente, **envolver os funcionários** mais integralmente no ambiente de

TABELA 5-1: OS ESTÁGIOS DA HIPERCONEXÃO

	Acelerar	**Transmitir**	**Colaborar**	**Projetar**	**Engajar os funcionários**
Objetivo	Encontrar/ obter informações	Disseminar notícias/ pensamentos de liderança	Colaborar em um empreendimento	Liberar a criatividade	Conectar comunidades
Problema	Dispersar o conhecimento	Localizar especialistas	Aumentar a colaboração entre a força de trabalho global	Resolver problemas e propor ideias	Aumentar a inovação
Ferramentas	Fóruns, blogs, RSS feeds, widgets	Blogs, blog hubs, video hubs	Comunidades de prática, wikis, mundos virtuais	Seções de inovação	Redes sociais corporativas

Fonte: Future Workplace.

trabalho. A hiperconexão está transformando o modo pelo qual as empresas gerenciam informações complexas, liberam inovações, aceleram a velocidade no mercado e alinham toda a empresa.

Isto não significa dizer que uma empresa passa por todos os estágios durante o caminho. Em vez disso, uma empresa deve entender sua cultura única, o quão confortável ela se encontra no processo de abrir-se e quais mudanças em seus procedimentos e políticas internas precisa fazer para se tornar hiperconectada. Recomendamos que uma empresa inicie identificando as prioridades do negócio que requerem maior comunicação, conexão e colaboração. Essas prioridades podem incluir diminuir o tempo do ciclo para inovação e lançamentos de novos produtos/serviços, fornecendo um veículo para disseminar novos conhecimentos, e permitindo que funcionários dispersos pelo mundo deem ideias para novos produtos e serviços. O resultado: organizações hiperconectadas aceleram o engajamento dos funcionários, aumentam a produtividade dos mesmos e melhoram as comunicações pela empresa.

Exemplos de empresas hiperconectadas variam de grandes firmas estabelecidas, como a IBM, de 120 anos, com seus 398.455 funcionários[20] e a Bell Canada, de 129 anos e 54.434 funcionários[21], a firmas menores, como a Cerner Corporation, de 30 anos, com 7.800 empregados[22] e a JetBlue, de dez anos e 10.795 funcionários.[23] O que impulsionará as empresas a adotar uma estratégia mais abrangente para se tornar hiperconectadas e para potencializar o poder da mídia social? A resposta: cinco gerações de funcionários estarão no ambiente de trabalho em 2020 e trarão um conjunto de expectativas digitais, de modo que possam se comunicar e inovar no trabalho com as mesmas ferramentas da web social que usam todos os dias para se conectar com seus amigos e sua família.

OS ESTÁGIOS DA HIPERCONEXÃO

Estágio 1: Acelerar a Obtenção de Novos Conhecimentos

A JetBlue começou sua jornada usando mídia social no departamento de comunicação interna. A empresa criou a campanha Happy Jetting para abordar algumas percepções negativas de voo de consumidores. Antes de estender a campanha para o público, a JetBlue potencializou o poder da mídia social para criar um site no estilo do YouTube, o JetBlueTube.com. A JetBlue selecionou, então, 125 funcionários para serem embaixadores da marca no site.

Estes embaixadores receberam uma câmera Flip para vídeos deles próprios e de outros funcionários narrando o que a Happy Jetting significava para eles. O resultado foram 369 vídeos postados na intranet da empresa e uma compreensão mais profunda da nova campanha.

Esse material foi encaminhado para a JetBlue University (JBU), o departamento de treinamento interno da JetBlue, com 200 profissionais responsáveis pelo treinamento de tripulações de voo, operações, tripulações técnicas, funcionários de reservas e representantes do serviço de atendimento de clientes. Murray Christensen, diretor de tecnologias de aprendizagem da JBU, viu uma oportunidade de usar a mídia social na JBU para encontrar e obter conhecimento e melhores práticas pela comunidade de treinamento. Christensen explica os motivos por trás de se tornar hiperconectado: “Queríamos criar uma forma de aumentar a comunicação entre a nossa própria equipe. Ainda lembro do antigo adágio sobre o homem de reparos da Xerox — a informação realmente importante sobre como consertar máquinas Xerox acontecia na sala de refeições ou no bebedouro. Assim, achei que era importante dar à nossa faculdade uma forma de compartilhar nomes de vendedores de treinamento, surgir com ideias para aumentar a colaboração, seja em uma sala de aula ou em um webcast, e sugerir maneiras de melhorar nossos programas de treinamento.".

A primeira ferramenta implementada foi um blog da JetBlue University, no qual Christensen e Mike Barger, Chief Learning Office, postavam questões simples. Por exemplo, Christensen perguntou como a empresa poderia produzir transcrições de aprendizagem portáteis, que gravassem automaticamente todos os cursos de treinamento de um participante, assim como suas graduações externas, seus certificados, suas homenagens e seus prêmios. Após apenas sete meses, metade da faculdade de treinamento da JetBlue contribuía com o blog.

Christensen prevê a expansão do foco do blog para além de capturar novas informações e melhores práticas para colaboração em massa sobre como melhorar o departamento de treinamento. Christensen diz que: "A participação online em blogs e em outros tipos de mídia social será uma expectativa de trabalho no século XXI. Isto precisa ser comunicado de forma clara e inserido nos objetivos de desempenho de todos. Em um mundo perfeito, os funcionários entenderão a importância de socializar seu conhecimento.".

Estágio 2: Transmita Pensamento de Liderança

À medida que as empresas se expandem pelo mundo, seus funcionários precisam disseminar conhecimento e aprender melhores práticas entre si. Eles precisam ser capazes de encontrar especialistas que possam ajudá-los a fazer seu trabalho. A Nokia, com 124.292 funcionários espalhados por 218 países, descreve a si própria como tendo uma cultura que incentiva os funcionários a falar e dizer o que pensam, com a crença de que boas ideias serão o resultado.[24]

Em 2005, a Nokia desenvolveu um Expert Directory. "Pense nisso como um 'Ligue para um Especialista'", diz Matthew Hanwell, o gerente sênior de experiências web da Nokia. "Há doze anos, o guia telefônico era um livro físico. Hoje, evoluiu online para incluir seu nome, suas coordenadas físicas, organizações a que pertence, no que você está trabalhando atualmente e suas habilidades e competências, tudo trazido do sistema de informação do RH.".

Hanwell continua: "O guia revela a situação online dos indivíduos para informá-los se estão disponíveis. Não é o Facebook, mas é a aplicação mais usada na intranet da Nokia.".

Inicialmente, houve resistência à criação do Expert Directory. Primeiro, Hanwell foi informado de que a política da empresa impedia a postagem de imagens e a revelação da estrutura da organização, porém ele ponderou que essa era a tradição da empresa em vez de sua política. Então, ele foi questionado: "Os caçadores de talento não encontrarão os nossos melhores funcionários?". Ao que ele argumentou: "Bem, nós não deveríamos ser capazes de encontrá-los primeiro?".

> **Blogosfera:** um termo usado para descrever o mundo inteiro de blogs e bloggers interconectados.

Após o Expert Directory ter sido lançado, a comunidade R&D da Nokia começou experimentando o estabelecimento de blogs como ferramenta de apoio para a discussão de novos projetos. Com o passar do tempo, a Nokia criou um Blog Hub. Isto agregou todos os blogs de funcionários da Nokia, permitindo monitorá-los para identificar os mais ativos e verificar sobre quais assuntos estão conversando.

Hanwell continua a falar sobre o porquê de o Blog Hub ter sido tão importante na evolução da implementação da mídia social. Ele disse: "Desde que o blogging apareceu no radar, era difícil descobrir onde os blogs das pessoas estavam. Você tinha que saber como encontrá-los. Porém, indo ao Blog Hub, você poderia ver o que está acontecendo na blogosfera dentro da Nokia. Isto tem guiado a participação e dado informações sobre quem é mais lido.".

A partir daí, a Nokia criou, então, o Video Hub, um site interno de compartilhamento de vídeos modelado no YouTube, no qual qualquer funcionário pode gravar e publicar um vídeo no site. Finalmente, Hanwell revela: "Também aprendemos que, enquanto usamos as ferramentas de redes sociais, temos que treinar as pessoas. Este é especialmente o caso com a produção e postagem de vídeo. Todos os adoram, mostram nossa cultura e valores em ação, de modo que queremos nos assegurar de que todos os nossos funcionários saibam como produzir um vídeo de cinco minutos usando uma câmera Flip.". Como Mary T. McDowell, a vice-presidente executiva de estratégia corporativa, diz: "O papel da Nokia é manter os patins lubrificados.".[25]

Estágio 3: Colaboração pela Empresa

Uma das aplicações de colaboração de massa mais disseminadas por toda a corporação é a mídia social interna da IBM, a Social Blue (anteriormente chamada de IBM Beehive, no seu protótipo de pesquisa). Conforme David Millen, o gerente de pesquisa de software social destaca, o foco do negócio da organização, seu tamanho e sua presença global facilitaram sua adoção cedo: "Os funcionários da IBM estão acostumados a trabalhar de forma colaborativa, e, sendo uma empresa de tecnologia, temos uma inclinação natural a usar estas ferramentas, assim como um nível de conforto técnico. Além disso, como uma das empresas mais internacionais do mundo — operamos em 170 países, e dois terços dos nossos trabalhadores estão fora dos EUA —, percebemos a importância de aprender uns com os outros.".

A Social Blue, lançada em 2007, protegida pelo firewall corporativo, é projetada para que os funcionários compartilhem e discutam tanto tópicos profissionais quanto pessoais. Membros da Social Blue ficam amigos dos seus colegas no site e compartilham fotos, listas e eventos. Um dos motivos que levaram à criação da Social Blue foi a visão de promover a comunicação e a colaboração entre empregados com diferentes habilidades e conhecimento. Há quase 60 mil funcionários da IBM que são membros da Social Blue; uma parcela considerável, já que a empresa conta com cerca de 400 mil colaboradores. Sendo assim, 15% faz parte dessa rede. Há, aproximadamente, de 10 a 15 mil visitantes únicos por mês, e 50% deles adicionam conteúdo novo. Os membros informam uns aos outros sobre projetos nos quais estão trabalhando, assim como classificam e comentam o conteúdo dos outros colegas.

O sucesso da Social Blue é guiado em grande parte por duas inovações; uma é chamada "Hive Fives" e a outra é conhecida como "honey". Ambas foram criadas para aumentar a qualidade do conteúdo assim como o nível de colaboração entre os membros. Hive Fives é uma forma de os membros postarem cinco coisas — pessoais ou profissionais — que são importantes para eles. Exemplos incluem listas de "Cinco motivos pelos quais meu projeto está no objetivo", "Cinco projetos nos quais estou trabalhando agora" e "Cinco maratonas que corri".

David Millen descreve o poder do Hive Fives: "Na IBM, trabalhamos com membros de equipes que estão, muitas vezes, há meio mundo de distância, mas ainda assim devemos desenvolver uma visão compartilhada e trabalhar juntos. O Hive Fives nos permite mostrar aspectos importantes da nossa vida, nos divertir e compartilhar projetos nos quais estamos trabalhando para criar soluções finais melhores.".

O que leva ao uso e motiva — os funcionários a contribuir com a Social Blue quando eles, mais provavelmente, estão em diversas redes sociais fora da IBM? Millen aborda a questão dizendo que: "Se o seu gerente está na Social Blue, você precisa estar lá também, então, guiamos o uso misturando a participação de baixo para cima e de cima para baixo. Mas, mais importante ainda, a Social Blue criou um sistema de promoção de conteúdo para reconhecer e recompensar funcionários da IBM por compartilhar conhecimento.".

O sistema de promoção de conteúdo é chamado de "honey", e a figura 5-1 mostra como isso funciona para os funcionários da IBM.

A cada semana, um grupo de 50 empregados seleciona conteúdo da Social Blue que eles achem únicos e interessantes. Eles selecionam

Figura 5-1: O Sistema de Promoção de Conteúdo da IBM

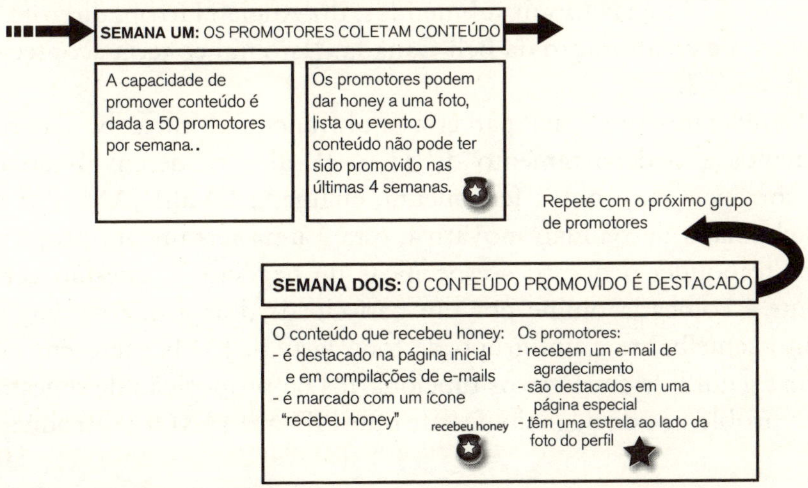

Fonte: Honey Content Promotion da IBM.

esse conteúdo como tendo honey, e ele é posteriormente exibido na página inicial da Social Blue, na compilação de e-mail e nas páginas web dedicadas que listam o conteúdo corrente que tenha honey.[26]

Conteúdo que exiba o ícone honey pode facilmente ser filtrado e lido pelos funcionários, o que é usado para fazer novas conexões através da organização e promover maior comunicação e colaboração. A IBM está descobrindo que, à medida que os funcionários formam mais redes pessoais pela empresa, têm um desempenho mais elevado e aprendem o valor de se tornarem pesquisáveis.[27]

Estágio 4: Projete Formas de Aumentar a Inovação

A Bell Canada queria encontrar um meio de os funcionários proporem novas ideias para os gerentes apropriados e melhorar a velocidade da tomada de decisões. Inspirado pelo *American Idol*, o programa de TV de sucesso no qual a audiência elege os vencedores, Rex Lee, um ex-diretor de serviços colaborativos, decidiu criar uma ferramenta online, dando aos funcionários a chance de votar em novas ideias. A nova ferramenta, chamada ID-ah!, permite a qualquer um na empresa submeter ideias que ele ou ela ache que tenham valor. Os funcionários, então, visualizam, comentam e votam nelas.[28] O ID-ah! é semelhante ao Starbucks Idea Exchange descrito anteriormente.

O ID-ah! tem sido tão bem-sucedido, que mais de 50 novas sugestões produtivas vieram de funcionários que não eram gerentes. Em um ano, 550 ideias foram submetidas, diz Angie Harrop, diretora de liderança e colaboração da Bell Canada. "Isto nunca teria acontecido no passado".

Gerenciado por uma parceria multifuncional entre os recursos humanos e o departamento de TI, o ID-ah! foi desenvolvido em concorrência com outra ferramenta, chamada ID-ah! JAM. Por vezes chamada de reunião inovativa, esta é uma ferramenta projetada para responder a questões específicas do negócio. A questão geralmente é colocada online por um período de dois a quatro dias e é muito semelhante a um grupo de foco virtual. JAMs oferecem uma forma segura de envolver os funcionários na proposição de sugestões para problemas de negócio. Desde que a ID-ah! JAM foi introduzida

Figura 5-2: Ferramentas Web 2.0 da Bell Canada: ID-ah! JAM

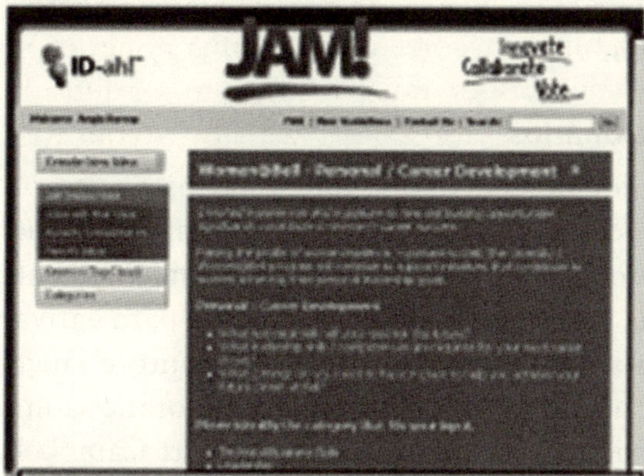

Fonte: Bell Canada. ID-ah! JAM.

na Bell Canada, houve 30 JAMs abrangendo seis mil funcionários, que propuseram 900 ideias e adicionaram dois mil comentários.

O ID-ah! JAM objetiva questões de negócio que vão desde como elevar as vendas de um determinado produto até como aumentar a satisfação dos clientes e permitir que uma grande parcela de funcionários da Bell Canada compartilhe suas ideias e sugestões. Uma ID-ah! JAM sondou como ampliar a satisfação dos clientes e envolveu mais de mil funcionários, incluindo um número de operadores do serviço de atendimento ao cliente, e resultou em 360 ideias novas para aumentar a satisfação dos clientes.

O poder da ferramenta ID-ah! não está apenas na geração de novas ideias, mas, também, no auxílio à mudança na cultura da empresa, fornecendo um meio para os funcionários se conectarem e se comunicarem, incentivando-os a se tornarem pessoalmente investidos na empresa e responsáveis pelo seu sucesso. Harrop observa que: "O melhor com relação a estas ferramentas é que elas estão disponíveis a todos os funcionários, independentemente de nível, local ou função. O que é importante considerar, entretanto, é que princípios de gerência de mudança tradicionais ainda se aplicam. A gerência sênior tem que apoiar isto e se comprometer em dar um retornos às ideias e questões submetidas por funcionários. As organizações devem ter cuidado para não impor a colaboração por si só. Ela ainda requer planejamento e apoio para ser bem-sucedida.".

Estágio 5: Engaje os Funcionários

Um comprometimento maior por parte dos funcionários na resolução dos problemas do negócio é o motivo mais importante pelo qual as empresas abraçam a hiperconexão. Funcionários extremamente engajados vão além de suas funções e limites na empresa para cativar os clientes. Este foi o motivo por trás do desenvolvimento e lançamento do uCern, a rede social corporativa da Cerner Corporation, uma firma líder de TI na indústria de serviços de saúde. Robert Campbell, vice-presidente e chefe de aprendizagem da Cerner, descreve como o uCern iniciou: "Fui apresentado a um problema de negócio do meu chefe operacional, Mo Zayed, que perguntou 'Como a Cerner pode diminuir dramaticamente o tempo entre a descoberta e a adoção de novos produtos e serviços?'.". Executivos seniores de marketing, TI, recursos humanos, aprendizagem corporativa e comunicações internas foram reunidos em uma força tarefa para abordar a questão. Em vez de aprimorar uma solução corrente, a equipe decidiu criar uma forma inteiramente nova de trabalhar na Cerner e recomendou o desenvolvimento de uma plataforma de colaboração social por toda a empresa.

A Cerner, como muitas organizações, tinha um ambiente no qual o conhecimento era gerado de uma só vez, muitas vezes, por um único especialista. Como Campbell explica: "Nesse ambiente, muito do nosso conhecimento corrente ficava preso atrás de sites protegidos por senhas, guardado em silos organizacionais, perdido em e-mails ou armazenado em laptops individuais. Decidimos alterar a forma pela qual colaborávamos em projetos. Vimos uma necessidade de criar uma cultura mais aberta e acelerar dramaticamente o tempo do ciclo da inovação por toda nossa empresa e base de clientes. Nossa visão era criar uma cultura onde fosse fácil colaborar em novas ideias de negócio, como é compartilhar fotos no Facebook. A frase da uCern comunica sucintamente a visão: 'Colocar em uso amanhã o que aprendemos hoje'".

Campbell enumera os fatores críticos para o sucesso da Cerner em incentivar a participação dos funcionários no uCern. Em primeiro lugar, ele foi criado obedecendo o fluxo de trabalho de cada associado da Cerner e é a página inicial personalizável à qual um associado da Cerner se conecta logo após entrar no uCern. "Muitas vezes, as redes sociais internas ficam separadas do trabalho principal das pessoas. É por isso que elas falham: são apenas mais uma coisa a ser feita em uma lista superlotada de coisas.", diz Campbell. Assim, a uCern foi criada para ser uma plataforma colaborativa cujos membros pudessem enviar e-mail, compartilhar conhecimento, postar comentários em um blog, acessar documentos necessários e verificar programas de conhecimentos relevantes. Por exemplo, os engenheiros da Cerner usam blogs e wikis como ferramentas básicas para informar o progresso do seu trabalho. À medida que o progresso de um projeto se torna mais transparente, os gerentes podem realocar recursos onde seja necessário.

O segundo fator de sucesso por trás do uCern é o envolvimento ativo de executivos seniores da Cerner. O uCern não é uma iniciativa da TI, do marketing ou RH. É uma nova forma de trabalhar na Cerner, que permite maior transparência, acessibilidade e colaboração, de modo que os funcionários da Cerner tenham uma forma fácil de pesquisar e encontrar respostas para questões relacionadas ao trabalho. Campbell observa que: "Percebemos que a transformação para uma cultura de baixo para cima precisava iniciar de cima — com os nossos executivos seniores liderando o caminho em uma nova abordagem de liderança, uma que incentivasse a transparência.". Por exemplo, a maioria dos executivos seniores da Cerner têm seus próprios blogs, e espera-se que os associados contribuam com comentários de qualidade regularmente. É fácil identificar os melhores contribuintes, pois os blogs são agregados em um blog hub, o que permite verificar quais são os mais ativos, e quem e sobre o que estão comentando.

Além disso, a Cerner incentiva todos os participantes a fazer do uCern um sucesso. Campbell dá um exemplo: "O espaço de 'ajuda' no uCern é completamente gerado pelos usuários e pelos associados da Cerner. Por exemplo, quando um deles faz uma pergunta em um quadro de discussões, outros publicam respostas, e cada uma é classificada em termos da sua utilidade. Aquele que faz a pergunta atribui um ponto para uma resposta útil e dois para um resposta correta e atenciosa. Os associados, então, têm seus totais de pontos incluídos como entradas nas suas classificações gerais de desempenho junto aos seus gerentes, criando um incentivo para postagens frequentes.".

Para gerenciar o uCern, Campbell instituiu o que ele chama de "Jardineiros da Comunidade", para assegurar a adoção da rede na empresa inteira. Campbell esclarece que "os Jardineiros da Comunidade são profissionais do Departamento de Aprendizagem Corporativa que atuam como moderadores para cada comunidade na rede social corporativa. É sua função gerar interesse na comunidade, postar novos conhecimentos, monitorar o crescimento e resolver problemas que podem atrapalhar sua adoção dentro da comunidade. Os Jardineiros da Comunidade se tornam as pessoas às quais todos recorrem em cada comunidade, e seus colegas os reconhecem como líderes intelectuais. Eles são treinados em como usar todas as ferramentas disponíveis (RSS feeds, wikis e blogs) e incentivam o envolvimento, auxiliando os participantes a compartilharem conhecimento com seus companheiros.".

O uCern foi lançado para o público interno da Cerner em 2009, e há planos para estendê-lo para os clientes e fornecedores em breve. A meta, diz Campbell, "é criar uma empresa em rede, em que conectamos os funcionários aos clientes e fornecedores, com o objetivo de obter benefícios para o negócio, como um ciclo de inovação com tempo reduzido, maior capacidade de compartilhamento de conhecimento através da empresa, melhor acesso a especialistas e maior satisfação dos clientes.".

Campbell crê que um motivo comum para o fracasso na participação em redes sociais corporativas seja o medo entre os funcionários de não saber com o que contribuir e o medo da repercussão de uma contribuição que, mais tarde, seja considerada egoísta ou inapropriada. Campbell recomenda que se trabalhem essas questões com os departamentos de RH, jurídico e TI para criar políticas e diretrizes para o uso da mídia social, de modo que ela se torne parte da cultura.

A MÍDIA SOCIAL ESTÁ ACONTECENDO NO EXÉRCITO DOS EUA

Você pode estar pensando que o uso da mídia social é apenas para empresas de alta tecnologia, como IBM, Cerner ou Bell Canada. Entretanto, o exército dos EUA está convidando todo o pessoal — de soldados a generais — a ficarem online e colaborativamente reescreverem os manuais de campo usando o mesmo software que a Wikipedia usa. A introdução de wikis é parte de uma renovação maior do sistema de manuais de campo do Exército, que, correntemente, inclui mais de 500 guias de campo sobre tópicos que vão desde contraterrorismo a como permanecer aquecido durante operações sob temperaturas baixas. Do total de 500 guias, aproximadamente, 50 não são abertos para edição colaborativa em um wiki.[29] "O objetivo", diz Jake Pennington, chefe do Lifelong Learning Center no Command and General Staff College em Fort Leavenworth, no Kansas, "é trazer a experiência testada de campo de todos no Exército para escrever e revisar os manuais em vez de apenas nos basear em alguns especialistas dos centros de pesquisa do exército.". Essa visão tem apoio nos níveis mais altos. O tenente-general William B. Caldwell, ex-comandante do Combined Arms Center em Fort Leavenworth, que está trabalhando no Afeganistão como comandante do Combined Security Transition Command/North Atlantic Treaty Organization Training Mission, escreveu no blog do Combined Arms Center, em primeiro de julho de 2009, o seguinte: "Adotando a tecnologia, o Exército pode economizar dinheiro, eliminar barreiras, homogeneizar processos e construir um futuro brilhante.".[30]

Além de usar wikis, o Exército também faz uso extensivo de blogs. O tenente-general Caldwell é um visionário nisso, já que apoia o uso tanto de wikis quanto de blogs para comunicação e compartilhamento de lições aprendidas. No dia 13 de julho de 2009, um ano após a morte de nove soldados no Afeganistão, o tenente-general Caldwell escreveu a seguinte postagem no blog sobre como outros poderiam aprender com o sacrifício desses nove soldados:

> APRENDENDO COM O SACRIFÍCIO DE OUTROS
> Há um ano, nove soldados americanos deram a vida pelo futuro do Afeganistão e um mundo melhor. Um contingente de 43 soldados dos EUA e 24 soldados do Exército Nacional Afe-

gão combateram mais de 200 militantes em uma batalha em Wanat, localizada no vale Waigal, no Afeganistão. Antes do amanhecer, insurgentes armados com lança-foguetes e armas automáticas atingiram o pequeno posto com um ataque integrado e coordenado.

A Companhia C, 2º Batalhão, 503º Regimento de Infantaria, resistiu por quatro horas de intenso combate. Soldados corajosos correram repetidamente pela base de patrulha sob fogo, para suprir novamente as posições de frente e evacuar os feridos. Em face dos ferimentos e da situação desfavorável, os soldados americanos e as tropas da coalizão se recusaram a ceder terreno.

O combate foi especialmente intenso no OP Top Side, um posto de observação localizado a leste da posição principal. Duas ondas de reforços apoiaram o Top Side, mas não sem perdas. A primeira onda foi liderada pelo líder do pelotão do posto, primeiro-tenente Jonathan Brostrom. Ele foi morto ao chegar, mas seu exemplo e sua orientação inspiraram seus soldados a persistirem na luta. Embora as horas tenham testemunhado o combate em uma situação difícil, foram os insurgentes que desistiram e recuaram do campo de batalha. Por suas ações nesse dia, o tenente Brostom recebeu a Silver Star. Outros oito valorosos soldados morreram com ele.[31]

O tenente-general Caldwell segue escrevendo na sua postagem no blog que é dever dos EUA, como nação recordar, e refletir sobre os sacrifícios feitos pelos soldados servindo no Afeganistão. O Combined Arms Center e o Combat Sudies Institute aprenderam lições com a Batalha de Wanat e as colocaram em um estudo de caso especial. Além disso, o Center of Army Lessons Learned publicou recentemente um manual sobre o Afeganistão que captura as melhores práticas em pequenas operações de unidades por todo aquele país.

O blog do tenente-general Caldwell gerou numerosos comentários, observando o quão importante foi dimensionar as conquistas e lições de oficiais subalternos, como o primeiro-tenente Jonathan Brostrom, assim como dos generais mais experientes. Um desses comentários dizia: "Jonathan Brostrom é um exemplo excelente de um grande soldado logo no início da sua carreira militar, o qual demonstrou a confiança e natureza que esperávamos dos nossos líderes.".

O reitor do Command and General Staff College, James Martin, chama o uso de ferramentas de mídia social como blogs e wikis por parte do Exército de "aprendizagem do momento". Se o Exército dos EUA pode aceitar a colaboração, por que as corporações creem que estas ferramentas são perigosas demais para usar? É hora de você e sua empresa desenvolverem uma estratégia para usar a mídia social no ambiente de trabalho?

DESENVOLVENDO UMA ESTRATÉGIA PARA USAR A MÍDIA SOCIAL

Com muita frequência, o burburinho em torno da implementação de mídia social começa com a plataforma de tecnologia e o que mais precisar ser inserido na rede, como blogs, podcasts, vídeos, wikis ou fóruns. Contudo, o verdadeiro ponto de partida é identificar o porquê de você estar iniciando essa jornada, perguntar a si próprio quais objetivos de negócio está tentando alcançar e, mais importante, entender que esta é uma iniciativa de mudança cultural. O exemplo do Exército dos EUA mostra como a cultura pode mudar para atingir um objetivo maior: melhorar a comunicação e a criação de um repositório de conhecimento crítico. Christopher R. Paparone, um professor associado do Departament of Logistics and Resource Operations do Army Command e General Staff College em Fort Lee, na Virgínia, diz: "Minha visão (não a visão oficial) é que temos sido muito rígidos na nossa doutrina. Usando um wiki, começamos a desafiar nosso pensamento dogmático.".[32]

Como você pode começar essa jornada? Quando trabalhamos com organizações, temos testemunhado sete etapas-chave para a criação de uma estratégia e um plano de implementação para se tornar hiperconectadas. Elas são mostradas na Figura 5-3.

Percorreremos passo a passo essas etapas para melhor entender como a sua organização pode se tornar hiperconectada.

Direcionamentos do Negócio

Decida o porquê de a organização querer usar mídia social. Identifique resultados de negócio específicos esperados, como aumentar a

Figura 5-3: Desenvolvendo uma Estratégia de Mídia Social

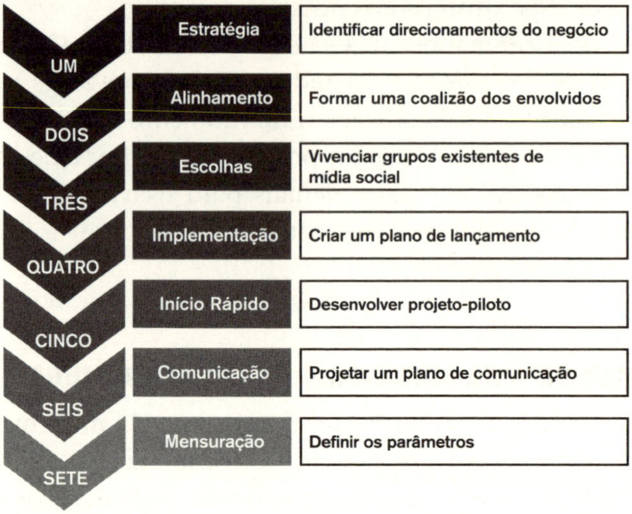

Fonte: Future Workplace.

velocidade de inovação, melhorar a tomada de decisões, homogeneizar os processos que afetam a experiência do cliente, diminuir os custos de comunicação, aumentar o engajamento dos funcionários, reduzir o tempo necessário para fazer com que novos produtos e serviços cheguem ao mercado, liberar mais criatividade pela empresa e posicionar sua empresa como atrativa para a Geração do Milênio. A seguir, defina o escopo da iniciativa. Ela será dirigida aos funcionários internos ou terá como alvo clientes e fornecedores também? Finalmente, determine a combinação de ferramentas que você usará, como blogs, wikis, uma rede social corporativa, reuniões de inovação e a maneira como será feita a interface (se houver) com outras tecnologias que sua organização tenha, como um sistema de planejamento de recursos empresariais ou um sistema de informação de recursos humanos. Quando você iniciar esse processo, lembre-se da importância de vê-lo como uma iniciativa de negócio, em vez de apenas uma ação de RH ou de aprendizagem.

Coalizão dos Envolvidos

Pergunte-se quais áreas e habilidades precisam fazer parte do seu esforço para integrar mídia social à sua organização e/ou departamento.

Uma colaboração multifuncional englobando os departamentos de aprendizagem corporativa, TI, jurídico e de comunicações internas é crucial para integrar a mídia social na organização. A equipe precisa, o quanto antes, estabelecer uma visão estratégica uniforme, e chegar a um acordo quanto à abordagem a ser utilizada para iniciar a implantação na empresa de maneira disciplinada e sem sobressaltos. Avalie o quão preparado está o ambiente interno para aceitar formas mais abertas de comunicação. A equipe também precisa deixar claro que a combinação de habilidades é crítica. Algo a considerar: gerenciamento de projeto, uso de mídia social, comunicações internas, arquitetura das informações e marketing. Finalmente, perceba que se tornar hiperconectado mudará o jeito como o trabalho é executado dentro da empresa.

Campo de Treinamento de Mídia Social

Forneça uma oportunidade para membros de equipes multifuncionais vivenciarem diversos tipos de mídia social e discutirem, debaterem e pensarem juntos se e como elas podem ser introduzidas na organização. Uma das melhores formas de dinamizar essa atividade é desenvolver uma experiência de aprendizagem na qual a equipe realmente use diversos tipos de mídia social para criar e publicar ideias e estar em rede entre si. Eles podem usar esta experiência para propor onde a organização deve entrar na jornada de hiperconectividade e identificar objetivos específicos de negócio que esperam impactar.

O Plano de Lançamento

Assim que a visão estiver organizada e a equipe tiver sido montada e exposta ao poder da mídia social, o próximo passo é elaborar um plano para saber como a nova iniciativa será introduzida na empresa. Comece com as orientações de negócio que você quer impactar na organização e como você medirá o sucesso. A seguir, proponha que novos papéis e novas responsabilidades sejam criadas para lançar e gerenciar apropriadamente esse novo projeto. Geralmente, três funções são cruciais: moderadores de comunidades, administradores de comunidades e especialistas em comunicação e marketing internos. Os moderadores de comunidade são os facilitadores e guias. Eles podem ser seus funcionários, trabalhar para terceiros ou ser membros experientes da comunidade. Eles são as pessoas a quem recorrer e os responsáveis por manter a comunidade

> **Moderador de comunidade:** Alguém que mantém a dinâmica de um grupo ou fórum online. Moderadores de comunidades muitas vezes introduzem assuntos para discussão e depois trabalham para manter as pessoas nos tópicos nos seus comentários posteriores.

viva e prosperando. Os administradores da comunidade têm o papel mais técnico e precisam conhecer todos os aspectos da operação de ferramentas online. Eles precisarão criar e manter um ambiente fácil de usar que funcione bem e apoie os investidores, ao mesmo tempo em que asseguram que as métricas de uso sejam fáceis de registrar. Finalmente, os profissionais de comunicação e marketing internos serão os responsáveis por compartilhar a visão da organização, assim como planejar e gerenciar toda a comunicação, incluindo o desenrolar e progresso da rede social.

Projeto-Piloto

Muitas vezes, tornar-se hiperconectado começa devagar, mais como uma questão de conceito. Isso pode significar o uso de um departamento como o pioneiro, como foi o caso do blog da JetBlue University, ou recebendo um desafio de negócio, como a Bell Canada fez para aumentar a satisfação dos clientes e criar uma Innovation Jam. Seja qual for a direção em que você vá, lembre-se de que esta é uma mudança cultural, a qual irá requerer suporte e participação da gerência sênior. É um esforço de cima para baixo e viral. Designe um grupo de pioneiros na mídia social em todas as áreas de sua vida e veja as vantagens de negócio em ser hiperconectado. Você pode pensar neles como seus embaixadores. Assegure-se de recrutá-los cedo e incentivá-los a informar a respeito do que estão fazendo. Finalmente, adote uma abordagem interativa de desenvolvimento; seu sistema pode passar por um longo estágio preparatório enquanto você o melhora constantemente baseado em comentários dos usuários.

Comunicação

A implementação da mídia social confunde a linha divisória entre o marketing, as comunicações internas e a aprendizagem corporativa. Uma nova aliança será a parceria-chave entre o marketing interno e o departamento de comunicação, que desenvolverão um conjunto de regras de engajamento de mídia social, assim como um plano de comunicação para integrar soluções de mídia social pela organização. Um dos pontos mais importantes no plano de marketing e comunicação é separar os mitos e as preocupações comuns em torno do uso da mídia social no trabalho, como "Apenas a Geração do Milênio a usará no trabalho.", "Se nós a construirmos, eles virão e participarão?", "Os funcionários acabarão compartilhando segredos da empresa.", "É um risco à segurança da companhia.", "É ainda nova demais e apenas uma moda passageira." ou "Isso nos levará a uma produtividade menor, já que os funcionários gastam seu tempo em rede online.". Uma campanha de marketing e comunicação bem-sucedida antecipará tais preocupações e criará uma estratégia para abordá-las.

Mensuração

Finalmente, é importante monitorar o uso e coletar os retornos sobre como os funcionários usam a mídia social, incluindo suas sugestões e melhorias. Contudo, a mensuração da mídia social é um desses tópicos sobre os quais todos têm uma opinião, embora poucos consigam concordar com a solução. A chave é identificar métodos de medição tanto qualitativos quanto quantitativos antes de iniciar seu plano de mídia social. Uma pesquisa global da McKinsey com 1.700 executivos do mundo, chamada "Como as empresas estão se beneficiando com a Web 2.0", fornece uma visão sobre que tipos de resultados de negócio as empresas estão tendo como consequência da implementação da mídia social. Eles se dividem em três categorias: processos internos, processos relacionados aos clientes, e parceiros e fornecedores externos.[33]

Assim que definidos e articulados, os parâmetros de avaliação do negócio podem ser registrados e monitorados à medida que sua organização se torna hiperconectada. Como os autores de "Como as empresas estão se beneficiando com a Web 2.0.", destacam. "Empresas bem-sucedidas não apenas integram fortemente tecnologias Web 2.0 com os fluxos de trabalho dos seus funcionários, como também criam uma 'empresa em rede', conectando-se com os clientes e fornecedores através do uso de ferramentas Web 2.0".[34] Os benefícios para o negócio aparecem não apenas na empresa como também se estendem externamente à medida que as firmas usam a web social para distribuir mais facilmente informações sobre produtos, incentivar maior participação dos seus clientes, fornecer retornos e melhorar os produtos e serviços em tempo real.

A lição-chave aqui é pensar holisticamente sobre os benefícios para o negócio advindos do uso da web social — não é uma iniciativa apenas dos recursos humanos, mas uma atitude que pode mudar a forma pela qual o trabalho é executado e trazer grandes resultados.

EXISTE UM LADO SOMBRIO NAS REDES SOCIAIS CORPORATIVAS?

Considere as recentes experiências da Virgin Atlantic e da British Airways. Segundo informado na *Economist*, a Virgin Atlantic teve um pesadelo de relações públicas quando alguns de seus tripulantes de voo postaram comentários depreciativos sobre a empresa e alguns passageiros no fórum do Facebook.[35] Dentre outras coisas, membros da tripulação postaram comentários jocosos sobre certos clientes da Virgin, a quem tachavam de "chavs", um termo britânico depreciativo para pessoas com mau gosto espalhafatoso. Na semana seguinte, a British Airways passou por problemas semelhantes, quando alguns funcionários descreveram passageiros da British Airways como "chatos" e "fedorentos" em postagens no Facebook.

Muitas empresas têm uma relação de amor e ódio com redes sociais e a mídia social. Por um lado, os empregadores querem que seus funcionários usem as ferramentas mais modernas e incentivem o pensamento inovador dentro da empresa. Todavia, eles também se preocupam com o vazamento de segredos do negócio para seus rivais ou causar danos à marca de empregador, como no caso da Virgin Atlantic e da British Airways. E, quando as empresas decidem adotar as ferramentas da web social, acham que devem fornecer aos funcionários diretrizes claras e concisas do que eles podem compartilhar sobre a empresa tanto externa como internamente. Além disso, as empresas estão descobrindo que precisam monitorar todas as atividades online — algumas estão contratando firmas como a Cyveillance para localizar vazamentos prejudiciais ou confidenciais em redes sociais; outras simplesmente se registram no Google Alerts para obter atualizações cada vez que alguém inclui determinadas palavras, como um nome de empresa, em uma postagem. Embora haja muito a ser decidido antes de iniciar uma rede social interna, a compensação é substancial: um acervo pesquisável e digital das conversas e conhecimentos institucionais dentro de uma empresa.

No intuito de prevenir possíveis abusos, um número crescente de empresas — incluindo a IBM, a Sun Microsystems e a Intel — está elaborando instruções sobre como usar as ferramentas da web social sem violar as políticas da empresa. As normas aplicam tanto a redes sociais externas, como o Facebook, quanto a redes sociais corporativas internas. A Intel Social Media Rules of Engagement elenca um conjunto de diretrizes extensivas sobre como os funcionários da Intel podem participar na mídia social e ao mesmo tempo ficar em conformidade com a política de comunicações da empresa.*

INTEL SOCIAL MEDIA RULES OF ENGAGEMENT

- **Seja transparente.** Sua honestidade — ou desonestidade — será percebida rapidamente no ambiente da mídia social. Se estiver escrevendo em blogs sobre seu trabalho na Intel, use seu nome real, identifique-se como funcionário da empresa e seja claro sobre seu papel. Se você tem um interesse pessoal em algo que esteja discutindo, seja o primeiro a destacar isso. Transparência tem a ver com a sua identidade e seu relacionamento na Intel. Você ainda precisa manter a confidencialidade em torno de informações e conteúdo de uso privativo.
- **Seja prudente.** Assegure-se de que seus esforços sejam transparentes e não violem a privacidade, confidencialidade e as diretrizes legais da Intel para discurso comercial externo. Peça permissão para publicar ou informar sobre conversas que devam ser privadas ou internas à Intel. Todas as declarações devem ser verdadeiras e não enganosas, e todas as alegações devem ser consubstanciadas e aprovadas. Benchmarks* de produtos devem ser aprovados para postagem externa pela equipe apropriada. Por favor, nunca comente sobre algo relacionado a questões legais, litígios ou quaisquer partes com as quais estejamos em litígio sem a aprovação devida. Se quiser escrever sobre competição, assegure-se de saber o que está falando e que tem permissão para isso. Também esteja vigilante quanto à sua proteção, privacidade e a informações confidenciais da Intel. O que você publica fica amplamente acessível por muito tempo, então, analise o conteúdo com cautela.
- **Escreva sobre o que você conhece.** Assegure-se de escrever e postar sobre sua área de conhecimento, em especial se relacionada à Intel e à nossa tecnologia.

Se estiver escrevendo sobre um tópico com o qual a Intel esteja envolvida, mas que não seja o especialista, deve deixar claro esse ponto para seus leitores. E escreva na primeira pessoa. Se você publicar em um site fora da Intel, por favor, use um aviso legal semelhante a este: "As postagens neste site são declarações minhas e não representam necessariamente as posições, estratégias ou opiniões da Intel.". Além disso, por favor, respeite a marca, marca registrada, os direitos autorais, o uso correto, os segredos do negócio (incluindo nossos processos e nossas metodologias), a confidencialidade e as leis de divulgação financeiras. Se tiver alguma dúvida sobre essas orientações, fale com o seu representante jurídico Intel. Lembre-se de que você pode ser responsabilizado pessoalmente pelo seu conteúdo.

- **Percepção é realidade.** Em mídias sociais online, a separação entre público e privado, pessoal e profissional é difusa. Ao identificar-se como um funcionário da Intel você está criando percepções sobre seu conhecimento e sobre a Intel por outros investidores, clientes e pelo público em geral — e percepções sobre você pelos seus colegas e gerentes. Deixe-nos orgulhosos. Assegure-se de que todo o conteúdo associado a você seja consistente com seu trabalho e com os valores e padrões profissionais da Intel.
- **É uma conversa.** Fale com seus leitores como você faria com pessoas reais em situações profissionais. Em outras palavras, evite linguagem pedante ou pomposa. Não tenha medo de mostrar sua própria personalidade e diga o que pensa. Considere conteúdo que tenha final aberto e convide respostas. Incentive comentários. Você também pode ampliar a conversa citando outros que estejam fazendo blogs sobre o mesmo tópico e permitindo que seu conteúdo seja compartilhado ou publicado.
- **Você está agregando valor?** Há milhões de palavras por aí. A melhor forma de fazer com que as suas sejam lidas é escrevendo coisas que as pessoas vão dar valor. A comunicação social da Intel deve auxiliar nossos clientes, parceiros e colegas de trabalho. Deve provocar reflexão e criar um senso de comunidade. Se for ajudar as pessoas a melhorarem seu conhecimento ou habilidade, construírem seus negócios, executarem seus trabalhos, resolverem problemas ou entenderem melhor a Intel — então, está agregando valor.

- **Sua responsabilidade.** O que você escreve é sua responsabilidade. A participação na computação social em nome da Intel não é um direito, mas uma oportunidade, então, por favor, trate isso de forma séria e com respeito. Se quiser participar em nome da Intel, faça o treinamento Digital IQ e contate o Centro de Mídia Social de Excelência. Por favor, conheça e siga o Código de Conduta Intel. A não observância destas diretrizes e do Código de Conduta Intel poderiam colocar sua participação em risco. Contate social.media@intel.com para obter mais informações. Por favor, também siga os termos e as condições de quaisquer sites de terceiros.
- **Crie algum interesse.** Como uma corporação de negócio e cidadã, a Intel está fazendo contribuições importantes para o mundo, para o futuro da tecnologia e para o diálogo público em uma ampla gama de questões. Nossas atividades de negócio estão cada vez mais focadas em inovações de alto valor. Vamos compartilhar com o mundo as coisas interessantes que estamos aprendendo e fazendo — e abrir canais para aprender com outros.
- **Seja um líder.** Pode haver uma linha tênue entre o debate saudável e a reação incendiária. Não difame nossos concorrentes ou a Intel. Nem precisa dar resposta a cada crítica ou farpa. Tente enquadrar o que escreve para atrair diferentes pontos de vista sem provocações. Alguns tópicos — como política e religião — vão com mais facilidade para um território sensível. Então, seja cuidadoso e ponderado. Uma vez que as palavras tenham sido ditas ou escritas, você não as consegue trazer de volta. E uma vez que uma discussão inflamada tenha início, é difícil pará-la.
- **Você fez algo errado?** Se você cometeu um erro, admita-o. Seja direto e rápido na sua correção. Se estiver postando em um blog, pode decidir modificar uma postagem anterior — apenas deixe claro que fez isso.
- **Se tiver que fazer uma pausa, faça.** Se você estiver para publicar algo que o deixe, nem que seja um pouco, desconfortável, não clique em "enviar" sem se preocupar com as consequências. Gaste um minuto para revisar as ideias e tente descobrir o que lhe está incomodando, e então corrija. Se ainda estiver inseguro, talvez queira discutir isso com seu gerente ou representante jurídico. No fim das contas, o que você publica é seu — assim como a responsabilidade. Então, tenha certeza.

Fonte: Intel Social Media Guidelines.[38]

FATORES CRÍTICOS DE SUCESSO PARA SE TORNAR UMA ORGANIZAÇÃO HIPERCONECTADA

Quando você iniciar sua jornada, esteja ciente dos fatores-chave de sucesso que já auxiliaram outros:

- **Inicie com os objetivos do negócio e integre o uso da mídia social aos fluxos de trabalho.** Identifique os objetivos que você está tentando alcançar usando a mídia social dentro da empresa e concorde com parâmetros específicos. Além disso, esteja ciente de que o uso é muito dependente da integração da mídia social com o fluxo de trabalho de cada funcionário, assim como da garantia de que os líderes seniores deem o exemplo e incentivem o uso da mídia social no modo através do qual se comunicam com suas equipes.
- **Perceba que o maior obstáculo é a sua cultura e os seus processos internos, em vez da tecnologia por trás da criação de ferramentas de mídia social.** Enfoque seus esforços em encontrar embaixadores e facilite para eles compartilharem e participarem do seu piloto de mídia social. Envolva os executivos seniores; eles devem dar apoio, ou haverá solução de continuidade. Enfatize em semear uma cultura de criação coletiva de modo que os funcionários em todos os níveis tenham voz e vejam o poder do "nós". Reconheça que na comunidade web o status é criado fazendo-se contribuições significativas, então, assegure-se de incluir avaliações de seus colegas ao seu projeto. Finalmente, examine como pode integrar as expectativas do uso de mídia social nas práticas de gerência de desempenho da sua empresa de forma que a qualidade das contribuições online de alguém seja parte do sistema geral de gerência de desempenho.
- **Entenda como ser uma empresa hiperconectada pode melhorar sua capacidade de recrutar os melhores talentos.** Pesquise suas novas contratações. Você entende as expectativas digitais deles ao entrarem na organização? Tornar-se hiperconectado também cria a necessidade de desenvolver um conjunto de habilidades de conhecimento digital nos seus funcionários. E estas serão cada vez mais solicitadas à medida que seguimos rumo ao ambiente de trabalho de 2020.

- **Lembre-se de entrar pessoalmente no mundo da mídia social.** Entre em algumas das maiores redes sociais, como o Facebook, o Twitter, LinkedIn e o YouTube. Faça uma pesquisa sobre como seus concorrentes estão usando as redes sociais e informe sua equipe. Aprenda a linguagem da mídia social lendo o glossário de termos-chave dela, comece a procurar amigos e tópicos dos quais queira se manter atualizado — comece seguindo os líderes intelectuais da sua indústria no Twitter, conectando-se com colegas no LinkedIn e adicionando novos amigos no Facebook. Você deve ser um usuário de mídia social para entender o potencial da adoção dela como uma ferramenta para transformar o seu negócio.
- **Crie diretrizes e políticas para o uso de mídia social pelos funcionários.** Tornar-se hiperconectado tem o potencial de melhorar os resultados do negócio, como aumentos na colaboração, nos ciclos de inovação e atração para a sua empresa de membros da Geração do Milênio prospectando novos empregos. Mas isso também requer que você crie um conjunto de diretrizes e políticas e, talvez, até novos papéis e novas responsabilidades quando começa a educar sua força de trabalho e monitorar o uso. Não é tarde demais para iniciar, porém, antes que a sua organização o faça, assegure-se de manter as premissas do seu negócio e as regras de engajamento para o uso de mídia social no trabalho.

TORNANDO-SE HIPERCONECTADO: A CHAVE PARA CRIAR UMA MARCA DE EMPREGADOR

No mercado de trabalho de hoje, não é suficiente para as empresas se conectarem aos funcionários e clientes através de sites, e-mails, blogs ou mensagens instantâneas. Elas precisam se tornar hiperconectadas e fornecer aos funcionários acesso às mesmas ferramentas de web social que eles usam no seu dia a dia para se comunicarem, colaborarem e conectarem entre si. Em última análise, criar uma organização hiperconectada tem o potencial de desenvolver uma força de trabalho mais engajada, criar uma marca de empregador mais forte e tornar a força de trabalho mais ágil.

RESUMO

- **Dê a quem usa os produtos uma chance de se envolver no processo de criação.** Muitas vezes, os usuários dos produtos estão mais habilitados a ingerirem inovações, pois são eles que interagem com os produtos diariamente no mundo real. Qualquer empresa no ramo de vendas de um produto precisa aprender como direcionar o poder dos clientes que são apaixonados pelos seus produtos, convidando-os a compartilharem seu entusiasmo e sua criatividade.
- **Considere onde sua organização está na jornada para se tornar hiperconectada.** Usar mídia social está se tornando uma forma importante de compartilhar conhecimento, colaborar com membros da equipe pelo mundo e permitir aos funcionários contribuírem com novas ideias no ambiente de trabalho. Blogs, wikis e redes sociais corporativas estão se tornando formas importantes para os componentes de uma força de trabalho dispersos globalmente interagirem entre si em um nível pessoal, discutirem em fóruns online e contribuírem com seus conhecimentos.
- **Entenda que ser transparente é algo primordial para o seu sucesso.** Usar mídia social funciona melhor para empresas se isso for feito de uma forma aberta e autêntica. Deixe o feedback dos seus funcionários guiá-lo na formatação da sua rede e responda às necessidades e aos desejos da comunidade.
- **Perceba que criar redes sociais internas também pode significar ter um relacionamento de um para muitos.** Para algumas empresas, estabelecer uma rede social pode ser uma forma de conectar a empresa a clientes fora dela. Isto funciona para melhorar a marca da empresa e para expandir seu alcance ao mesmo tempo em que aumenta a colaboração e a criação da comunidade.
- **Finalmente, assegure-se de focar as necessidades do negócio que você espera impactar antes de examinar alguma tecnologia específica chamativa.** Com muita frequência, a discussão em torno da implementação de redes sociais corporativas começa com quais tecnologias devem ser usadas. Contudo, um ponto de partida melhor é identificar as necessidades do negócio para lançar uma rede social corporativa e os resultados de negócios específicos que você espera obter.

CAPÍTULO SEIS

O Ecossistema de Aprendizagem Social

A jornada diária de Victor Restrepo não é incomum para alguém que mora no centro de Nova Jersey e trabalha em Nova York. Após dirigir 15 minutos até o estacionamento local, ele espera pelo ônibus e pega a Autoestrada Nova Jersey para a cidade. Dependendo do quão ruim esteja o tráfego pelo Lincoln Tunnel, a viagem pode levar de 60 a 90 minutos. O que é incomum na viagem de Restrepo é que, no caminho para o trabalho, ele completa o treinamento de vendas no seu iPod Touch e, então, prepara-se para as negociações do dia revisando como alguns dos seus colegas fizeram vendas bem-sucedidas.

Especializado em vendas técnicas, Restrepo é responsável pela comercialização da linha completa de produtos da Sun Microsystems junto ao seu cliente, um fornecedor de informação de negócios global. Ele poderia vender software um dia, servidores no outro e armazenamento de dados no seguinte. Ao vender produtos complexos, ele precisa de acesso rápido às informações de acordo com as necessidades do cliente. É onde a Aprendizagem Social eXchange (SLX) da Sun entra.

Análoga a um YouTube corporativo, a SLX permite aos funcionários da Sun gravar e postar qualquer tipo de conteúdo, desde documentos até vídeos, os quais podem ser visualizados em qualquer equipamento, de um computador pessoal ao iPod de Restrepo. Embora ele possa acessar o conteúdo sempre que tiver disponível uma rede wireless, ele tende a baixá-lo na noite anterior, de modo que possa visualizá-lo enquanto está no ônibus.

Restrepo ficou obcecado pelo SLX quando viu como ele economizava seu tempo de preparação para o próximo dia de visitas a clientes — tempo que ele poderia passar agora com sua família. Tudo o que ele tem de fazer na noite anterior à visita é pesquisar algumas apresentações e baixar módulos para carregar no seu iPod, e, então, está livre. Quando a Sun trouxe um novo produto que combinava um servidor com armazenamento, ele baixou a apresentação de marketing padrão do produto e pesquisou pelo melhor vídeo avaliado por outras pessoas que o vendiam. "No passado, eu tinha que ver uma centena de slides de uma apresentação de marketing para aprender sobre um novo produto ou serviço. Agora, apenas baixo os melhores vídeos de 10 a 15 minutos de duração de vendedores que efetivamente venderam o produto.", ele diz.

A seguir, a caminho do trabalho, ele revisa os vídeos mais relevantes algumas vezes até que sinta ter absorvido informações suficientes para fazer uma boa apresentação para seu cliente. Uma ocasião proporcionou um ótimo resultado: seu cliente encomendou uma unidade de avaliação de um produto que Restrepo tinha acabado de estudar no caminho e, logo depois, substituiu produtos de um competidor no seu centro de dados. Seu sucesso o tem motivado a ajudar a contribuir com a própria SLX. "Estou pensando em fazer um vídeo de um 'Guia de Vendas Técnicas para Leigos'. É difícil encontrar tempo para se especializar no conteúdo, de modo que potencializar o que aprendi poderia ajudar outros.".

O ADVENTO DA APRENDIZAGEM SOCIAL

"Como você tem me ajudado a aprender ultimamente?" pode bem ser a pergunta da nova geração de trabalhadores. A forma pela qual sua organização responde a essa questão pode ser sua vantagem competitiva para o futuro. Organizações precisam de uma forma para desenvolver as pessoas quando as condições econômicas oscilam e de forma que transmitam proficiências e conhecimento quando forem necessários. Estamos ficando cada vez mais acostumados a processar pedaços cada vez menores de informação. Afinal, cinco entre os dez romances mais vendidos no Japão em 2008 começaram como novelas de mensagens de texto.[1]

Uma maneira de abordar estes desafios é repensando o papel do departamento de aprendizagem para englobar todas as atividades de aprendizagem de uma organização. Definimos aprendizagem social como a aquisição de conhecimento e proficiências através de métodos que sejam colaborativos, imediatos, relevantes e apresentados no contexto único do ambiente de trabalho de um indivíduo. Enquanto Learning 1.0 se baseava muito em aprendizagem em sala de aula e Learning 2.0 adicionou treinamento auxiliado por computador e baseado na web, Aprendizagem Social incorpora mídia social, jogos, retorno em tempo real e metodologias avançadas de trabalho.

O DILEMA DA CRIAÇÃO DO ESPECIALISTA

A missão de se tornar um especialista em alguma área tem-se tornado uma tarefa infindável. De acordo com um estudo da Universidade da Califórnia, em Berkeley, o conhecimento está atualmente dobrando a cada três anos, e o intervalo de duplicação parece estar ficando ainda menor.[2] Na área médica, o conhecimento de estudos clínicos dobra a cada 18 meses. O número de blogs está dobrando a cada seis meses.[3] Como se isso já não fosse suficientemente assustador, à medida que o tempo passa, uma porcentagem cada vez menor de informação necessária para executar seu trabalho estará efetivamente armazenada na sua mente. A porcentagem de conhecimento que você tinha que armazenar na sua cabeça para realizar seu trabalho era de 75% em 1986, quando os membros mais jovens da Geração do Pós-Guerra estavam entrando na força de trabalho. Agora, você pode armazenar em torno de 10% do conhecimento de que precisa para executar seu trabalho — o que significa que é necessário se basear em uma diversidade de outras fontes para executá-lo.[4]

Há ainda um paradoxo infeliz. Como Malcolm Gladwell, o jornalista e autor de sucesso, e outros relataram, o tempo médio para se tornar um especialista em qualquer área é de dez anos, independentemente da área em que se atue.[5] Atingir o topo do conhecimento só significa que a escalada começa novamente para obter o conhecimento mais recente na sua área.

Como se a busca por conhecimento não fosse suficientemente desafiadora, considere a pressão do mercado que uma organização enfrenta para assegurar que nas áreas de competências básicas da empresa existam especialistas em quantidade suficiente para criar uma competitividade. Treinamento é a solução? A maioria das organizações determina suas ofertas de cursos baseadas em algum nível de retorno

Figura 6-1: O dilema do especialista

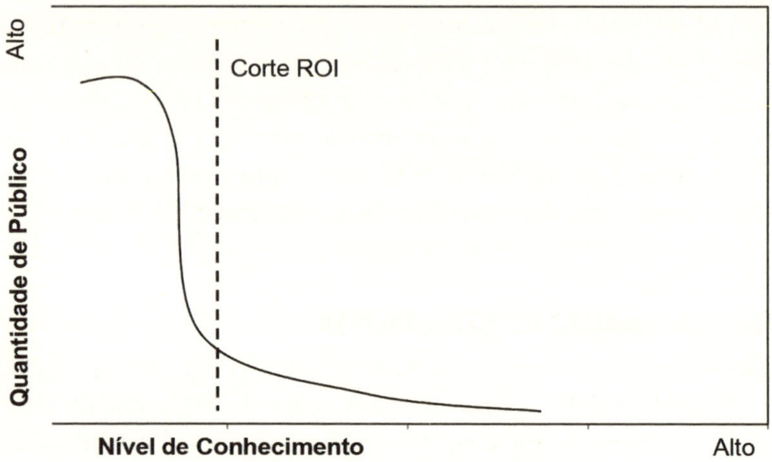

Fonte: Future Workplace.

do investimento. Um dilema ocorre quando há muito poucos alunos para justificar a criação de um curso, o que acontece com frequência em quase todas as áreas, conforme mostrado na figura 6-1. Examine catálogos de cursos de qualquer departamento corporativo de aprendizagem e haverá muitos programas sobre fundamentos financeiros, compatibilidade e comunicações para novos gerentes, novos vice-presidentes, e assim por diante, mas muito menos programas para habilitações avançadas em alguma área. Os especialistas, por natureza, são um subgrupo menor de indivíduos e, muitas vezes, são forçados a aprender sozinhos e com outros através de redes sociais e fontes externas. Mesmo assim, uma vez que sejam reconhecidos como especialistas, com o conhecimento se expandindo tão rapidamente é quase impossível para eles permanecerem especialistas. O valor de uma rede social forte se torna cada vez mais importante se os indivíduos tiverem que se manter pessoalmente competitivos. Os especialistas geralmente recebem treinamento relevante para as suas necessidades. Embora o impacto de não investir na expansão do conhecimento de um indivíduo possa ser mínimo, o impacto coletivo de não investir em conhecimento organizacional gera uma situação insustentável. Contudo, o RH e o departamento de treinamento frequentemente deixam para as unidades individuais do negócio resolverem esse dilema, o que, convenhamos, é abdicar de uma responsabilidade básica. No mínimo, as organizações deveriam criar plataformas para especialistas aprenderem uns com os outros enquanto permitem que sua organização colha e compartilhe este conhecimento.

O MODELO 70/20/10 REIMAGINADO

Diversos estudos têm demonstrado que a forma pela qual as pessoas adquirem conhecimentos e habilidades profissionais é uma mistura de métodos, com 70% envolvendo o desempenho do trabalho e a aprendizagem através de experiência.[6] A leitura, o uso de mecanismos de pesquisa, fazer uma pergunta em um fórum online e a tentativa e o erro se enquadram nos 70%. Outros 20% da aprendizagem ocorrem através de retornos de colegas e orientadores e os 10% finais proveem de programas formais de aprendizagem. Os 70% têm sido, muitas vezes, chamados de aprendizagem informal, enquanto os 30% restantes são chamados de aprendizagem formal. Contudo, Robert Campbell, o CLO da Cerner Corporation, diz que: "Tradicionalmente, tendemos a centralizar nosso pessoal, orçamentos e recursos nos 10% de aprendizagem formal e, muitas vezes, deixamos os 70% e os 20% para o acaso. Isto deve mudar para reconhecer a crescente importância do desenvolvimento de aprendizagem contextual. Estamos gradualmente mudando isso e alocando mais dinheiro e recursos humanos para criar modos informais através dos quais nossos associados podem aprender uns com os outros.".

O desafio para organizações como a Cerner é descobrir como "formalizar a aprendizagem informal" que acontece no curso normal de trabalho e com a rede de colegas de alguém. Com apenas 10% da aprendizagem acontecendo em formas tradicionais e programáticas, como uma organização pode assegurar que aquilo que os funcionários estão aprendendo se alinhe com a estratégia da organização e que essa aprendizagem seja produtiva e precisa? Descobrimos que algumas das empresas que mais pensam à frente, como a Cerner, criam plataformas e métodos para gerenciar o espectro inteiro da aprendizagem formal e informal. Isto é especialmente importante, já que os orçamentos flutuam com o decorrer do tempo. Em vez de ficarem aliviados com os 10% gerenciáveis, os responsáveis pela aprendizagem devem expandir seu pensamento para assegurar que as pessoas possam aprender de tal modo que seja visto da perspectiva do funcionário como "no momento necessário, na quantidade suficiente e apenas para mim".

A divisão de aprendizagem nas categorias formal e informal apenas diminui o papel que uma organização desempenha na questão da aprendizagem. Discussões efetivas de métodos que garantam a transferência de conhecimento e habilidades em todos os estágios do desenvolvimento são mais difíceis se o foco estiver apenas em uma categoria. Por exemplo, nos primeiros estágios do desenvolvimento do conhecimento, a mistura pode ser mais como 50/30/20, enquanto que em um nível de especialistas poderia estar mais próxima de 80/15/5. Contra intuitivamente, talvez, em um contexto de aprendizagem, informal não é o contrário de formal. Líderes intelectuais, como Jay Cross, autor e especialista em treinamento, têm auxiliado a levar as conversas sobre o tema para além da apenas formal aprendizagem organizacional. É hora de reimaginar e reinventar soluções capazes de incluir, nas organizações, a prática de aprendizagem em seu conceito amplo.

O ECOSSISTEMA DE APRENDIZAGEM SOCIAL

Na figura 6-2, propomos uma forma mais útil de pensar na aprendizagem em uma organização. Já que a maioria das organizações tem restrições de recursos, uma forma comum de desenvolver talento tem sido definir conjuntos amplos de competências, às vezes, por funções, em outras, para a organização inteira. Sistemas de retorno são criados para avaliar competências, e depois o treinamento é desenvolvido de acordo com as necessidades mais comuns da organização. Nosso modelo, o Ecossistema de Aprendizagem Social, tem quatro quadrantes, com a aprendizagem baseada em competência ancorando o lado esquerdo e a aprendizagem baseada em contexto ancorando o direito. Esta última ocorre no trabalho e durante o desempenho diário de funções. Como resultado, tende a ser mais personalizada. Não há um ponto de corte distinto entre os quadrantes, e, frequentemente, os programas abrangem outros quadrantes porque a maioria das organizações personaliza algum nível de aprendizagem para os requisitos das funções envolvidas.

Os quadrantes superiores da figura a seguir incluem aprendizagem que envolve eventos planejados, geralmente documentados nos planos

Figura 6-2: O Ecossistema de Aprendizagem Social

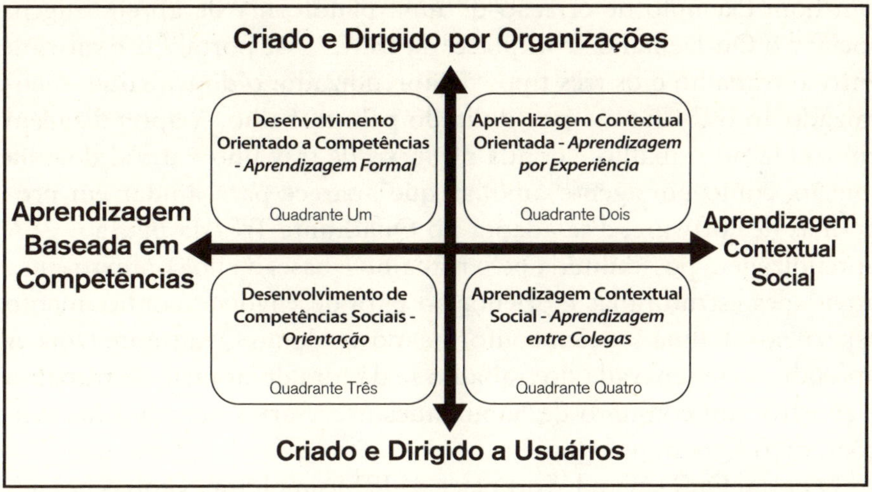

Fonte: Future Workplace.

de desenvolvimento de um funcionário, a qual é criada e endossada pela organização. Os programas situados nesses quadrantes são gerados pela organização através de algum canal formal e normalmente têm sido documentados em um sistema de informação — como um sistema de gerência de aprendizagem (LMS — Learning Management System). Os quadrantes inferiores incluem as atividades que ocorrem quando as pessoas aprendem umas com as outras, um tipo de aprendizagem frequentemente ignorado pelos planos de desenvolvimento de funcionários. A aprendizagem nesses quadrantes é, por definição, tanto social quanto colaborativa e pode incluir um aprendizado secreto — o qual é aprendido no trabalho para se entrosar com a cultura, mas não é discutido publicamente com frequência.

Observe que os programas nos Quadrantes Três e Quatro podem ser desenvolvidos frequentemente através de software social online para permitir que a aprendizagem ocorra com sucesso. Por exemplo, uma organização pode criar um instrumento baseado em competências de 360 graus e desenvolver um sistema para colher dados, entretanto, o valor real da ferramenta é o que os participantes adicionam como conteúdo. Da mesma forma, uma organização poderia criar uma plataforma para viabilizar aprendizagem entre colegas, como o usado por Victor Restrepo anteriormente neste capítulo, mas não tem significado sem a participação e contribuições de uma massa crítica de funcionários.

Criando uma Plataforma de Aprendizagem Social

Um bom exemplo de criação de uma plataforma de aprendizagem social é o On-Demand Workplace, da IBM.[7] Esse portal faz a mistura entre o trabalho e os três tipos de aprendizado: o do trabalho, o enraizado ao trabalho e o possibilitado pelo trabalho. A aprendizagem enraizada no trabalho é criada no fluxo de trabalho natural de uma função, como um agente auxiliar que aparece para ajudar em programas de software, e se adapta no Quadrante Três da figura 6-2. A aprendizagem possibilitada pelo trabalho é baseada no contexto e usa atividades estruturadas e orientação para desenvolver conhecimento específico em uma função, conforme mostrado no Quadrante Dois. A aprendizagem separada do trabalho se dá fora do horário de trabalho e constrói um conjunto de habilidades necessárias para futuras funções, ou o Quadrante Um.

O portal On-Demand Workplace da IBM simplifica as coisas pesquisando oportunidades e ideias por todos os tópicos, ao mesmo tempo em que permite aos mais de 350 mil funcionários da empresa ao redor do mundo receberem conteúdo personalizado. De acordo com um gerente na função de Learning Systems da IBM, "O sistema fornece acesso a muitos recursos diferentes além da tradicional aprendizagem eletrônica. O conteúdo é utilizado pelas organizações de treinamento e formado por elas, assim como por especialistas de unidades de negócio e líderes intelectuais que estão em maior proximidade com as necessidades urgentes do negócio. Desta forma, os funcionários têm um local para pesquisar ou receber orientação sobre seu desenvolvimento pessoal.".

Pesquisar é uma capacidade essencial da plataforma correspondente, e o portal da IBM usa sua própria tecnologia de pesquisa e recursos Web 2.0 para garantir que os resultados das pesquisas sejam relevantes. Como os funcionários armazenam dados sobre eles próprios no sistema, o mecanismo de pesquisa inteligentemente associa o contexto do papel do funcionário a resultados relevantes da pesquisa. Por exemplo, se um representante de vendas de uma fábrica na Alemanha pesquisar conteúdo sobre manufaturas, os resultados serão mostrados com conteúdo específico para o papel desse representante, incluindo resultados colaborativos, como páginas da web relacionadas ou o blog de especialistas na área. O resultado poderia direcionar o representante para ferramentas internas disponíveis para uso no trabalho, em aulas formais, aprendizagem eletrônica de fornecedores internos e externos de cursos, ou o nome de especialistas das Blue Pages da IBM.

A IBM usa especialistas em aprendizagem como moderadores de conteúdo para inserir inteligência nas pesquisas. Entretanto, sistemas Web 2.0 que usam rating e tagging* podem ajudar as organizações — especialmente aquelas sem o luxo de contar com especialistas em aprendizagem — a criar resultados de pesquisas altamente efetivos. Outro elemento-chave da aprendizagem sob demanda é que nem todo ativo de aprendizagem é armazenado nos sistemas de gerência de aprendizagem (LMS). O portal é um mix de recursos de uma diversidade de sistemas, enquanto o LMS armazena registros para a aprendizagem mais formal, separada do trabalho.

No restante deste capítulo, daremos exemplos que demonstram como as empresas estão inovando em todos os quatro quadrantes para desenvolver funcionários. Alguns tipos de programas se adaptam claramente a um quadrante, enquanto outros usam diversas técnicas que cruzam os quadrantes. Todos os exemplos demonstram como as organizações estão projetando plataformas para possibilitar a aprendizagem além da sala de aula formal e estendê-la por todos os quatro quadrantes.

QUADRANTE UM: DESENVOLVIMENTO ORIENTADO A COMPETÊNCIAS

Para uma organização desenvolver cursos tradicionais, que se encaixam no Quadrante Um do Ecossistema de Aprendizagem Social, a área do tópico envolvido geralmente deve ter alguma estabilidade, devido ao alto custo do desenvolvimento de novos cursos. Muitas das firmas de consultoria renomadas contratam, anualmente, pessoas que acabam de concluir o superior, de modo que podem e fazem grandes investimentos em extensivos cursos baseados em currículo e em instalações para ensinar o mesmo material introdutório para cada grupo que chega. A Deloitte criou seu centro de treinamento, a Deloitte University, em Westlake, Texas. Abra qualquer catálogo de aprendizagem e, provavelmente, encontrará cursos em comum, até com o mesmo nome, já que muitas organizações usam os mesmos vendedores.

O desafio para a aprendizagem baseada em salas de aula ou na web no futuro será engajar e motivar os alunos em um mundo em que colaboração e interdependência serão um modo de vida, tornando o modelo de aluno solitário cada vez mais desatualizado. A primeira e a segunda

* "Rating" é uma avaliação quantitativa ou qualitativa de alguma coisa, e "Tagging" ou "Tag" são palavras-chave ou imagens associadas a um determinado assunto, que facilitam sua classificação ou avaliação.

gerações de cursos de aprendizagem eletrônica alcançaram o objetivo de transferir conhecimento, mas frequentemente ao custo de tédio nos alunos, em grande parte devido ao modelo de aluno solitário. Para abordar uma geração de alunos que cresceram jogando video games, as organizações estão agora usando jogos de aprendizagem de alta qualidade e interativos, e entrelaçando com links para lugares onde a Geração do Milênio se junta. Como Brad Hargreaves, o fundador dos GXStudios, de 24 anos, diz: "Integramos o acesso a redes sociais nos nossos próprios programas de treinamento para tentar superar o grande problema que vejo com a maioria do treinamento corporativo. É como o mundo das enciclopédias — árido, aborrecido e antigo. A Geração do Milênio, como eu mesmo e meus funcionários, espera que o treinamento seja mais parecido com o resto da nossa vida: instantâneo, divertido e social.".

Entretenimento Educacional

Para tornar o desenvolvimento de competências mais interessante e engajador, as organizações usam métodos criativos e de entretenimento, às vezes, chamados de *edutainment**. O D2D Fund, por exemplo, é uma organização sem fins lucrativos cuja missão é fornecer acesso a serviços financeiros e oportunidades de obtenção de bens para famílias de baixa renda. Entretanto, já que poucas pessoas estão interessadas em ler livros sobre limites de crédito, taxas financeiras, e assim por diante, a organização procurou uma empresa de simulação de jogos e Peter Tufano, um professor de gerência financeira em Harvard, para criar um jogo de conhecimentos financeiros chamado Celebrity Calamity, que pode ser encontrado em www.celebritycalamity.com. Tufano diz que: "Podemos projetar o melhor currículo do mundo, porém, se ninguém estiver disposto a gastar tempo nele, não funcionará. Nosso objetivo é encontrar pessoas que o façam voluntariamente.".[8] Os jogadores ajudam sua celebridade escolhida a gerenciar o dinheiro e a lidar com diversas crises financeiras em um formato de jogo, enquanto aprendem sobre o impacto de cartões de crédito com taxas de juros altas e como desenvolver outras estratégias de gerência financeira pessoal.

O jogo tem mostrado resultados. Os testadores do programa-piloto "mostraram um aumento de 15 a 30% na confiança em suas habilidades financeiras, e uma melhoria de 55 a 70% no conhecimento de conceitos como limites de crédito, crédito vs. débito e taxas financeiras".[9]

---

* N.T.: Education (educação) + entertainment (entretenimento).

Quase todas as empresas têm uma necessidade de novas contratações, e algumas delas estão encontrando maneiras de ir além do PowerPoint. A Sun Microsystems desenvolveu duas versões do mesmo cenário de video game para seus novos contratados, disponíveis para serem jogados por qualquer pessoa, já que o conteúdo informa aos usuários sobre os produtos e serviços da Sun (figura 6-3). Originalmente, os dois programas foram projetados para permitir computadores de baixa e alta capacidades gráficas. Um texto baseado em uma aventura, Dawn of the Shadows Specters, permite aos usuários em máquinas mais antigas aproveitar a interatividade do jogo, enquanto aqueles com mais capacidade gráfica podem apreciar o Rise of Shadow Specters. Em ambos os jogos, Ray é um novo contratado da Sun. Ele vai para seu primeiro dia de trabalho e descobre que os Shadow Specters atacaram e estão ameaçando infectar a rede. Sua primeira tarefa é vencê-los.

No jogo graficamente mais intenso, um diretor registra qual funcionário tem a pontuação mais alta no mês, e esse funcionário ganha um prêmio. Uma descoberta acidental, de acordo com o projetista do jogo, Brandon Carson, foi que "Não esperávamos que as pessoas selecionassem o jogo baseadas na sua idade. Contudo, descobrimos que as mais jovens eram mais atraídas para o Rise porque ficam con-

Figura 6-3: As Duas Versões dos Jogos de Novas Contratações

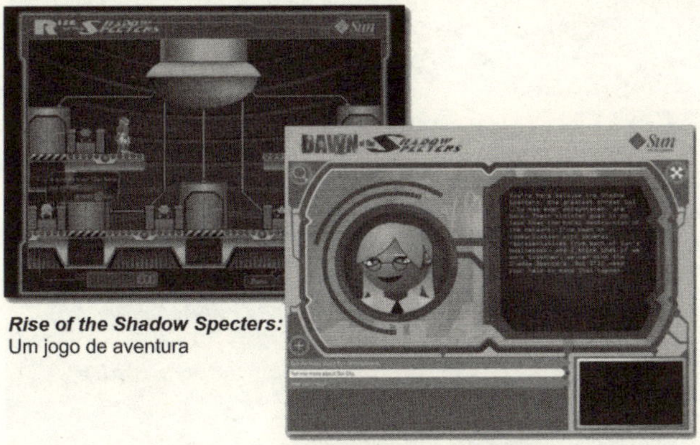

Rise of the Shadow Specters: Um jogo de aventura

Danw of the Shadow Specters: Um jogo baseado em texto

Fonte: Sun Microsystems.

fortáveis com a navegação e interação de jogos, enquanto as pessoas mais velhas, que haviam crescido com os jogos originais baseados em texto, decidiam jogar o Dawn.".

Mundos virtuais

Embora as organizações queiram economizar despesas de viagens em reuniões, muitas, frequentemente, usam equipamentos de teleconferência de tecnologia razoavelmente baixa, com interação com texto ou voz um pouco limitada. Mas, agora, empresas do mundo virtual estão mudando isso. Elas estão entrando no mercado com soluções empresariais projetadas para incorporar vídeos, apresentações e interação em mundos pré-projetados (figura 6-4). Como David Gardner, o CEO da Venue Network, uma empresa de mundo virtual e eventos virtuais, diz: "Muitas das ferramentas de conferência pegaram o pior das reuniões e dos treinamentos e os colocaram na web. São slides e cabeças falando.".

Mundos virtuais, pré-projetados e implementados em uma base empresarial, têm o potencial de juntar as pessoas para aprenderem.

Figura 6-4: Uma Sala de Aula Virtual Venuegen

Fonte: Venuegen.

Esses mundos virtuais são mais fáceis de começar a usar e não requerem que uma empresa compre e projete ilhas, como no Second Life.

A empresa de Gardner introduziu um serviço prestado pela web no qual os usuários podem criar seus próprios mundos e eventos virtuais 3-D personalizados. Tudo o que um usuário tem que fazer é enviar uma imagem, que é, então, automaticamente convertida em um avatar. Através de navegação simples no seu teclado do computador, o usuário pode fazer com que o avatar expresse movimentos faciais, como rir ou franzir as sobrancelhas. Quando uma pessoa se registra em um evento, é automaticamente colocada em um assento, fazendo com que até pessoas que nunca estiveram em um mundo virtual possam participar. Os participantes virtuais podem simular facilmente caminhadas pelo evento simplesmente colocando o cursor em um destino e clicando, movendo assim o avatar para o local desejado.

Seria o fim das reuniões presenciais que requerem muitas viagens e logística? A capacidade dos participantes de interagirem entre si como se estivessem presentes no ambiente pode fornecer um senso muito forte de presença. Imagine conversar com a pessoa virtual próxima a você enquanto está assistindo a uma apresentação. Mais que isso, os apresentadores podem preparar um evento virtual em questão de minutos selecionando um avatar e uma sala e, então, convidando as pessoas para o evento. Os mundos virtuais são como a vida, e, mais importante, imitam o mundo real. Usando mundos virtuais, as empresas podem economizar tempo e dinheiro, como também criar um sentido de comunidade e conexão entre seus funcionários globais ou parceiros de negócio. As aplicações parecem ilimitadas.

O Campus do Futuro

Bill Pelster, um diretor de escola e diretor nacional do desenvolvimento de talentos na Deloitte Consulting LLP, acredita que, à medida que as empresas se tornarem mais virtuais, haverá uma maior necessidade de se criar um "centro cultural", um espaço físico onde os profissionais possam aprender, conectar-se entre si e inovar — tudo feito para melhorar seu desempenho no trabalho. E ele, com a liderança sênior da organização, trouxe isso à vida com a Deloitte University, uma instalação de 65 mil metros quadrados nos arredores de Dallas, Texas. Pelster diz: "Na Deloitte, vemos uma necessidade crescente de reunir as pessoas para colaborar e criar uma compreensão compartilhada da visão, dos rumos e objetivos da organização. Inevitavelmente, isso significa repensar o significado das salas de aula corporativas.". Pelster está na linha de frente da criação do campus do futuro, um que seja altamente colaborativo e permita a criação espontânea de equipes de aprendizagem acelerada.

Talvez, o lugar onde o campus tenha começado a se desenvolver tenha sido o campus tradicional de universidades. Confortáveis com a tecnologia e sua integração com a aprendizagem, os estudantes universitários de hoje já viram as salas de aula com móveis e paredes modulares que podem ser mudados de lugar. São diversos espaços e projetos que incentivam a interação com os alunos olhando uns para os outros, assim como para o professor. De acordo com Mark Greiner, o vice-presidente sênior da WorkSpace Futures at Steelcase, "O modo pelo qual trabalhamos e aprendemos tem mudado significativamente no decorrer dos anos, mas, com frequência, o espaço físico tem permanecido basicamente o mesmo. Você pode olhar duas fotos de salas de aula com um século de diferença, e nada mudou. Fizemos a pergunta: "Como você projetaria um espaço — um laboratório de aprendizagem — para a sala de aula do futuro?".

Após fazer uma pesquisa extensiva sobre como as pessoas aprendem, os projetistas da Steelcase desenvolveram um plano que posiciona os alunos uns na direção dos outros. Em vez de ter conteúdo projetado em apenas um local, eles projetaram uma forma de replicar conteúdo em diferentes planos nos diversos cantos da sala — não apenas na frente dela — de modo que os alunos se olhem, conforme mostrado na figura 6-5.

Greiner disse, "Não é surpreendente que nossa pesquisa mostre que as notas aumentam neste tipo de ambiente. Os alunos ficam no centro do projeto, e o instrutor pode estar em qualquer lugar na sala, desde que tenham um aparelho que permita a eles projetar conteúdo do laptop de qualquer aluno ou instrutor para qualquer ou todas as telas na sala. Desse modo, o instrutor não fica limitado apenas à frente da sala, mas pode locomover-se por ela para fazer sua apresentação". "A Steelcase acredita que haja uma correlação forte entre a aprendizagem, a memória e o espaço físico. Nossa memória é, na verdade, acionada, segundo neurocientistas, através do contexto do espaço físico, quase como um sistema de catálogo de fichas em uma biblioteca. Essa é uma área de pesquisa nova e interessante que você, agora, pode obter como uma graduação conjunta em arquitetura e neurociência em algumas universidades.".

Figura 6-5: Sala de Aula Tradicional versus Sala de Aula de Aprendizagem 2.0

Disposição da Sala de Aula Tradicional: Instrutor e Apresentação na Frente

Sala de Aula de Aprendizagem 2.0, Multifocal Disposição: o Instrutor no Centro da Sala

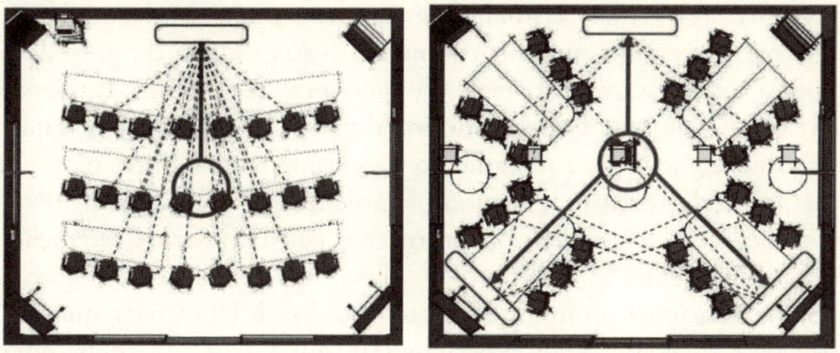

Fonte: Steelcase.

É claro que o campus da Steelcase University em Grand Rapids, Michigan, é projetado para demonstrar algumas dessas ideias. "Em vez de trabalhar nos lugares a eles atribuídos no escritório, muitos funcionários decidem trabalhar na universidade, tornando-se 'agentes livres' móveis durante o dia. Isso facilita mais a colaboração, pois eles interagem com outros associados de trabalho.", diz Greiner.

Na Steelcase University, "tiramos todas as nossas paredes. Parece com cabines de restaurante, e há mesas como as de bar em frente. Você pode pegar seu bagel e café e ficar com os outros, se quiser. Próximo a eles, há locais para compartilhar e colaborar que comportam até oito pessoas. São salas de trabalho virtuais de alta qualidade em equipes, de alta fidelidade, equipadas com media:scape, um novo produto baseado em pesquisa da Steelcase em computação onipresente. Além disso, se alguém precisar de algum tempo em reservado para terminar um projeto, há estações individuais disponíveis. Em outras palavras, há uma série de espaços na Steelcase University com o objetivo de desenvolver a conexão social.".

A Deloitte University também está adotando essa concepção de espaços abertos nos quais os funcionários possam trabalhar mais facilmente uns com os outros, reunidos em equipes. Com mais de 42 mil consultores seniores nos Estados Unidos e na Índia, criar um centro cultural no qual parceiros, diretores e funcionários possam colaborar e trabalhar juntos é bastante crítico.

Pelster acrescenta que "É claro que o trabalho de desenvolvimento de nossos profissionais continuará longe do campus da Deloitte University. Telessalas de aula de vanguarda estão sendo implementadas para expandir exponencialmente a quantidade de pessoas na empresa que possam aproveitar a experiência da Deloitte University. As telessalas de aula estão sendo atualmente planejadas para quatro escritórios, e incluirão equipamento e tecnologia inovadores para uma experiência de aprendizagem completamente imersiva, além de disposições flexíveis dos móveis, a fim de que permitam mais interação e compartilhamento.".

Se há um tema aqui, é que tanto a Deloitte University quanto a Steelcase University estão experimentando novas ferramentas, novos processos e até uma nova disposição da mobília para possibilitar conexão social. Com o advento da mídia social, estamos agora começando a ver o potencial e poder de se conectar pessoas de modo que elas possam resolver problemas e inovar no trabalho de formas mais eficazes e eficientes.

QUADRANTE DOIS: APRENDIZAGEM CONTEXTUAL ORIENTADA

Quando o conteúdo de uma área é exclusivo de uma organização ou ambiente, e é importante compartilhar conhecimento, faz sentido analisar soluções personalizadas. Especialmente para programas executivos enfocados em auxiliar os participantes a entender a estratégia e o direcionamento de uma organização, programas como simulações personalizadas de negócio podem ser úteis. Programas para funcionários de alto potencial, como orientações atribuídas, também estão neste quadrante, embora orientações possam ocupar mais de um quadrante, dependendo do grau no qual a organização esteja envolvida com o registro e direção do processo de orientação.

Aprendizagem Experimental

Cindy Brinkley, a vice-presidente sênior de desenvolvimento de talento na AT&T, trabalhou com uma empresa de simulação personalizada para criar um programa de simulação experimental tendo como objetivo os gerentes seniores e desenvolveu uma visão comum do direcionamento e estratégia da empresa. Ela disse, "Mudamos dramaticamente através de todas as aquisições da empresa. Embora tenhamos uma história de 132 anos, basicamente somos uma empresa de dois anos.".

Quando os alunos aparecem no programa, são apresentados a uma empresa que parece com a AT&T, mas tem em torno de metade do tamanho. Durante três dias, os participantes têm a oportunidade de competir entre si em equipes e administrar a empresa por três anos. Uma vez que as equipes podem decidir administrar como desejarem, cada programa termina com conclusões muito diferentes, embora sejam todos avaliados pelos mesmos critérios. Cada membro de uma equipe tem uma função atribuída a si, como chefe de vendas ou de marketing, e, geralmente, os participantes são solicitados a escolher um papel que não seja o seu do dia a dia, de modo que tenham uma chance de aprender fora da sua área de conhecimento.

"O objetivo central é orientar na direção de uma cultura única — o que chamamos internamente de 'Uma AT&T'.", diz Brinkley. "Queremos que as pessoas entendam o que fazemos aqui. Como é sentar-se na mesa do CEO? Eles conseguem ver como as decisões que você toma em uma área do negócio — como propaganda — têm impacto sobre outras — como vendas. Eles também veem o impacto dos recursos humanos quando não há pessoas suficientes para implementar todas as iniciativas que você quer lançar na empresa. Há balanceamentos importantes que precisam ser avaliados para se administrar uma empresa de forma bem-sucedida. As pessoas saem com uma compreensão maior sobre as decisões financeiras que são tomadas e percebem o porquê de o seu projeto capital talvez não ter recebido financiamento. A experiência os ajuda a entender como e porque as decisões são tomadas.".

As equipes competindo entre si por fatias de mercado são no final avaliadas com relação a quanto de retorno geram sobre o capital investido. Entretanto, devem lograr um certo grau de engajamento ou ficam em último lugar, já que a filosofia da empresa é que funcionários engajados são essenciais para a satisfação do cliente. Como um piloto treinando para voar em condições adversas, uma simulação personalizada permite às pessoas testar múltiplas abordagens de administração de um negócio e, através de ações sérias, aprender de um modo que nunca poderiam experimentar no ambiente de trabalho.”.[10]

Orientação sob Demanda

À medida que as pessoas se familiarizam com a tecnologia, novas formas de orientação e treinamento são criadas, especialmente porque esse é o método de preferência da Geração do Milênio. Um exemplo é a orientação anônima e sob demanda, que associa orientados e orientadores fora da organização. Tal processo requer fazer um perfil do orientado através de teste psicológico e uma revisão de formação. A orientação é completamente online e anônima para ambas as partes e dura de 6 a 12 meses. Eis uma conversa típica:

Olá, orientador,

Amanhã à tarde, às 4 horas, marquei para conversar com a diretoria sobre nossa previsão Q4, e, embora já tenha feito isso antes, desta vez estou mostrando algumas notícias ruins, por isso, estou bastante nervoso. Na verdade, estou MUITO nervoso!

Você pode me ajudar?

Olá, orientado,

Recebi sua mensagem e, em primeiro lugar, você deve saber que já fiz literalmente centenas de apresentações com algumas notícias boas e ruins e com alguns resultados também bons e ruins.

Estou colocando no seu armário um artigo da Harvard Business Review que foi publicado há três meses sobre apresentações para diretorias com notícias ruins. Eu o encontrei fazendo uma busca rápida no EQresearch (banco de dados Thomson-Gale), que fica na EQ Village.

Quando tenho notícias ruins, geralmente, gosto de fazer uma análise do custo/benefício delas. O que isso significa é que cada notícia ruim custa algo, portanto, ser capaz de quantificá-la é muito importante. Lembre-se de que seu foco principal deve ser levá-los a algum nível de planejamento concreto de ações para abordar as notícias ruins e descobrir que quantificar retira a subjetividade da mensagem e do mensageiro e permite que todas as partes enfoquem o que podem fazer para consertar isso.

Minha outra recomendação para você, que eu realmente gostaria que alguém tivesse me dito antes, é que deve ir lá com um plano para atenuar o problema. Apresente um conjunto de ideias próprias ou da sua equipe que aborde potenciais soluções para as notícias ruins. Descobri que diretorias gostam de tomar decisões, e dar a elas um conjunto de opções é ótimo!

Minha última experiência pessoal a compartilhar com você é que a melhor forma de não ficar nervoso é ensaiar suas apresentações com alguém. Chamamos isso de dry run (ensaio), e, seja quem for a plateia, é muito importante para você. Desta forma, a experiência real ficará muito mais fácil.

Boa sorte e me informe como foi.[11]

Um dos orientadores contratados pela firma é Bob Wall, 64 anos, de Connecticut. Ele trabalha como consultor há 29 anos. Ele contou: "Minha primeira reação foi: 'Você faz o quê?' Não conseguia imaginar a orientação que fosse não apenas online, mas também de modo assíncrono e anônimo, especialmente sobre um tópico baseado em inteligência emocional. Contudo, passei pelo processo de qualificação e certificação, que incluía materiais de leitura de um teste e depois uma simulação para me qualificar, passando depois pelo treinamento. Foi incrível como me entrosei com o meu orientado. Senti-me como se tivesse um irmão gêmeo. Com o passar do tempo, acho que descobri que meu orientado provavelmente era do sexo masculino e provavelmente bastante experiente. Acabou sendo um relacionamento muito próximo ao mesmo tempo em que permanecia completamente anônimo. Conversávamos facilmente de três a quatro vezes por semana sobre a vida, os objetivos da vida e a motivação quanto a fazer uma mudança na carreira. Quando os seis meses acabaram, foi como perder um amigo.".

Como Wall teve extensivo treinamento em orientação de engajamentos durante sua carreira, pôde comparar a experiência sob demanda com as tradicionais. "A maioria das pessoas tem mais do que o suficiente para fazer, então, conseguir tempo para encontrar as pessoas pessoalmente, às vezes atrapalha, especialmente se houver viagens envolvidas. Este processo retira raça, sexo e cultura, permitindo que duas pessoas tenham uma conversa autêntica. Acho que o anonimato dá ao orientado um ambiente incrivelmente seguro para explorar o que deseja de fato".

Joanna Sherriff, de 33 anos, a vice-presidente de serviços criativos na Decision Toolbox, experienciou a orientação online. Trabalhando na sua casa em Tauranga, Nova Zelândia, a duas horas de Auckland, ela pôde acessar um orientador em algum lugar dos Estados Unidos, embora nunca tenha sabido a identidade dele. "Minha ideia original era que seria estranho, e foi mesmo, inicialmente. A longo prazo, porém, pude ver o porquê de o anonimato ser necessário. Eu nunca teria compartilhado com meu orientador algumas coisas se ele ou ela soubesse minha identidade ou a da minha empresa. Tínhamos uma situação crítica para lidar no trabalho, e ter um orientador realmente me ajudou a manter o equilíbrio emocional durante esse processo. Meu mentor tem formação em marketing, então, agora, estamos trabalhando na revisão do meu plano de marketing.".

Ela continua: "O aspecto confidencial e anônimo foi muito importante por causa da situação de crise pela qual eu passava — retirou muito da emoção e me permitiu que me abrisse inteiramente. Também gosto do elemento online assíncrono. Trabalho em casa em um ambiente virtual. Gosto de escrever, talvez até prefira um ambiente escrito porque, de alguma forma, me expresso melhor nesse formato do que talvez o fizesse pessoalmente. Então, esse tipo de orientação realmente funcionou para mim.

Acesso Móvel à Aprendizagem

Com os profissionais do conhecimento viajando, trabalhando em casa ou em locais remotos temporariamente, a facilidade de acesso à aprendizagem torna-se fundamental. À medida que a aprendizagem se torna onipresente, os telefones móveis se tornam um dispositivo cada vez mais importante. O Wachovia Bank desenvolveu uma estratégia de aprendizagem móvel quando sua equipe de recursos humanos trouxe à luz duas questões de negócio que requeriam conhecimento profundo de produtos, tradicionalmente expressos através de uma série de livros em papel. Não é necessário dizer que estes livros, muitas vezes, estavam desatualizados assim que eram publicados e, com frequência, eram deixados no carro ou no escritório. A solução de aprendizagem móvel do Wachovia: todo o conhecimento sobre produtos relacionado a serviços de vendas foi convertido de papel para um formato legível no BlackBerry, e, já que o serviço é levado pelos banqueiros durante todo o dia, assegura não apenas que a atualização mais recente seja usada, mas, também, que as informações estejam acessíveis aos banqueiros durante locomoções.

Matthew Hanwell, da Nokia, gerente sênior de serviços web, concorda que a evolução da aprendizagem para dispositivos móveis é inevitável. Ele diz que: "Na verdade, não sei quando começo e paro de trabalhar por causa do meu acesso constante ao dispositivo móvel. Estou conectado o tempo todo. Quando tenho uma ótima ideia ou um ótimo pensamento, posso participar em atividades relacionadas ao trabalho quando ou onde quer que esteja. Se você pudesse explorar e-mails para ver como o trabalho está sendo feito na Nokia e como as decisões são tomadas, veria que não segue as linhas de estrutura organizacional. Em vez disso, segue as pessoas e seu conhecimento. Quanto mais permitimos que as pessoas compartilhem conhecimento, mais produtivas elas se tornam e maior será o impacto que terão nos seus negócios.".

QUADRANTE TRÊS: DESENVOLVIMENTO DE COMPETÊNCIA SOCIAL

A maioria das organizações tem uma abordagem estratificada de gerência de talento que enfoca em sucessores e em grandes potenciais, deixando poucos recursos disponíveis para programas personalizados para a maioria dos funcionários. Entretanto, pergunte para qualquer organização se usa seus planos de sucessão o tempo todo ou se alguém designado como potencial alto permanece sempre nessa condição, e você, provavelmente, descobrirá que há muito mais fluxo na estratificação de talentos do que é geralmente admitido.

Como consequência, faz sentido ter programas que deem à diretoria amplo acesso a pessoas que poderiam muito bem integrar planos de sucessão ou ser considerados como de potencial alto nos próximos anos. Além disso, desenvolver muitos indivíduos nas mesmas competências permite a uma organização assegurar o alinhamento do sistema, de modo que, à medida que as pessoas forem para postos mais altos, seu desenvolvimento como uma unidade já terá começado.

Orientação de Grupos

A AT&T tem programas de orientação para potenciais altos e plataformas para permitir a auto-organização de grupos de orientação, o que ela chama de círculos de aprendizagem. Usando uma ferramenta de software de orientação como a plataforma, cria quatro tipos de programas disponíveis para seus funcionários, que, de acordo com Cindy Brinkley, são apenas uma pequena parte da sua estratégia geral de talentos.

A primeira categoria de orientação é reservada para funcionários com alto potencial e analisa suas habilidades usando software de orientação. A AT&T decidiu modificar as competências pré-carregadas no software para corresponderem ao seu conjunto específico de habilidades. Mais funcionários seniores, designados como orientadores, também preenchem um perfil de habilidades. A equipe da Brinkley associa, então, pares baseados nos seus perfis. Todas as instruções para se iniciar na orientação são, então, inseridas no software, com as ferramentas de desenvolvimento, contratos de orientação e ferramentas de agendamento incluídos.

A segunda e a terceira categorias permitem mais orientação em massa, criando círculos de aprendizagem que funcionam em torno de um orientador, que pode facilitar um relacionamento online de orientação com diversos membros de cada vez. Uma seção do círculo de liderança enfoca as capacidades de liderar, enquanto a outra dá ênfase a tópicos específicos, como a geração de líderes de vendas. A segunda e a terceira categorias requerem um investimento menor da perspectiva de RH, mas têm o potencial de produzir tanto desenvolvimento quanto a orientação um-para-um. Nestas categorias, o grupo de Brinkley ajuda a iniciar o círculo pesquisando tópicos desejados para associar a eles e depois monitorando-os periodicamente. Já que a ferramenta de software tem alguma capacidade de rede social interna, as pessoas podem se conectar com outras com pouca ajuda do RH.

O quarto tipo de orientação nem sempre é pensada como tal, porém, certamente, auxilia no desenvolvimento das pessoas. Os líderes da AT&T recebem atribuições de desenvolvimento para escrever blogs de lideranças, os quais podem, então, ser usados por mais gerentes juniores. Os blogs são baseados em tópicos, e, uma vez escritos, fornecem uma biblioteca de conteúdo permanente para novos líderes lerem quando encontrarem situações semelhantes nas suas carreiras. Os líderes também têm o benefício de feedback nas seções de comentários dos blogs.

Microfeedback sob Demanda

Da mesma forma que o microblogging, o microfeedback permite aos usuários juntar feedback instantâneo de outros, com o feedback ficando limitado a 140 caracteres. Susan Hutt, vice-presidente sênior de serviços e desenvolvimento de produtos da Camilion Solutions, uma empresa de software com sede em Toronto, percebeu, há alguns anos, que a vida no trabalho havia mudado. Ela disse, "Quando entrei na força de trabalho esperava aprender com meus gerentes e me adaptar à sua forma de trabalhar. Contudo, com a Geração do Milênio, que constitui a maioria da minha equipe de trabalho, percebi que nós, como gerentes, iríamos mudar o jeito como trabalhávamos. A Geração do Milênio queria feedback e informação constantes sobre o progresso da sua carreira. Então, mudamos nossas práticas de RH para satisfazer às necessidades da geração mais jovem.". Um dos maiores desafios para Hutt no seu emprego anterior era que os funcionários estavam carentes da atenção que estavam acostumados a receber na escola e em casa, e queriam o feedback que lhes ajudaria a progredir rapidamente nas suas carreiras. Para auxiliar a garantir que os funcionários estivessem recebendo feedback além das revisões anuais — que os funcionários acreditavam que eram quase que só sobre decisões sobre aumentos, não sobre avaliação do seu desempenho — eles instituíram revisões trimestrais e um sistema de feedback sob demanda.

Hutt acrescentou: "A ferramenta de feedback online ajudou a tornar os feedback*s* relevantes. A maioria dos funcionários mais jovens aqui usa o MSN Messenger porque é mais imediato e breve. Eles não usam tanto os e-mails. Usando feedback online, os funcionários obtêm feedback relevante de uma ampla gama de pessoas e de forma rápida. Eles podem gerenciar seu próprio feedback e sua carreira."

Por exemplo, um gerente de projeto na Camilion tinha uma reunião, presencial, com um cliente para terminar um compromisso do ano anterior e planejar o do próximo ano. Após isso, ele enviou uma solicitação online perguntando como tinha se saído conduzindo a conversa. O feedback o ajudou a se preparar para a próxima reunião.

Hutt administra uma reunião geral no final do trimestre e depois envia solicitações de feedback para cinco pessoas. "Foi relevante?", ela poderia perguntar. "Cobriu o conteúdo de que você precisava?".

"As pessoas podem ser mais honestas e lhe dar um feedback real.", disse Hutt. "As pessoas têm que pensar na sua resposta porque é curta. Todas as respostas são organizadas, de modo que posso olhar e ver linhas de tendências no painel de mensagens. Isso me ajuda a ajustar minha mensagem com o passar do tempo.".

QUADRANTE QUATRO: APRENDIZAGEM CONTEXTUAL SOCIAL

A capacidade das pessoas de compartilhar conhecimento diretamente entre si sobre tópicos relevantes ao seu ambiente de trabalho é um dos avanços de vanguarda na aprendizagem. A história de Victor Restrepo, no início deste capítulo, é apenas um exemplo desse tipo de aprendizagem. Com uma boa base de plataformas, ferramentas e diretrizes, não há limite para o conteúdo que pode ser gerado pelos usuários, que veem valor em compartilhar conhecimento entre si. Nenhuma organização, não importa o quão grande seja e a quantidade de recursos que tenha, pode igualar o poder dos aprendizes se conectando entre si.

Registre Seu Conhecimento

Joe Campbell se deparou com um grande desafio. Como chefe da Sales University da Sun Microsystems, tinha um orçamento que não poderia nem começar a cobrir todos os tópicos de treinamento que ele julgava necessários. Além disso, o representante de vendas típico simplesmente não tinha tempo suficiente para ir a uma sala de aula. Ainda assim, ele queria assegurar que o desempenho e os resultados fossem o foco principal, ao mesmo tempo em que seguia além de uma solução estritamente de aprendizagem eletrônica.

Com o auxílio do tecnólogo-chefe da Sun Learning Services, Charles Beckham, ele conseguiu criar uma plataforma de compartilhamento de mídia e vídeo similar ao YouTube, com capacidade de enviar conteúdo através de smartphones. Diferentemente do YouTube, ele tinha canais e ferramentas de autoria internas, de modo que as pessoas que não fossem técnicas podiam gerar e encontrar conteúdo facilmente. Com rating e tagging, ele engloba uma gama completa de capacidades Web 2.0.

Como Campbell lidou com a ideia de que as pessoas aprenderiam umas com as outras, e não necessariamente através do treinamento formal da Sales University? "Não importa como as pessoas aprendem; desde que elas ultrapassem um limite determinado pela direção, elas podem ser aprovadas.". Para cada nível, Campbell definiu três critérios: "Um: a capacidade de passar em um teste de conhecimento; dois: a demonstração de comportamento incorporando seu conhecimento a ações na vida real; e três: resultados documentados, geralmente na forma de uma venda realizada.".

Para cada área da Sales University gerenciada por Campbell, ele pode registrar o impacto geral, porque pode calcular o custo do desenvolvimento de conteúdo versus as vendas reais feitas por representantes em áreas nas quais não tinham feito vendas anteriormente. Embora Campbell desenvolva treinamento online para uso dos representantes de vendas de modo que eles consigam passar pelo primeiro limite de reconhecimento, a ênfase é na obtenção de resultados que falem por si mesmos. Após um teste ter sido feito em apenas uma área de conteúdo, Campbell conseguiu comprovar mais de 300 milhões de dólares em novas vendas.

Aprendizagem Entre Colegas: Dare2Share

A BT, firma de telecomunicações britânica, tem a reputação de ser a linha de frente da inovação e aprendizagem corporativa. Criar uma rede social corporativa para melhor atrair a Geração do Milênio foi uma das orientações de negócio no desenvolvimento e lançamento da Dare2Share da BT (figura 6-6). Aprender além da sala de aula tem feito parte do DNA da BT há muitos anos, e sua solução de aprendizagem empresarial, chamada Route2Learn, é um dos maiores sistemas de gerência de aprendizagem corporativa da Europa. Peter Butler, o chefe de aprendizagem da BT, compartilha a história por trás do lançamento da Dare2Share. Butler explica que: "Em uma pesquisa com funcionários, descobrimos que 78% deles preferiam aprender com seus colegas, mas pouco dinheiro ou atenção entrava nisso. Então começamos nossa jornada para desenvolver uma rede social corporativa como forma de desbloquear o potencial dos funcionários da BT de aprender uns com os outros.". Butler trabalhou com um parceiro consultor para desenvolver uma solução que satisfizesse diversos objetivos de negócio, como capturar e armazenar conhecimento de funcionários, potencializar ferramentas e tecnologias existentes, atrair a Geração do Milênio e reduzir os custos relacionados ao treinamento corporativo.

A jornada começou em fevereiro de 2008, quando a BT criou uma plataforma piloto para um pequeno número de funcionários da BT

Figura 6-6: A Dare2Share da BT

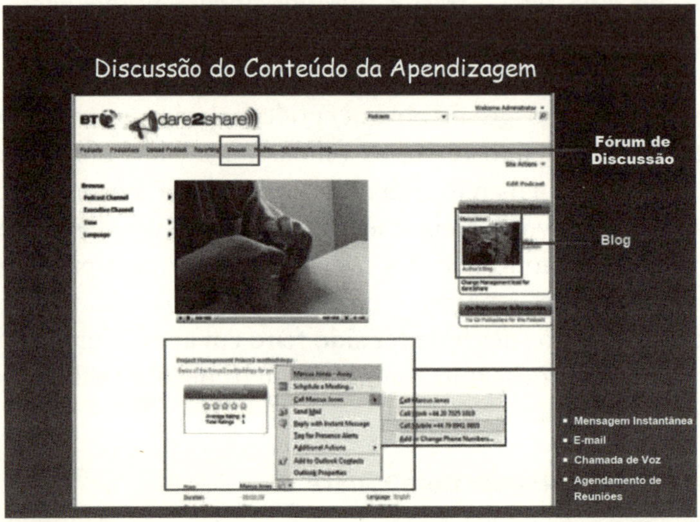

Fonte: BT Dare2Share.

compartilhar conhecimento e melhores práticas de numerosas formas — através de podcasts, discussões, blogs, RSS feeds e documentos e cursos. Os funcionários da BT puderam visualizar todo o conteúdo no Dare2Share online ou offline, assim como classificar cada segmento de aprendizagem de acordo com sua relevância e qualidade. "A aprendizagem agora é mais relevante, imediata e apresentada no contexto do trabalho diário.", continua Butler. "Gastamos em torno de um milhão de libras em aprendizagem formal por ano, e muitos dos projetos de aprendizagem formal são rígidos demais, genéricos demais ou muito longe da realidade do trabalho. Comecei esta jornada para economizar dinheiro da empresa ao mesmo tempo em que melhorava a eficiência e eficácia da operação de aprendizagem. Mas o que eu descobri no caminho foi uma quantidade enorme de entusiasmo entre os funcionários da BT em se envolver na sua própria aprendizagem. Eles contribuíram com conteúdo em áreas desde visões gerais de produtos e pensamentos de liderança a melhores práticas gerais para a execução das suas funções. E as áreas de conteúdo têm recebido contribuições em uma diversidade de formatos, incluindo slideshows com áudio, vídeos, podcasts, histórias, palestras e demonstrações. Avaliamos a economia total em torno de oito milhões de libras em custos de tempo de funcionários e viagens, mas o interesse despertado não tem preço.".

O piloto da Dare2Share da BT demonstrou como a aprendizagem pode ser social, pessoal e, sim, divertida. Os segmentos de aprendizagem são curtos e podem ser acessados em uma diversidade de dispositivos. Além disso, a plataforma é integrada, então, imediatamente após ver um segmento de aprendizagem, um funcionário da BT pode facilmente contatar o contribuidor e continuar o diálogo. Quando a Dare2Share for passada para toda a população BT, não substituirá a aprendizagem formal, no entanto, aumentará e formalizará a aprendizagem social que já está acontecendo no ambiente de trabalho BT.

A Transferência de Conhecimento Encontra a Aposentadoria em Fases

Sabendo que o êxodo da Geração do Pós-Guerra acabará ocorrendo, algumas empresas estão projetando programas agora para assegurar que o conhecimento e a experiência que irão embora sejam capturados e transferidos para os funcionários remanescentes. Na American Express, um programa piloto de aposentadoria em fases está ocorrendo, conectando os que estão se aposentando com a próxima geração de funcionários para assegurar o planejamento efetivo da sucessão e a retenção de conhecimento crítico. Embora o processo, as ferramentas e políticas tenham sido criados pelos recursos humanos para permitir a transferência, todo o conteúdo é providenciado pelos usuários na unidade de negócio e no contexto do seu trabalho.

O programa foi usado pela primeira vez pelo departamento de tecnologia de informação para ajudar a resolver o problema de programas de software críticos codificados em linguagens não mais ensinadas em universidades. Usando um processo projetado por uma equipe liderada por Jim Rottman, o chefe da iniciativa Workforce Transformation na American Express, um funcionário pensando em se aposentar tem acesso a ferramentas de planejamento e informação sobre como planejar uma partida em etapas. Após reunirem-se, o funcionário e seu gerente chegam a um acordo sobre um plano para aposentadoria em fases e determinam como transferir efetivamente conhecimento durante um ano. O papel do funcionário na iminência de se aposentar é desconstruído de modo que as atividades não centrais sejam reduzidas, e os indivíduos que assumirão as responsabilidades do cargo são identificados.

Um formato que eles usam para entender as responsabilidades do cargo é uma entrevista de conhecimento, que é conduzida com o funcionário que irá se aposentar, os clientes, seus colegas e a equipe, para ajudar a identificar aspectos críticos do cargo. Eles, então, começam a documentar o conhecimento único deste funcionário e, à medida que ele ou ela passa para trabalho em tempo parcial, passa tempo com orientados em workshops, orientação, treinamento e aulas. O funcionário que está se aposentando é incentivado a ter uma sessão retrospectiva após projetos críticos para assegurar que a equipe trabalhando no novo espaço tenha utilizado todo o conhecimento necessário para o projeto.

ALÉM DE APRENDER PARA DESENVOLVER

Embora tenhamos enfocado amplamente na aprendizagem, um espectro completo de capacidades inclui atribuição de cargos e equipes, objetivos e planejamento para o desenvolvimento das carreiras. Embora o ônus do planejamento de carreira esteja passando cada vez mais da organização para o indivíduo, há práticas importantes para as empresas considerarem ao possibilitar aos funcionários construir uma carreira. Os funcionários de todas as gerações querem trabalhar para uma empresa que ofereça a eles um plano claro de carreira. Conforme mostrado na figura 6-7, funcionários das quatro gerações — embora especialmente aqueles nas primeiras etapas das suas carreiras — querem diretrizes claras e ajuda extra quanto a como conduzir suas carreiras.

Essa necessidade levou algumas empresas, como a Deloitte, a criar um site de treinamento virtual chamado Coaching and Career Connections (CCC), o qual fornece treinamento individual para 10 mil funcionários da Deloitte. Stan Smith, um diretor da Deloitte, acredita que este site tenha tido um impacto direto na manutenção de 800 a 1.000 funcionários, equivalendo a uma economia de, aproximadamente, 150 milhões de dólares. Outras empresas desenvolveram diversos métodos para lidar com o desafio de definir e personalizar carreiras.

Planos Definidos de Carreiras

Quando Charlene Allen, a vice-presidente sênior de recursos humanos da CDM, uma firma de consultoria em engenharia baseada em Cambridge, Massachusetts, fez uma pesquisa de engajamento dos funcionários no ano 2000, a mensagem mais forte que recebeu foi "'oportunidades de carreira' e 'como eu avanço na minha carreira?'", disse.

Figura 6-7: A Importância de Ter um Plano de Carreira Claro

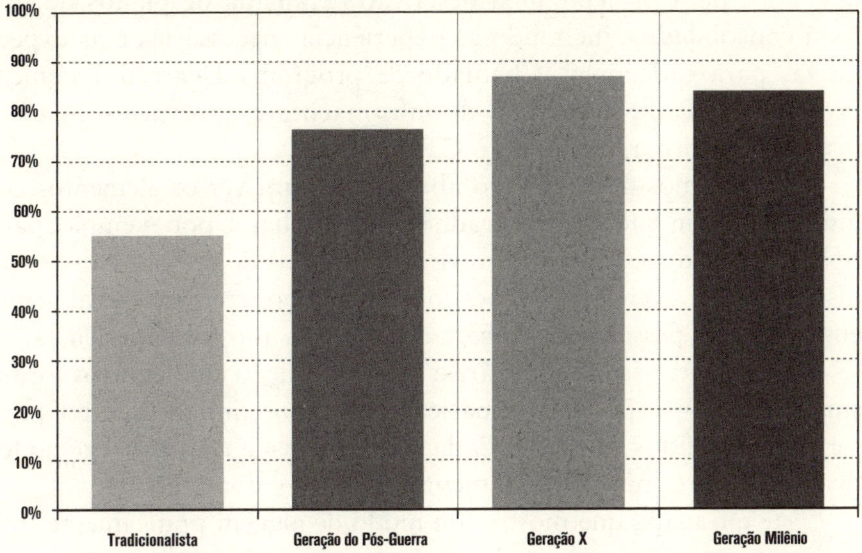

Fonte: Pesquisa "The Generations @ Work", Future Workplace.

"As pessoas queriam saber como entrar nos trilhos corporativos e passar do trabalho de execução de projetos para o de gerente de projetos, e assim por diante. Além disso, as pessoas tinham alguns entendimentos equivocados quanto aos papéis. Elas olhavam as funções de venda do tipo serviço para os clientes e tudo o que conseguiam ver eram as vantagens. Elas não viam os riscos e as responsabilidades que os vendedores também enfrentam.

Precisávamos fornecer mapas para as pessoas entenderem, de modo que pudessem descobrir que tipo de coisas precisavam fazer para gerenciar sua própria carreira.", ela continua. A força de trabalho na CDM é constituída de quase 70% de engenheiros e cientistas em uma força de trabalho global total de cerca de 4.500 funcionários. "Não tínhamos ideia sobre onde começar.", ela admitiu. "Temos várias disciplinas e depois há a diversidade extra dentro delas, com múltiplos tipos de cientistas e de engenheiros. E tínhamos a reputação de fazer programas complicados e depois não os seguir. Provavelmente, nós, no RH, estávamos tentando fazer demais. Então, decidimos trilhar somente um caminho e realmente fazê-lo bem, tornando-o uma das coisas a desenvolver nesse ano.".

Trabalhando com um parceiro consultor, a empresa levou quase dois anos para projetar uma descrição detalhada de planos de carreira consolidados, incluindo as experiências necessárias e as expectativas para cada nível. Chamado de programa Degreed Technical Professional Path, necessitou de informações e aprovação do nível mais alto da firma, incluindo o CTO e o CEO.

"Examinamos de um modo abrangente para ver os elementos comuns. Você tem que ter uma graduação de bacharel, por exemplo, para se habilitar.", disse Allen. "Entrevistamos dúzias de pessoas entre essas disciplinas para ver capacitações comuns, marcos comuns. Geralmente, entrevistamos pessoas que tinham dez ou mais anos de experiência.".

Após as entrevistas, cinco áreas de capacitação em negócios foram sintetizadas — capacitações básicas que todos tinham que ter para ser bem-sucedidos na CDM. Cada área de capacitação em negócio foi dividida em três níveis: fundamentos, prática e domínio.

"Este é o mapa que mostra um modo de alguém praticamente treiná-lo no seu próprio plano de carreira e objetivos.", Allen acrescenta. "Temos 131 escritórios pelo mundo, alguns com apenas cinco pessoas, então, isto estimula uma discussão significativa com seus gerentes ou orientadores técnicos. Criamos faixas de treinamento associadas ao mapa. As pessoas podem examinar o mapa de vendas e ver como ele está agora e determinar se ele é realmente chamativo como achavam que poderia ter sido quando tudo o que conseguiam ver eram as vantagens. Também nos ajuda a levar as pessoas na direção do plano de carreira.".

Os resultados da pesquisa de engajamento de funcionários atestam a efetividade do programa, com alguns dos itens do plano de carreira aumentando em 30 pontos. Também melhorou a taxa de oferta-aceitação entre novas contratações, especialmente no altamente competitivo espaço ambiental. "Quando mostramos isto para os alunos no campus, algo que, com certeza, ouvimos é que eles nunca tinham visto algo parecido em outras empresas recrutadoras. Fica realmente claro o que você tem que fazer. Os cursos são mapeados nos planos de carreira e assim os alunos se sentem confiantes de que sua carreira como um todo será considerada na CDM.".

Paradoxalmente, outras empresas estão atirando abandonando os planos de carreira e de cargos, permitindo uma progressão mais dinâmica na carreira e liberdade para os funcionários progredirem por conta própria.[12] O Google é famoso pelo seu plano de carreira "encontre seu próprio caminho", e na firma de projetos IDEO, as carreiras são discutidas em termos de obtenção de graus de credibilidade. Como dissemos antes, não há um modo certo para criar uma proposta interessante para o ambiente de trabalho de 2020; diversos modos são possíveis, baseados na estratégia de uma organização, sua localização e proporção da força de trabalho.

OPORTUNIDADES PARA APRENDIZAGEM E DESENVOLVIMENTO

A reformatação da economia pode trazer o maior incremento a métodos alternativos de aprendizagem e desenvolvimento em organizações. O risco e o custo da aquisição de novos funcionários darão um incentivo para se considerar a aprendizagem dos funcionários já existentes usando meios mais engajadores e efetivos quanto ao custo. Estes novos métodos incluirão cada vez mais soluções baseadas em tecnologia, interativas e móveis, que conectem as pessoas entre si, não apenas com conhecimento estático ou fontes de treinamento. A próxima década provavelmente verá a ascensão de jogos online com múltiplos jogadores para uso corporativo.

À medida que a Geração do Milênio se juntar à força de trabalho, trará consigo sua linguagem de mídia social, e suas preferências por orientação moldarão o tipo de aprendizagem que as organizações oferecerão aos funcionários. Clay Shirky, escritor, professor e consultor que enfoca a interseção da sociologia com a internet, diz que "Seres humanos são criaturas sociais — não ocasionalmente ou por acidente, mas sempre. A sociabilidade é uma das nossas competências básicas e aparece em quase que todos os aspectos da nossa vida tanto como causa quanto como efeito.".[13] Se as organizações não fornecerem uma forma de conectar a Geração do Milênio entre si, com orientadores e com o conhecimento de que ela precisa, eles mesmos encontrarão uma forma de contornar isso, dentro ou fora dos canais sancionados formalmente. O sucesso da sua carreira depende da aquisição de competências, e funções de aprendizagem antigas não os impedirão. O quão diferentes são as formas pelas quais sua função de aprendizagem opera atualmente das formas em vigor nas décadas de 1980 e 1990? Se a resposta for "Não muito", a próxima década mudará isso, queira você ou não.

RESUMO

- **Reconheça o potencial de conteúdo de aprendizagem gerada pelo usuário.** Nesta era tecnológica, os usuários estão gerando mais e mais aprendizagem usando ferramentas de publicação e interação web.
- **Crie plataformas de mídia social organizacional para conduzir o poder da aprendizagem interativa.** Organizações experientes estão criando plataformas para permitir interação na aprendizagem, quer a organização crie formalmente a aprendizagem. Quer os usuários desenvolvam seu próprio conteúdo.
- **Entenda que a linha trabalhar e aprender está se tornando cada vez mais permeável.** Aprender no contexto do trabalho está se tornando cada vez mais importante com a velocidade da criação de conhecimento.
- **Responda às necessidades de desenvolvimento da Geração do Milênio.** Forneça microfeedback e orientação contínuos. Projete um plano de carreira que integre a aprendizagem e os marcos de realizações.

CAPÍTULO SETE

Liderança Acelerada

Bob Taccini, vice-presidente de finanças, de 52 anos, da Cisco Systems, não se considera um criador de tendências. "Não sou um seguidor de modismos de gerência, a menos que eu esteja tão atrás do último, que seja considerado à frente quando tudo começar de novo.", ele diz. "Eu vejo as aplicações e tecnologias de forma muito cética. Contudo, quando cortamos nossos orçamentos de viagem, usar tecnologias sociais me ajudou a satisfazer a minha necessidade de personalização com minha equipe. Mesmo quando eu tinha um orçamento de viagem, talvez pudesse ir apenas a alguns dos nossos locais uma vez por ano. A gerência agora requer o aumento das distâncias, embora não possamos aumentar o tempo. Certamente, à medida que continuemos a criar um espaço de trabalho com múltiplas gerações, as tecnologias sociais se tornarão cada vez mais a norma.".

Para Taccini, os últimos cinco anos — marcados por mudanças constantes nas condições do mercado, a introdução de liderança mais distribuída por toda a Cisco e a disponibilidade maior de tecnologias de reuniões virtuais — demandaram uma mudança no modo pelo qual ele vê seu trabalho. Como ele explica, "A forma pela qual tomamos decisões é mais iterativa e bidirecional. É, sem dúvida, um ambiente mais inclusivo. Assim, os grupos envolvidos nas decisões — digamos, os estágios do planejamento do orçamento — têm mais espaço. Há um laço fechado de feedback.".

Durante esse tempo, ele também se tornou adepto do uso de tecnologias sociais. Agora, dirige reuniões virtuais usando TelePresence e WebEx, com blogs, grupos de discussão e fóruns online, conforme necessário. Como é mostrado na Figura 7-1, o TelePresence é mais rico

Figura 7-1: Uma Reunião TelePresence da Cisco

Fonte: Cisco Systems.

do que e-mails ou mensagens de voz. O engajamento é como se fosse real e físico, porque os participantes podem ver as outras pessoas envolvidas.

Uma das ferramentas mais efetivas que Taccini tem usado é um blog de vídeo mensal (vlog). "Tem sido uma das melhores formas de comunicação", ele disse. "Embora não seja bidirecional ou em tempo real, consigo mais participação com o vlog. Minha equipe envia perguntas, e ela também tem a web para criar espaços de colaboração.".

Taccini não está sozinho ao forjar uma nova abordagem de liderança. Nosso objetivo neste capítulo não é apenas definir como a gerência podem se parecer em 2020, mas também mostrar formas pelas quais os líderes de 2020 podem ser desenvolvidos agora.

DEFININDO O LÍDER DO FUTURO

Todos os princípios do Ambiente de Trabalho de 2020 se juntam na liderança. Criar um ambiente que seja colaborativo, autêntico, personalizado, inovador e social requer líderes cujos comportamentos de liderança criem e reforcem esse ambiente. No mundo de 2020, com informação sobre líderes compartilhadas livremente através do Twitter, de mensagens de texto e instantâneas, além de centenas de sites nos quais os funcionários podem classificar publicamente seus chefes, consistência e autenticidade sobre o que é dito e feito se tornarão ainda mais importantes. Gary Hamel, professor e especialista em gerência, prevê que, no futuro, "cada funcionário terá um escore de liderança" baseado em classificações usando mídia social e outras fontes. No nosso modelo do líder de 2020, enfatizamos a integração da liderança com a gerência, as quais, quando interligadas, levam à consistência e confiança no ambiente de trabalho.

Diversos gurus da liderança estão prevendo como será o líder do futuro. De acordo com Marshall Goldsmith, as características importantes necessárias para ser um grande líder no passado, como integridade, comprometimento com o cliente e visão, permanecerão. Entretanto, ele também afirma que "Cinco qualidades diferentes [surgirão] muito mais importantes para líderes do futuro: liderança global, avaliação multicultural, conhecimento tecnológico, construção de alianças e parcerias e compartilhamento de liderança.".[1]

A capacidade de ir além das fronteiras da empresa para colaborar com agências governamentais e não governamentais também se tornará cada vez mais importante. "O CEO do futuro terá de ser alguém que lide bem com o governo.", prevê David Gergen, um comentarista de mídia e política.[2] O líder que enfocar apenas resultados trimestrais sem uma visão do papel da organização na sociedade pode vencer durante alguns trimestres, mas não conseguirá criar uma organização sustentável onde os funcionários queiram trabalhar e para a qual eles deem o máximo.

Em sua exortação à ação, *The Future of Management*, Hamel argumenta que as empresas que serão bem-sucedidas no futuro serão aquelas que inovarem e adaptarem suas práticas de gerência. Alguns dos seus princípios para líderes incluem:

- Líderes inspiram confiança nos seus comandados.
- Todos têm direito de discordar.
- A liderança é distribuída.[3]

Parece com os princípios da democracia, não? É claro que isto é uma argumentação. Como democratizamos a informação através do crescimento das ferramentas de mídia social, nossa necessidade de hierarquias burocráticas foi eliminada, e funcionários que se comandem e que estejam comprometidos têm tanto a informação quanto o poder de se envolver no processo de administração da empresa. Hal Varian, economista chefe do Google, concorda: "Na organização antiga, você tinha que ter um exército inteiro de pessoas digerindo informação para poder alimentar os tomadores de decisão no topo. Porém, não é assim que funciona mais: a informação pode ficar disponível em posições, para todos na organização. E o que você precisa assegurar é que as pessoas tenham acesso aos dados que precisam para tomar suas decisões diárias. E isso pode ser feito muito mais facilmente do que podia ser no passado. E realmente faz com que os funcionários que trabalham com conhecimento possam trabalhar de forma mais efetiva.".[4] Henry Mintzberg, da McGill University, também relaciona liderança e sentido comunitário. "Uma sociedade saudável equilibra liderança, senso comunitário e cidadania.", ele diz.[5]

Na nossa pesquisa, entrevistamos dúzias de executivos em empresas para descobrir o que eles estavam imaginando como o líder do futuro. A General Electric criou uma comissão para estudar o líder de 2019, enquanto a Cisco criou um conselho para examinar a empresa em 2020, incluindo capacidades de liderança. Então, é claro que os requisitos do líder do futuro estão nas mentes não apenas dos líderes intelectuais de gerência e liderança, mas também de executivos de organizações que pensam à frente.

O MODELO DO LÍDER DE 2020

Na figura 7-2, mostramos cinco áreas de liderança que parecem estar surgindo como requisitos para o líder do futuro.

O processo começa com a seleção de líderes que tenham demonstrado uma mentalidade colaborativa e que trabalhem confortavelmente em uma liderança em rede. Em segundo lugar, enfocamos líderes que veem o desenvolvimento das pessoas como um dos seus objetivos mais importantes, incluindo o fornecimento de feedback honesto, orientação na carreira e oportunidades de aprendizagem. Em terceiro

Figura 7-2: O líder de 2020

Ser Este Tipo de Líder ...	*Requer Estes Comportamentos de Gerência*
Mentalidade Colaborativa	▪ Tomadas de decisão inclusivas ▪ Solicitação genuína de feedback
Desenvolvedor de Pessoas	▪ Orienta e treina a equipe ▪ Fornece *feedback* direto
Confiante Digitalmente	▪ Usa a tecnologia para se conectar com os clientes e funcionários
Cidadão Global	▪ Tem uma mentalidade diversificada ▪ Prioriza a responsabilidade social
Antecipa e Cria para o Futuro	▪ Cria confiança pelos níveis ▪ Incentiva a inovação

Fonte: Future Workplace.

lugar, o líder do futuro precisará ser confiante digitalmente e capaz de falar a linguagem digital da geração mais nova de funcionários. A quarta faceta do líder de 2020 é ser um cidadão global, no sentido mais amplo. Isto significa ser um líder que consiga trabalhar bem em múltiplas culturas, mas também que perceba o valor de trabalhar com organizações governamentais e não governamentais. Finalmente, antecipar o futuro e criar a capacidade de abordá-lo é a quinta área de capacitação necessária para o líder de 2020. Como Hamel diz: "Há pouco que possa ser dito com certeza sobre o futuro, exceto que, em algum momento da próxima década, sua empresa será desafiada a mudar de uma forma sem precedentes.".[6]

Juntar as disciplinas de liderança e gerência em um modelo integrado requererá uma reavaliação de como desenvolvemos líderes. Na década de 1990 e na virada do século XXI, a prática popular de RH era identificar competências, avaliá-las e criar atividades de desenvolvimento objetivando competências específicas. Uma grande indústria de consultoria acabou surgindo em torno desse modelo, tornando especialmente atrativo poder comprar produtos prontos para iniciar programas de desenvolvimento de lideranças. Para o líder do futuro projetar uma abordagem autêntica, genuína e crível, essas capacidades devem trabalhar juntas e ser integradas em uma experiência completa para os seguidores. A integração de habilidades e o conhecimento de quando usá-las é muito mais importante do que medir e comentar cada parte dela por si só. A liderança efetiva precisa viver o ambiente do dia a dia da execução operacional e, portanto, deve estar integrada à gerência.

Pode-se fazer uma analogia, citando Michael Pollan, autor de *The Omnivore's Dilemma*, que contestou a abordagem prevalecente nos dias de hoje, que ele chama de "nutricionismo", a qual se apoia no conceito de avaliação individual de cada comida e vitaminas de que necessitamos, defendendo uma forma alternativa de alimentação baseada no pensamento tradicional e ecológico de alimentos produzidos naturalmente e não processados. "Nossa saúde", ele argumenta, "não pode ser separada da saúde da cadeia alimentar da qual fazemos parte.[7] Da mesma forma, nossa liderança e práticas de administração devem estar informadas pela ecologia do ambiente organizacional no qual os funcionários trabalham, e considerar que os mercados estão sempre em mutação. Os líderes não vivem separados e de forma distinta dos funcionários que fazem parte da cadeia geral de uma organização, e as habilidades de liderança são mais úteis quando desenvolvidas holisticamente, em vez de isoladamente.".

O QUE AS GERAÇÕES QUEREM DO SEU PRÓXIMO GERENTE

Pesquisa recente na psicologia da liderança sugere que a pessoa que é vista como a líder de um grupo muitas vezes é determinada pela aparência dos seus seguidores, o que significa que não há um conjunto único de características de personalidade que preveriam uma boa liderança. Liderança envolve liderar de dentro, se adaptando ao grupo e exercendo influência, não impondo pontos de vista de cima para baixo.[8]

Para entender o que as pessoas querem dos seus gerentes, pedimos aos nossos pesquisados para classificar a importância de uma série de fatores que correspondem a áreas de liderança na figura 7-2. Na nossa pesquisa "Workplace of The Future", conduzida com 300 chefes de recursos humanos, pedimos a esses executivos de RH para classificar gerentes de suas empresas em cada uma dessas mesmas áreas. A comparação em ordem de classificação do quão importante cada um dos atributos é, comparada à classificação dos executivos de RH das habilidades gerais dos seus gerentes, é mostrada na tabela 7-1.

TABELA 7-1: CAPACIDADES E PONTOS FORTES GERENCIAIS

	Ordem de Classificação de Capacidades Desejadas de Gerência				Ordem de Classificação de Habilidades de Gerentes
	Tradicionalistas	**Geração do Pós-Guerra**	**Geração X**	**Geração do Milênio**	**Classificação de RH**
Irá me ajudar a desenvolver minha carreira	7	7	1	1	5
Irá me dar feedback direto	2	1	2	2	8
Irá me orientar e treinar	5	6	6	3	7
Fica confortável com cronogramas virtuais e flexíveis de trabalho	3	2	3	4	6
Apoiará oportunidades de aprendizagem e desenvolvimento	6	5	4	5	3
Tem confiança na nova tecnologia	4	3	5	6	1
Trabalha bem com várias gerações	1	4	7	7	4
Trabalha bem com várias culturas e vários países	8	8	8	8	2

Fonte: Pesquisas "The Generations @ Work" e "Workplace of the Future", Future Workplace.

Algumas descobertas notáveis aparecem aqui. A maior diferença é na classificação que todas as gerações dão à importância de um gerente que lhes daria feedback direto, comparada a como os profissionais de RH classificam a capacidade dos seus próprios gerentes. Em último lugar na ordem de classificação dos profissionais de RH, dar retorno direto parece ser uma capacidade que, se melhorada, poderia ser um diferencial de gerência para uma organização. Joseph Grenny, o autor bem-sucedido de *Crucial Conversations* e *Influencer*, diz que, no seu trabalho com organizações, "Criar uma capacidade para os gerentes darem retorno direto não é satisfatório apenas para os funcionários; as organizações também obtêm benefícios reais. Nossa pesquisa mostra que, quando as organizações melhoram a capacidade dos seus funcionários e, especialmente, dos seus gerentes, para ter conversas honestas e dar retorno direto, o resultado final melhora. Temos visto aumentos de produtividade, redução em esboços e retrabalho, modificações imediatas em problemas que surgem e melhor retenção. Por exemplo — em uma empresa de telecomunicações, uma melhoria de 20% na franqueza das pessoas sobre assuntos cruciais correspondeu a uma redução de 50% em devoluções durante um dos mais difíceis mercados de trabalho. Em uma firma importante contratada pelos militares, cada 1% de melhoria em pesquisa de conversas cruciais foi acompanhada por melhorias de $1.500.000 dólares em produtividade recorrente.

Outro resultado interessante da pesquisa foi a diferença no que as duas gerações mais antigas procuram em um líder comparadas às duas gerações mais novas. A Geração X e a Geração do Milênio querem um gerente que os ajude a desenvolver sua carreira; isto é visto como prioridade alta na sua lista, mas baixa nas listas dos Tradicionalistas e na Geração do Pós-Guerra. Quanto a ter um gerente que trabalhe bem com múltiplas gerações, é algo importante para as gerações mais velhas, mas não tanto para as mais jovens. Quando as organizações estão tomando decisões sobre quem será o próximo gerente de um grupo, é importante examinar as faixas etárias dos funcionários do grupo. Se o grupo for composto de maioria de profissionais jovens, empregar um gerente que seja bom para desenvolver carreiras poderia ajudar a garantir uma boa escolha. Se predominarem funcionários mais velhos, encontrar um gerente que respeite as experiências dos mais antigos, promovendo o respeito entre todas as gerações, poderia ser uma boa opção.

Finalmente, ficamos surpresos que trabalhar bem em diversas culturas e países tenha sido classificado em último lugar por cada geração, especialmente considerando que isso foi percebido como um ponto forte dos gerentes. A classificação mais baixa ocorreu por causa da importância relativa de cada um dos outros itens ou porque os entrevistados se importavam mais em como eram tratados, e não tanto em como os gerentes poderiam trabalhar bem em uma configuração mais ampla? Praticamente todas as empresas oferecem treinamento de inclusão, o que pode ajudar a explicar o porquê de os funcionários não gastarem muito tempo pensando sobre as habilidades dos seus gerentes nesta área.

CRIANDO O LÍDER DO FUTURO

Alterações demográficas colocam dificuldades para um programa de desenvolvimento de lideranças de longo prazo. A Geração do Milênio pode ser investida em papéis de liderança mais cedo do que as gerações anteriores o eram, já que quase não há número suficiente de funcionários da Geração X para preencher as funções dos membros da Geração do Pós-Guerra que vão embora. A Geração do Milênio também pode ser colocada em papéis de liderança mais rapidamente do que quaisquer outros líderes nos últimos 30 anos. Pense nisso como a "síndrome do príncipe Charles": o líder da Geração X ascenderá ao poder tarde na vida ou o manto da liderança pulará para a próxima geração?

As organizações se acostumaram com um método de formação de liderança vagaroso, no qual um candidato emergente pode ter experiências diversas e um caminho previsível em um plano orquestrado. Entretanto, para a maioria das organizações, o ano 2020 trará um novo senso de urgência para o desenvolvimento de habilidades dos líderes emergentes tão rapidamente quanto possível, pois os líderes serão promovidos para posições uma década antes do que as gerações anteriores. Como consequência, acelerar o desenvolvimento das lideranças se tornará necessário para as organizações em 2020. Algumas empresas estão usando técnicas e estratégias agora que, provavelmente, definirão como pensamos em desenvolver líderes.

A Cisco Systems: Redefinindo a Prática de Liderança e Gerência

A Cisco Systems, a maior provedora de internet e equipamentos de comunicação do mundo, está liderando o caminho na criação do líder de 2020. O fracasso *ponto-com* de 2001 trouxe à tona uma nova discussão sobre as práticas de gerenciamento e liderança na Cisco, iniciada pelo modo como ela se organiza para se preparar para o futuro. John Chambers é o CEO da Cisco desde 1995, quando o mandato médio de um CEO não chegava a sete anos para empresas grandes baseadas nos EUA.[10] Chambers descreve a si próprio como alguém que estava bastante confortável com um estilo de liderança comando-e-controle, mas teve que mudar seu estilo para se adaptar às mudanças do mercado. "Quando você é um CEO autoritário, as pessoas que são afetadas pelas suas decisões podem decidir não se envolver e retardar ou, até mesmo, parar o processo. Isso é especialmente perigoso em uma indústria que se move tão rapidamente quanto esta. No meu ponto de vista, os dias de estar integrado verticalmente e ter tudo sob seu controle nunca voltarão. A equipe inteira de liderança, e eu me incluo nessa, teve de inventar uma forma diferente de operar.".[11]

Brian Schipper, vice-presidente sênior de recursos humanos, concorda. "Estamos evoluindo de práticas tradicionais de liderança para uma cultura que potencializa a colaboração para acelerar a velocidade da inovação e para guiar a execução. John desenvolveu uma visão forte para a conexão entre tecnologia, processos e políticas para guiar as mudanças que ele sabia que a empresa precisava fazer para abordar as rápidas mudanças no mercado. Se uma empresa perder uma única transição em alta tecnologia, a história tem mostrado que não é inconcebível que mesmo uma empresa grande possa falhar. A importância de ter uma organização que possa se ajustar rapidamente às transições do mercado e da tecnologia é absolutamente crítica. A velocidade da inovação e o imperativo de execução têm impactos não apenas em empresas de tecnologia. Não são os produtos que as empresas vendem, mas sim o impacto da tecnologia sobre a forma pela qual as pessoas trabalham e vivem que está guiando a revolução na prática da gerência.".

Projetando Colaboração Através de Conselhos e Diretorias

Chambers crê que "apenas as empresas que criarem colaboração no seu DNA, trazendo o conhecimento coletivo de todos os funcionários — em vez de apenas de alguns líderes selecionados no topo —, serão bem-sucedidas, à medida que mais transições no mercado ocorrerem de uma só vez. Na Cisco, nossas prioridades são gerenciadas não apenas pelos nossos cinco a dez executivos mais importantes, como também, por diretorias e conselhos colaborativos e multifuncionais".[12]

Os conselhos e as diretorias são uma forma relativamente nova de estrutura de organização para a Cisco, de acordo com Schipper. "Havia provavelmente meia dúzia de conselhos quando eu entrei, há vários anos, e eles não tinham um grande registro de sucesso. Conselhos e diretorias surgiram da necessidade de se abordar as oportunidades estratégicas que cruzam os limites organizacionais em uma companhia em grande parte funcional. Se você quiser desenvolver uma entrada viável em um segmento de mercado até agora inexplorado, precisa realmente trabalhar lateralmente pelas funções para fazer isso acontecer. Outra razão pela qual as diretorias e conselhos iniciaram foi para resolver problemas de clientes com necessidades semelhantes. Uma grande parte da nossa base de clientes agora está no segmento de provedores de serviços. Há cinco anos, esse segmento era muito menor para a Cisco. Para desenvolver soluções, tivemos de reconfigurar as funções em clientes provedores de serviços enfocadas. John acredita, e eu compartilho da sua crença, que o que a maioria das empresas fazia quando se deparava com esse tipo de oportunidade de mercado era se reorganizar com eixo no cliente. Nossa crença é que as empresas frequentemente trocam negativos conhecidos por negativos desconhecidos. As empresas perdem tempo e, na mudança rápida do mundo da alta tecnologia, se arriscam a perder a transição do mercado enquanto enfocam internamente na reorganização. Nossa visão é que a reorganização serial cria riscos desnecessários ao negócio ao responder à velocidade e escala de oportunidades e desafios no mercado.".

A Cisco definiu cuidadosamente o que é utilizado como grupo, diretoria ou conselho de trabalho. "Sem algum sistema claro para fazer a distinção baseado na escala do trabalho, todos, naturalmente, querem estabelecer ou se juntar a um conselho.", diz Schipper. Um conselho na Cisco geralmente desenvolve visões e estratégias para oportunidades de cinco a oito anos que envolvem mercados adjacentes com pelo menos $10 bilhões em receitas. "Conselhos abordam grandes problemas estratégicos e, como tal, requerem um processo de administração sólido e continuado, incluindo a execução de revisões operacionais. Diretorias abordam questões desafiadoras que requerem coordenação e colaboração dentro da Cisco. Por exemplo, o controlador, os recursos de ambiente de trabalho e o RH decidiram que precisávamos examinar a interseção do trabalho e da experiência do funcionário. Poderíamos ter cada um executado sua função, mas decidimos, em vez disso, formar um conselho diretor e ser mais deliberativos e colaborativos na nossa abordagem para harmonizar o trabalho e melhorar a experiência para os funcionários.", ele discorre.

O Papel do Recursos Humanos

Que papel o RH pode desempenhar para ser pioneiro em uma mudança massiva de abordagem de administração de uma empresa grande? "Uma das coisas que trago à discussão é maior deliberação sobre quais sistemas pessoais usamos para orientar a mudança, e a ordem na qual os ajustamos para assegurar uma mudança duradoura na cultura.", diz Schipper. "Minha experiência é que um dos últimos lugares a se olhar é o sistema de recompensas, embora, frequentemente, seja onde a maioria das pessoas instintivamente olharia para obter mudança. Evoluir uma cultura é complexo pela sua própria natureza. Recompensas, em comparação, são necessariamente simples. Muitas vezes, as recompensas fornecem apenas uma amostra de mensuração, de modo que, quase sempre, é ineficaz, se o resultado pretendido for uma mudança duradoura. Uma das coisas que fizemos cedo foi mudar o modelo de competências de liderança. Tínhamos um modelo que poderia ter se adaptado a organizações lideradas de modo tradicional. Mudamos para um modelo que enfatiza a importância da colaboração. É claro que o modelo só é tão bom quanto o processo de implementação que há por trás dele. Nós o usamos para selecionar líderes de fora da empresa, e nosso processo de feedback 360 internamente, para examinar pessoas promovidas de diretores para vice-presidentes, ou deste para vice-presidentes sênior.".

A liderança de RH também teve que mudar para apoiar a gerência colaborativa. Todos os líderes de RH gastam uma parte substancial do seu tempo em trabalho que muitas vezes seria visto como não tradicional para uma função de recursos humanos. Membros da equipe de RH são coparticipantes das muitas diretorias e dos muitos conselhos. Em vez de ter uma reunião tradicional de equipe, Schipper inclui todos dentro ou fora da função que possam ajudar a contribuir para o conteúdo à disposição. Em outras palavras, o organograma formal raramente determina quem participa de quais iniciativas.

CARREIRAS EM ANDAMENTO

Talvez um dos desafios de uma organização complexa é como as pessoas obtêm feedback e aprendem onde há oportunidades para avançar na carreira. Schipper preside um conselho e deve contribuir com suas expectativas de desempenho e revisões de todos nesse conselho, embora eles não se reportem a ele. Os planos de carreira na Cisco são difíceis de seguir? Schipper diz que "Trabalhos de tecnologia não são como aqueles em empresas onde os papéis não mudam com o tempo, e a oportunidade existe para definir papéis-chave para as pessoas passarem a fim de acelerar seu desenvolvimento. Neste ambiente de mudanças rápidas, o encarregado e sua formação, muitas vezes, recriam o cargo.".

Em qualquer organização, Schipper insiste, os comportamentos das pessoas são constantemente examinados para determinar em que papéis elas se adaptariam melhor na sua próxima atribuição. "Da mesma forma que em muitas empresas, temos um sistema social orgânico que anda junto ao organograma da organização. Os tomadores de decisões estão sempre procurando os comportamentos corretos em líderes emergentes que possam assumir a próxima iniciativa." Em um dos programas de desenvolvimento de lideranças da Cisco, o Action Learning Forum (ALF), os líderes eram apresentados a um desafio estratégico de negócio. Eles formavam equipes com os outros para resolver o desafio e depois apresentar seus resultados para uma diretoria de liderança. Cada ideia recebia fundos ou era rejeitada. As equipes que receberam fundos iam, então, trabalhar a ideia nas empresas envolvidas, dando a elas experiência valiosa, análoga àquela de uma diretoria ou conselho. A Cisco financiou dezenas de iniciativas e desenvolveu estratégias para abordar adjacências do mercado através do programa ALF.

Na Cisco, os líderes emergentes têm a oportunidade de dirigir um grupo de trabalho ou uma diretoria, onde podem melhorar suas habilidades na resolução de um problema estratégico importante para a empresa, porém, através de uma abordagem que permita suporte de várias funções e, portanto, é menos arriscada para a carreira a longo prazo do líder. Se a iniciativa não for tão bem-sucedida como previsto, o líder de um grupo de trabalho pode aplicar seu aprendizado no próximo papel ou atribuição funcional, sem ser preterido, como pode acontecer em uma organização tradicional.

Uma Jornada Pessoal

A adaptação a um novo estilo de liderança tem requerido que Schipper altere o modo pelo qual trabalha e se comporta. “Embora esteja muito confortável estabelecendo a estratégia e a visão, na Cisco eu tenho que fazer a interseção do que faço com a maneira como John lidera. Ele coloca um modelo claro da visão do futuro, e eu tenho que adaptar e traduzir para as pessoas, tecnologias, processos e ferramentas. O que aprendi, trabalhando com a equipe de liderança da Cisco, é que você tem, de vez em quando, que subordinar uma visão guiada pelo RH para apoiar um negócio em que todos os líderes devem estabelecer a visão e a estratégia. Na Cisco, meu papel não é criar uma visão guiada pelo RH, mas, sim, os sistemas de apoio às pessoas e à organização para assegurar que a visão guiada pelo negócio seja realizada e possa durar.

Este modelo colaborativo de trabalho com outros líderes seniores é infinitamente mais satisfatório do que o modelo no qual simplesmente se espera que outros resolvam se integrar a uma visão guiada pelo RH. O que é, muitas vezes, esquecido e o que leva ao sucesso da empresa, é ter líderes que tenham uma compreensão compartilhada dos valores da empresa; isso dá a mim e à minha equipe a oportunidade de criar a cultura de apoio. Por exemplo, nossa prática emprega cada vez mais processos colaborativos para comandar o trabalho na Cisco, contudo, todos nós concordamos que um valor correspondente importante é continuar a nos importar com o nosso pessoal e mostrar que nos importamos através das nossas palavras e ações. O que é profundamente satisfatório para mim é, por sermos claros com relação aos nossos valores compartilhados na Cisco, ter a oportunidade de desempenhar melhor e responder mais rapidamente do que aqueles que estão negociando serialmente para obter alinhamento estratégico dos seus pares ou líderes seniores.”.

A General Electric Vê o Futuro da Liderança

Uma empresa que há muito tempo é admirada como uma fábrica de desenvolvimento de lideranças é a General Electric. Em 2008, Bob Cancalosi, chefe de aprendizagem da General Electric Health Care (GEHC), começou uma missão especial para determinar as habilidades e capacidades necessárias para os líderes da GE em 2019, como parte de uma missão de transformação cultural. Algumas mudanças no negócio levaram à necessidade de ver o futuro. Pela primeira vez na história da GEHC, mais de 50% das suas receitas e 50% dos seus funcionários eram de fora dos Estados Unidos. A oportunidade acelerada em mercados emergentes sugeriu que deve haver uma mudança no modo pelo qual a GEHC define liderança.

Em uma missão de um ano para ajudar a GEHC a avaliar o estado atual e o desejado da sua cultura, Cancalosi e outros conversaram com mais de 200 líderes intelectuais e especialistas na área de liderança, e realizaram entrevistas com líderes-chave da GEHC. De um modo geral, eles determinaram mais de 125 competências através das suas entrevistas e sua pesquisa. A partir daí, usando análise de Pareto*, estreitaram os temas. Embora este ainda seja um trabalho em progresso, eles reconhecem sete áreas de competências como importantes. Elas são, de acordo com Cancalosi:

1. **Apenas inteligente.** Tem inteligência de livros e das ruas.
2. **Orientado a resultados.** Tem um grande quociente de execução.
3. **Ética rigorosa.** Lidera por exemplo e faz a coisa certa quando ninguém está olhando.
4. **Perspicácia financeira.** Entende os relacionamentos das declarações de renda, dos balancetes e do fluxo de caixa de um negócio.
5. **Estudo rápido.** Tem a habilidade de colher dados, tendências, questões, oportunidades etc.
6. **Diversidade de valores.** A equipe reflete um balanço de pontos fortes.
7. **Apaixonado.** Pelo negócio, pelas pessoas e pelo propósito que o guia.

Então, a GEHC identificou dez características de liderança para se adaptar a essas áreas de competências. Embora sejam mais detalhadas, tais características se alinham de perto com nosso modelo de líder de 2020. Elas incluem:

1. **Agilidade cultural.** Potencializar as habilidades únicas de todas as culturas globais dentro da organização.
2. **Colaboração sem fronteiras.** Enfocando no todo, colaborando por todo o organograma da organização, e não apenas dentro do seu próprio negócio.

---

* Referência à Lei de Pareto, segundo a qual 80% das consequências são provenientes de 20% das causas. O nome dessa lei foi sugerido por Joseph M. Juran, um consultor de negócios famoso por seu trabalho em gerência de qualidade, em homenagem ao economista italiano Vilfredo Pareto.

3. **Criador lendário de pessoas e equipes.** Treinar e orientar tanto pessoal quanto virtualmente; desafiar pessoas para obter mais do que elas acreditavam que poderiam.
4. **Foco externo na excelência.** Conhecimento profundo do cliente, de sua indústria e das forças regulatórias globais.
5. **Experiência geracional.** Liderar bem os quatro tipos de gerações.
6. **Proficiência digital.** Potencializar a tecnologia para acelerar a tomada de decisão e o impacto do negócio.
7. **Mistura harmoniosa de QE e QI.** Autoconsciente para motivar o desempenho da equipe.
8. **Pensamento em múltiplos horizontes.** Racionalizar a distribuição de recursos e esforços no presente e no futuro para equilibrar as mudanças incrementais e importantes.
9. **Proliferação inovativa.** Criar um clima inventivo permanente e pensamento criativo.
10. **Comunicação inspiradora.** Motivar funcionários tanto em tempos bons quanto em ruins; comunicar-se externamente de forma efetiva com os investidores e a mídia.

Assim que as características foram definidas, Cancalosi e sua equipe examinaram a GEHC para ver onde havia o maior hiato entre as capacidades atuais e as necessárias para o futuro. O objetivo aqui era usar isso para desenvolver uma estratégia de currículo para corresponder à estratégia de crescimento futuro da GEHC. A cada ano, a equipe pretende lidar com uma nova competência futura para o desenvolvimento, de modo que, quando 2019 chegar, com ajustes contínuos, eles estarão bem a caminho de ter a força de liderança que precisam. Quantas empresas você conhece que têm um plano de desenvolvimento de lideranças de três anos, muito menos um plano anual que seja atualizado regularmente? A GE está trabalhando agora na revisão por toda a corporação dos requisitos para o líder de 2020, a qual será incorporada ao planejamento de currículo da sua universidade corporativa em Crotonville, Ossining, Nova York.

Zappos: Twitando para Lucrar

Às vezes, o fracasso é o melhor professor. Não que alguém fosse descrever Tony Hsieh como um fracasso em alguma coisa, mas, quando perguntado sobre o maior erro que ele já cometeu, respondeu: "Com minha primeira empresa, não estava prestando atenção à cultura. Contratamos as pessoas certas com a experiência e habilidades certas, entretanto, não sabíamos procurar por uma adaptação de cultura. Quando eram 100 pessoas, eu não queria ir mais ao escritório. Era uma sensação estranha. É por isso que acabamos vendendo a empresa.".[13]

Como CEO da Zappos, varejista de roupas e calçados online, recentemente adquirido pela Amazon.com, Hsieh enfoca primeira e principalmente a cultura. Cada funcionário da Zappos pôde colaborar no processo de composição dos valores da empresa. Colaboração requer abertura e transparência, e Hsieh obtém isso através da formação de uma cultura usando diversas estratégias, incluindo numerosas ferramentas de mídia social. Eis como ele descreve a forma pela qual o Twitter o tem ajudado a crescer:

> Para mim, se resume a estas quatro coisas:
>
> 1. Transparência & Valores: O Twitter me lembra constantemente de quem eu quero ser e o que quero que a Zappos signifique.
> 2. Recomposição da Realidade: O Twitter me encoraja a procurar novas formas de ver a realidade de uma maneira mais divertida ou positiva.
> 3. Auxiliar Outros: O Twitter me faz pensar sobre como ter um impacto positivo na vida de outras pessoas.
> 4. Gratidão: O Twitter me ajuda a perceber e apreciar as pequenas coisas da vida.
>
> ... Adotando transparência e twitando regularmente, o Twitter se tornou o equivalente a estar sempre na frente da câmera. Devido a eu saber que iria twittar regularmente sobre o que quer que estivesse fazendo ou pensando, estava mais consciente e fiz um esforço maior para seguir os nossos dez valores básicos.[14]

Já que o CEO é fã do Twitter, não é surpresa que quase metade dos funcionários da Zappos também twitem.[15] Com a receita de 1 bilhão de dólares da empresa, a capacidade dos funcionários de conhecer os interesses de outros funcionários ajuda a criar um espírito de família que está no centro dos valores da Zappos e que a levou a ser a número 23 da lista 100 Best Companies to Work For da revista *Fortune*, em 2009.

Embora ele descreva a si próprio como introvertido, quieto e tímido, a abertura de Hsieh com seus funcionários e seus seguidores no Twitter, que agora são mais de um milhão, o ajuda a criar a cultura que ele vê como fundamental para o sucesso da Zappos.[16] Certamente, o uso do Twitter o ajuda a chegar aos clientes, mas seu foco principal é criar uma cultura de funcionários da Zappos.[17] "A cultura da nossa empresa é baseada em dez valores básicos que nossos funcionários sugeriram.", ele diz. "Meu estilo é assegurar que sempre estejamos vivendo por estes valores básicos e tomar decisões baseadas neles. Muitas empresas de grande porte poderiam ter o que elas chamam de 'valores básicos' ou 'princípios mestres', no entanto, isso geralmente é algo que soa grandioso, como se viesse de uma divulgação para a imprensa, e os funcionários aprendem isso no primeiro dia, mas depois é apenas uma placa sem significado na parede. Quanto a nós, empregamos pessoas com base nesses valores e as despediremos baseados neles mesmos, ainda que estejam fazendo seu trabalho perfeitamente bem. Parte do meu trabalho é assegurar que isso seja implementado como uma política.".[18]

VALORES BÁSICOS DA ZAPPOS

1. Faça um Trabalho que Impressione.
2. Adote e Oriente a Mudança.
3. Crie Diversão e um Pouco de Esquisitice.
4. Seja Aventureiro, Criativo e Tenha a Mente Aberta.
5. Persiga o Crescimento e a Aprendizagem.
6. Crie Relacionamentos Abertos e Honestos com Comunicação.
7. Construa uma Equipe Positiva e com Espírito de Família.
8. Faça Mais com Menos.
9. Seja Apaixonado e Determinado.
10. Seja Humilde.

Fonte: Zappos Core Values.[19]

Usando uma plataforma que incentive o feedback e a resposta, Hsieh abre a si próprio para a colaboração com todos, incluindo qualquer pessoa com um ponto de vista relevante. Já que essa troca está aberta para o mundo, aqueles que o acompanham também têm a oportunidade de aprender como se conduzir, que é uma das melhores maneiras de desenvolver pessoas.

A maioria dos líderes diz que, quanto mais alto eles sobem em uma organização, menos feedback recebem. O uso de tecnologias sociais não apenas abre a possibilidade de um líder se comunicar autenticamente com as pessoas na organização, mas, também, permite que ele obtenha feedback imediato sobre como a mensagem foi recebida. Qualquer feedback para líderes é útil, porém, neste caso, as tecnologias sociais permitem que ele ocorra em tempo real e instantâneo.

De acordo com Aaron Magness, que chefia o desenvolvimento de negócios e marketing de marcas, "a Zappos é uma equipe de liderança mais acessível e transparente do que eu imaginava. Tony passa seu e-mail e responde pessoalmente. No mundo de hoje, em muitas empresas, há muitos guardiães. Tony responderá pessoalmente o e-mail enviado para ele por qualquer pessoa da empresa. Ele não pede a assessores que leiam e respondam seus e-mails. Agindo assim, envia uma mensagem para o resto da empresa. Abertura não apenas é bem-vinda como esperada. Todos nos alimentamos disso".

Ao contratar líderes de fora, a Zappos escuta com cuidado as perguntas que eles fazem como uma dica do seu estilo de gerência. Magness diz: "O que você descobre é que as pessoas perguntam a quem devem se reportar ou que cargo terão ou o espaço do seu escritório. Isto significa que estão focadas nelas mesmas. Além disso, as pessoas que mantêm o trabalho e a diversão separados não se adaptam a nós. Como líder, somos solicitados a gastar 20% do nosso tempo com nossas equipes fora do escritório. Trabalhamos fora do escritório. Você está criando confiança, de modo a tomar decisões mais rápidas.".

Orientação Reversa na Burson-Marsteller

No romance de Mark Twain, *O Príncipe e o Mendigo*, Tom Canty, o filho mais jovem de uma família de mendigos, troca de lugar com o príncipe de Gales, Edward VI. Cada um aprende lições valiosas sobre as condições de vida, o ambiente social e a visão de mundo do outro. Edward, que acabará se tornando rei, tem uma ideia das injustiças do reino que um dia comandará. Embora eles troquem de lugar por apenas algumas semanas, o futuro rei aprende lições valiosas que o moldam para sempre. Em certo sentido, a orientação reversa em organizações possibilita as mesmas experiências de aprendizagem que Tom Canty e Edward VI experimentaram.

A Burson-Marsteller, uma empresa global de relações públicas e comunicações com escritórios em 81 países, implementou a orientação inversa na sua divisão nos EUA. De acordo com Michele Chase, diretora gerente de recursos humanos globais, a Burston-Marsteller decidiu executar um programa piloto de orientação reversa para construir uma ponte não apenas sobre divisões geracionais, mas, também, de experiência em especialidades e etnicidade, permitindo a cada lado do relacionamento de orientação apreciar suas diferenças.

"Nossa equipe inteira de liderança nos EUA, de 19 executivos, participou — todos os líderes de mercado e de práticas, assim como o CEO nos EUA", diz Chase. Orientadores jovens ou etnicamente diversos pelos Estados Unidos se voluntariaram e foram designados a membros seniores da equipe baseados em onde eles poderiam ter tido a melhor oportunidade de compreender outra perspectiva. "Por exemplo, o CEO, Pat Ford, está sendo orientado por um diretor em outro local. Pat fez uma reunião pública nos EUA e falou com seu orientador para saber sua reação e opinião geral quanto à reação do seu escritório às mensagens. O orientador deu a Pat ideias que, de outra forma, ele poderia não ter ouvido. Deixar outra pessoa assumir o controle do que elas estão lhe ensinando e lhe dizendo é a parte mais difícil para um executivo sênior, quando você está acostumado a ser procurado para dar as respostas.

Para fazer isso, a empresa realiza treinamento tanto para orientadores quanto para orientados, estabelecendo regras básicas sobre confidencialidade. Geralmente, a dupla não está no mesmo local, de modo que, quando um executivo está viajando, ele ou ela organizará uma reunião. Caso contrário, eles se baseiam em telefonemas ou Adobe Connect. "É difícil não entrar nos nossos papéis tradicionais,", comentou Chase, "mas esta forma de organização está criando relacionamentos. Os orientadores estão obtendo acesso a mais pessoas seniores e vão além da superfície, por assim dizer, vendo como os líderes pensam e dão informações. Além disso, o orientado, que, talvez, não tenha feedback de um executivo sênior ao qual não tenha que se reportar, pode receber ideias e conselhos de alguém diferente dele em muitas formas.".

Chase tem reuniões com os orientadores para assegurar que o relacionamento esteja funcionando, e estes dão dicas uns para os outros e contam histórias sobre o que está funcionando para eles. Alguns dos orientadores ajudam os orientandos a configurar o Twitter ou outras ferramentas de redes sociais. De acordo com Chase: "A orientação reversa acelera o desenvolvimento dos orientadores. Conversar com esses funcionários de alto nível é desenvolvimento, todavia, o orientador também fica mais conhecido na organização. Eles criam um relacionamento e, quando chega a próxima atribuição, há uma tendência natural de ir até alguém que se conheça. Além disso, alguns dos orientadores nunca gerenciaram pessoas, então, têm a oportunidade de antever essa experiência.". Para os orientadores executivos, obter mais perspectiva sobre ou informações e avaliação das diferenças, como idade, origem e práticas culturais, é um grande benefício e ajuda a nutrir uma cultura mais inclusiva.

Aprendizagem Baseada em Equipe na PricewaterhouseCoopers

Os líderes, muitas vezes, trabalham em um ambiente com alta necessidade de excelência técnica, pressão intensa, restrições de tempo e risco de falhas de alto custo. Tom Evans, chefe de aprendizagem da PricewaterhouseCoopers (PwC) nos Estados Unidos, começou a imaginar se havia formas no ambiente natural de trabalho que pudessem ser usadas para acelerar a aprendizagem para as próximas gerações de líderes.

"No nosso mundo", disse Evans, "a questão é como você desenvolve a próxima geração e garante que ela tenha a capacidade de agir pela empresa de tal maneira que traga diferenciação e excelência — níveis de distinção? Nossa firma tem gasto muito tempo lidando com essa questão, então, iniciei um projeto para entender como podemos auxiliar nossos associados a entender globalização, tecnologia e as tarefas complexas com as quais se deparam.

As gerações estão abordando o trabalho de forma diferente. Assim, nós temos que olhar o ambiente de trabalho como um campo fértil para acelerar o desenvolvimento do nosso pessoal, usando problemas dos clientes como meios de aprendizagem diária e incutindo confiança e colaboração nas nossas equipes.

A partir daí, começamos a pensar em como criar líderes perguntando a nós mesmos se havia um modo de acelerar o desenvolvimento de liderança sem tirá-los dos seus ambientes de trabalho naturais. Foi quando nos deparamos com a ideia de que o treino para ser um médico é feito no trabalho. Saímos e estudamos hospitais de ensino e percebemos as diferenças entre hospitais, como eles abordavam o treinamento dos seus médicos e os resultados que obtinham. Johns

Hopkins realmente se destacou para nós, não apenas por causa da sua classificação há muito tempo como um hospital de ensino de primeira linha, mas, também, porque eles continuam lucrativos, apesar de trabalhar com as restrições de um ambiente em que a maioria dos seus recursos provém de ajuda governamental.".

O treinamento de médicos, Evans aprendeu em suas conversas com o administrador do Johns Hopkins, não é considerado um programa ou evento especial. É apenas parte do que eles fazem e quem eles são como um hospital de ensino. O treinamento é integrado ao trabalho, e o diálogo que ocorre entre os membros da equipe médica é focado em práticas e em um estilo de aprendizagem que se tornou natural.

"Decidimos chamar isso de aprendizado baseado em equipe — TBL (team-based learning) — quando traduzimos suas práticas do hospital de ensino para o nosso ambiente", diz Evans. "Percebemos que algo fundamental para que o TBL funcionasse era ser aberto a uma filosofia de desenvolvimento — uma compreensão básica em um hospital de ensino. Nossos líderes seniores precisaram perceber que, como os médicos, nossos associados passaram por um processo rígido de recrutamento, e há um ativo valioso na frente deles. Contudo, os associados precisam se desenvolver e moldar; com isso, o nível de desempenho é sempre maior.". Para auxiliar as equipes a participarem, Evans, em parceria com a Duke Corporate Education, elaborou um programa de lançamento que, lastreado em princípios, gerou um entendimento comum da sistemática de aprendizagem.

CINCO ROTINAS DE APRENDIZAGEM BASEADA EM EQUIPE

1. Rondas
2. Observação e feedback formal
3. Seguir alguém de perto
4. Revisões após a ação (AARs)
5. Workshops de equipe

Pegando emprestado das práticas observadas no Johns Hopkins, o TBL se baseia em cinco rotinas:

1. **Rondas.** Esta prática requer passar o trabalho para o membro da equipe mais novo que seja qualificado. "O motivo para enfatizar

'qualificado' é que qualquer atribuição exige um determinado nível de formação. No Johns Hopkins, eles atendiam de três a quatro pacientes no seu primeiro dia no trabalho e depois eram apresentados a outros. Um residente poderia dar um eletrocardiograma para os estagiários e dar a eles 15 segundos ou menos para interpretar e dizer o que precisa ser visto. Quando você conhece eletrocardiogramas, sabe que sempre há coisas importantes que até o médico mais novo deve conseguir perceber e interpretar quase que imediatamente, de modo que eles têm tal experiência no primeiro dia.". Na PwC, isto significa deixar os membros juniores da equipe trabalharem diretamente com clientes muito mais cedo do que eles fariam em outro caso, contudo, nunca desacompanhados.

2. **Observação e feedback formal.** Esta segunda rotina assegura que as pessoas recebam responsabilidades cedo, tenham muitas oportunidades de ser observadas no trabalho e recebam feedback não apenas do líder como, também, de outros membros da equipe. A observação e o feedback podem ser de improviso ou agendados.

3. **Seguir alguém de perto.** À medida que um associado desenvolve suas capacidades, um parceiro sênior agenda um tempo para observá-lo em ação em um cliente. "É cultural esperar feedback de múltiplas fontes neste ambiente. Embora hierarquia e estrutura continuem vivas, a estrutura da organização fica mais horizontal nas ocasiões de feedback. O mesmo acontecia no Johns Hopkins. Presenciei uma interação entre um cardiologista com 25 anos de experiência e um residente. Na hora de discutir um caso, o residente podia destacar alguma coisa para o cardiologista, que eu esperava que se irritasse e reagisse às opiniões de alguém tão novo. Mas o cardiologista escutava e agradecia ao residente pelo feedback.".

4. **Revisões após a ação (AARs).** Uma AAR é executada pela equipe de gerência como uma forma de diagnosticar como o trabalho com um cliente funcionou. "Se fizemos errado, conversamos sobre isso e aprendemos.", disse Evans. "Se fizemos certo e de forma única, conversamos sobre isso e aprendemos. É muito valioso para o compartilhamento quando você quer trazer algo para a equipe como uma nova forma de abordagem de um determinado problema ou conjunto de clientes. Também auxilia na experiência de aprendizagem.".

5. **Workshops de equipe.** Quando uma equipe é estabelecida para iniciar cada nova rotina, há um *workshop* para assegurar que todos entendam o processo e que a nova rotina possa ser inserida facilmente nos próximos trabalhos da equipe. Essa é uma maneira de ajudar a definir uma abordagem integrada tanto de trabalho quanto de aprendizagem, na esperança de que a rotina seja mantida por muito tempo depois do programa formal ter terminado.

Segundo Evans, nos lugares onde ele experimentou anteriormente, "as equipes estão mostrando bons resultados, com um aumento na competência, boa economia nos negócios e alta satisfação dos clientes".

A DEMOCRATIZAÇÃO DA INFORMAÇÃO MUDA TUDO

As estruturas de gerência comuns à maioria das organizações evoluíram para controlar e passar informações de um nível para outro na hierarquia. Novas tecnologias não apenas tornaram isso desnecessário, mas, também, liberaram as pessoas dessa hierarquia. Quanto mais a gerência tenta exercitar o controle das informações, mais provável será que haja uma reação. Agora, a linha de frente tem mais acesso à informação, e os CEOs podem ouvir diretamente os clientes. Brian Dunn, o CEO da Best Buy, diz que: "Eu tenho um programa que busca na internet sempre que alguém menciona a Best Buy. Às vezes, são coisas muito boas, em outras, as mensagens vêm carregadas de obscenidades, entretanto, tenho um interesse enorme nisso. Se vejo que clientes têm problemas com alguma coisa, chamo a pessoa apropriada na nossa empresa e peço a ela que contate esse cliente. Às vezes, eu mesmo faço isso.".[20]

Devido às pessoas em todos os níveis da companhia terem acesso à informação, envolver as mentes de todos levará à mudança nos nossos modelos — aquilo que esperamos da próxima geração de líderes. A estes, denominamos de futuros "líderes-cidadãos". Eles reforçarão os princípios de abertura e democracia através do acesso à informação e colaboração social para prover sustentabilidade dentro da sociedade na qual a organização opera. Nossa conexão com quase todas as outras pessoas do planeta está apenas à distância de um dispositivo móvel. Líderes-cidadãos que adotarem a colaboração por todos os níveis serão os que terão sucesso em 2020.

RESUMO

- **Molde seus diferentes estilos de liderança para públicos de diferentes gerações.** Os Tradicionalistas e a Geração do Pós-Guerra, as duas gerações mais velhas, desejam mais qualidades diferentes em um líder do que as duas gerações mais novas, a Geração X e a Geração do Milênio. Quando as organizações estão tomando decisões sobre gerentes de grupos, a distribuição por idade dos funcionários em grupos é uma informação importante na seleção de um líder. Se o grupo for constituído na sua maioria de profissionais mais jovens, procure um gerente que seja bom no desenvolvimento de carreiras. Se o grupo tiver mais funcionários mais velhos, encontre um gerente que equilibre respeito por todas as gerações.
- **Integre liderança e gerência.** Defina suas competências de liderança de uma forma que corresponda não apenas à estratégia da empresa agora, mas, também, aonde ela quer chegar. A sua composição de força de trabalho irá mudar e requerer novas competências? Desenvolva essas competências antes que a sua concorrência o faça.
- **Assegure abertura, honestidade e transparência entre seus líderes.** Incentive os líderes a usar políticas que abram processos para se fornecer feedback, responder e colaborar com as pessoas em todos os níveis da organização. Essa providência permite aos líderes em desenvolvimento terem a oportunidade de aprender como os líderes se comportam, uma das melhores maneiras de eles aprenderem estas habilidades.
- **Entenda que o cronograma de desenvolvimento de líderes está mudando.** As organizações estão acostumadas ao luxo de uma progressão lenta na liderança. Embora isto não tenha desaparecido completamente, à medida que avançamos para o futuro o crescimento em novas tecnologias e o aumento da velocidade do negócio significarão uma necessidade de desenvolvimento de habilidades o mais rapidamente possível. Acelerar o desenvolvimento de lideranças se tornará necessário para as organizações em 2020.
- **Crie projetos baseados em equipe para fomentar a aprendizagem colaborativa.** Trabalhar e aprender em equipe permitem aos funcionários aprender uns com os outros, e todos se beneficiam das diferentes perspectivas e dos níveis de experiência dos membros da equipe. Além disso, trabalhar em equipe ajuda a fazer observações e dar feedbacks sobre o dia de trabalho normal.

PARTE III

Visualizando o Ambiente de Trabalho de 2020

CAPÍTULO OITO

Vinte Previsões para o Ambiente de Trabalho de 2020

Convidamos você a vir conosco em uma jornada para o ambiente de trabalho do futuro. Conforme definido por todo este livro, cremos que o ambiente de trabalho de 2020 fornecerá uma experiência intensamente personalizada e social para atrair, desenvolver e engajar os funcionários de todas as gerações e geografias. Por sua vez, esta se constitui em uma vantagem competitiva para a organização.

A próxima década anunciará novos modelos de negócio e empresas que são inimagináveis hoje, e que mudarão dramaticamente como vivemos, trabalhamos, aprendemos, nos comunicamos e agimos. Antecipar as mudanças será crítico para sua capacidade de prosperar no ambiente de trabalho de 2020, quando a transparência, colaboração, personalização e hiperconectividade comandarão tudo.

Entrevistamos um grande número de executivos, fizemos uma pesquisa online com 2.200 profissionais em atividade das quatro gerações, participamos de fóruns sobre o futuro e, no último ano, inauguramos nosso próprio site de colaboração interativa para tomar o pulso de que tipos de mudanças podem estar no horizonte na próxima década. Algumas das mudanças que prevemos para a próxima década talvez o surpreendam: quantos de nós teríamos pensado ser possível eleger nosso líder, jogar video games para aprender habilidades de liderança ou obter um MBA Jack Welch? Outras podem parecer óbvias, mas requerem um sentido maior de urgência para torná-las reais — como assegurar que a Lifelong Learning Accounts alcance o maior mercado global de funcionários para desenvolver uma cultura de aprendizagem por toda a vida.

Sabemos que o ambiente de trabalho de 2020 será cheio de surpresas. O melhor que você pode fazer é começar hoje a se adaptar, responder e se preparar para as surpresas que surgirão no seu caminho. Assim, para auxiliá-lo, aqui estão 20 tendências que prevemos que vão ocorrer a tempo para o ambiente de trabalho de 2020.

1. VOCÊ SERÁ CONTRATADO E PROMOVIDO BASEADO NO SEU CAPITAL DE REPUTAÇÃO

Capital de reputação será o principal ativo no ambiente de trabalho de 2020. Trata-se da soma total da sua marca pessoal, seu conhecimento e a largura, profundidade e qualidade das suas redes sociais. As empresas vão cada vez mais procurar, recrutar e promover novos funcionários baseadas no seu capital de reputação. Isto significa procurar funcionários que tenham redes sociais amplas, profundas e de alta qualidade, e, também, registrem números que demonstrem a transformação dessas redes em maior valor de negócio para a organização e uma marca pessoal mais forte para eles próprios.

Algumas empresas, como a Best Buy, já estão listando o capital de reputação como um requisito; neste caso, para o cargo em gerência sênior no marketing de mídia emergente. Alguns dos requisitos da função — desenvolvidos via crowdsourcing — incluem conhecer e ser ativo em sites como o LinkedIn, Facebook, Twitter, MySpace, Plaxo, Ning, Delicious, Slideshare, YouTube e Digg. Em 2020, as empresas contratantes poderiam muito bem fazer exigências específicas, para que os possíveis futuros funcionários tenham experiência no uso destes contatos com o objetivo de aumentarem suas agendas de negócios. Com o passar do tempo, criar capital de reputação reconhecível para alguém vai estar menos ligado a redes sociais específicas e se tornará portável, isto é, você pode se tornar mais facilmente um agente livre, transmitindo suas habilidades e competências para uma rede ampla de seguidores, amigos e conexões profissionais.

De acordo com o Dr. Robert Cross, um professor de administração na Universidade da Virgínia, quem tem alto desempenho em uma organização enfoca a construção de redes sociais de alta qualidade em vez de grandes.[1] Eles podem não conhecer todo o mundo, mas as pessoas que fazem parte do seu círculo eles conhecem muito bem e investem nesses relacionamentos antes que precisem deles para executar seu trabalho. As empresas observarão cada vez mais o quão bem conectados os funcionários atuais e prováveis estão nas suas comunidades profissionais e buscarão manter e promover indivíduos que demonstrem uma capacidade de aumentar sua rede e sua reputação e permanecer na comunidade. Dentro da empresa, o número de conexões de um funcionário com o site social interno da empresa, o feedback de centenas de pessoas, em vez de os mais ou menos 12 atuais, e o número de vezes que as pessoas se conectam a ele ou ela poderiam indicar uma liderança e habilitá-lo para promoção. Espere que o capital de reputação seja um fator mais crítico tanto em contratações quanto em promoções.

2. SEU DISPOSITIVO MÓVEL SE TORNARÁ SEU ESCRITÓRIO, SUA SALA DE AULA E SEU ZELADOR

Mais de 1,2 bilhão de telefones celulares são produzidos por ano e estão se beneficiando de inovações sem precedentes. Telefones celulares e tablets serão a principal ferramenta de conexão com a internet para a maioria das pessoas no mundo de 2020.[2]

Nas palavras de Michael Jones, o principal defensor de tecnologia do Google, "o telefone celular será, para a próxima década, o que o computador tem sido para esta. O uso da internet não tem sido uma experiência com um computador desktop, mas um experimento pessoal.".[3] Isso já está acontecendo no Japão, já que os jovens equipados com celulares não veem motivo para ter um computador pessoal. O celular em 2020 se tornará nosso escritório, nossa sala de aula e nosso zelador em tempo real, ajudando-nos a gerenciar tanto nossa vida pessoal quanto profissional. Com a mobilidade e migração em alta, os funcionários não ficarão mais limitados a trabalhar em um país ou região. Eles poderão trabalhar em qualquer lugar, incluindo os locais onde estão seus clientes. Quartos de hotel, destinos de férias e, é claro, em casa. À medida que aumentam as velocidades das redes wireless, com 25 cidades nos Estados Unidos esperando dobrar sua velocidade de rede 3G em breve, e as funcionalidades de dispositivos melhorando a ponto de mesclar netbooks, tablets e celulares, as possibilidades são infinitas.

Já sendo anunciados como a próxima ferramenta de aprendizagem corporativa, os dispositivos móveis estão sendo usados por empresas para treinamento de vendas, treinamento de conformidade e para atualizar conhecimento sobre produtos, assim como para realizar treinamento e orientação eletrônicos. Em 2020, se não antes, os dispositivos móveis serão, cada vez mais, o modo mais importante de possibilitar ampla gama de treinamentos corporativos, orientação em contratações, treinamento e suporte ao trabalho. Com os avanços na segurança, os dispositivos móveis serão usados como validação para entrada em locais, cidadania, relatórios de viagens e despesas, e registro de tempo na contabilidade de projetos.

3. A ESCASSEZ GLOBAL DE TALENTOS SERÁ AGUDA

A competição global por trabalhadores altamente qualificados será a tônica em 2020. Apesar de haver cinco gerações no ambiente de trabalho, haverá escassez de determinadas qualificações, não apenas de trabalhadores. O Departamento de Trabalho dos EUA prevê que os empregadores baseados nos EUA precisarão de 30 milhões de novos funcionários com formação universitária na próxima década, enquanto apenas 23 milhões de jovens adultos devem se formar nas universidades neste período.[4]

Novos avanços tecnológicos em novos produtos e serviços criarão uma demanda por novos empregos usando habilidades complexas. A pesquisa 2009 Talent Shortage da Manpower com 39 mil empregadores em 33 países descobriu que, apesar dos altos níveis de desemprego em muitos países, há uma falta de correspondência entre os tipos de indivíduos disponíveis para trabalhar e as habilidades específicas que os empregadores estão procurando obter para atingir os objetivos do negócio.[5] A pesquisa da Manpower identifica as seis principais profissões que estarão em demanda globalmente, incluindo comércio em áreas especializadas, representantes de vendas, técnicos em engenharia e manutenção, engenheiros e executivos seniores, e profissionais de finanças e contabilidade. Todos esses profissionais requerem um alto nível de habilidade e treinamento, e a escassez de talentos nessas áreas gerará uma competição intensa entre as empresas pelo mundo. Os funcionários procurados serão aqueles que possuírem tais habilidades e que tiverem conhecimento tecnológico, forem globalmente perspicazes em diversas geografias e culturas, e aprendizes contínuos.

4. O RECRUTAMENTO COMEÇARÁ PELAS REDES SOCIAIS

O recrutamento para a ampla maioria dos cargos começará em uma das redes sociais com maior tráfego, como Facebook, LinkedIn, YouTube, Bebo, Twitter e Second Life. Embora os primeiros adeptos mostrados no Capítulo 4, como Deloitte, Ernst & Young, Amazon, EMC e até o Departamento de Estado dos EUA, já estejam fazendo isso, um número impressionante de empresas — prevemos que pelo menos 80% — começarão a realizar em redes sociais online seu primeiro local de recrutamento global de talentos. Os possíveis futuros funcionários podem potencialmente ter sua primeira entrevista através do seu avatar, seguida por diversas conversas em vídeo e verificações em redes sociais. Trata-se do recrutamento social, no qual as empresas potencializam uma gama de redes de mídia social e profissional, online e offline, para obter talentos. À medida que o recrutamento social passar de algumas empresas isoladas e que pensam à frente para virar uma tendência, será essencial que os empregadores e funcionários desenvolvam novas habilidades para serem bem-sucedidos nessa empreitada.

Tanto empregadores quanto funcionários devem se tornar fluentes na navegação pelo recrutamento online. Os empregadores devem treinar sua equipe de contratação para fazer entrevistas em redes sociais, reconhecer qualidades-chave em candidatos durante entrevistas virtuais e usar redes sociais para verificar referências e selecionar candidatos para entrevistas pessoais. Os funcionários, por outro lado, devem estar cientes de como usar a mídia social para se posicionar de modo a serem bem-sucedidos, desenvolverem uma rede social global e, mais importante, comunicarem seus pontos positivos para um possível futuro empregador. Quanto o processo de recrutamento mudará em 2020? As organizações que irão prosperar no ambiente de trabalho de 2020 desenvolverão uma estratégia abrangente de recrutamento social usando as redes sociais mais valorizadas para buscar funcionários assim como garantir que candidatos a empregos sejam capazes de alavancar a mídia social para melhorar seus objetivos específicos de negócio.

AS NOVAS PERGUNTAS QUE OS EMPREGADORES FARÃO AOS CANDIDATOS A EMPREGO

- Quantos seguidores você tem no Twitter? No Facebook? No LinkedIn? Quantos destes seguidores estão em sua área de especialidade?
- Quantas pessoas o recomendaram no LinkedIn? Você pode me dizer o porquê de cada uma tê-lo recomendado com base em seu relacionamento atual ou anterior de trabalho com elas?
- Você trouxe algum dos seus seguidores no Twitter, colegas do LinkedIn ou amigos do Facebook para novos negócios?
- Você usa blogs sobre questões relacionadas ao seu trabalho ou a sua indústria regularmente? Você pode compartilhar o link?
- Você participou de alguma competição interna de inovação entre os funcionários na sua empresa ou de alguma competição externa de inovação? Quais?

5. OS VIAJANTES DA WEB FARÃO COM QUE OS ESCRITÓRIOS CORPORATIVOS SE REINVENTEM

Pessoas que trabalham com conhecimento cada vez mais preferirão trabalhar em "terceiros ambientes", um termo inventado pelo sociologista Ray Oldenburg no seu livro *The Great Good Place*,[6] que descreve o papel de construção de comunidades dos espaços públicos informais, como cafés, lanchonetes, hotéis e livrarias. Funcionários de recursos humanos usam a expressão para descrever especificamente lugares onde as pessoas trabalham e que não sejam o primeiro ambiente, que significa o escritório corporativo, ou o segundo ambiente, que significa o escritório em casa. O terceiro ambiente pode ser qualquer local — lanchonete, site de clientes, site de trabalho colaborativo, hotel, avião — onde o trabalho é executado. O incentivo para os funcionários trabalharem em terceiros ambientes está aumentando. Atualmente, a Gartner Dataquest avalia que um quinto da força de trabalho da nação faz parte da assim chamada Geração do Kinko, gastando uma quantidade significativa de horas por mês trabalhando fora de um escritório tradicional. Essa estimativa está crescendo em 10% ao ano à medida que as corporações tentam economizar dinheiro em imóveis, adotam políticas ecologicamente corretas para reduzir as viagens e reconhecem a importância da colaboração e troca de conhecimento em um espaço de trabalho projetado especificamente para esse propósito.[7]

Até mesmo o governo federal está incentivando seu pessoal ao teletrabalho. Agências governamentais geralmente não são adeptas imediatas, mas muitas estão explorando essa ideia. Por quê? Porque, de acordo com a Telework Exchange, uma parceria público-privada que estuda o fenômeno, os trabalhadores federais gastam mais tempo viajando para o trabalho diariamente do que o fazem em férias por ano.[8]

Com o crescimento da tecnologia social corporativa, será irrelevante onde os funcionários trabalham, desde que cumpram os resultados que a equipe espera. As empresas gastarão mais recursos para reinventar o espaço de trabalho para aumentar a produtividade dos funcionários, melhorar a inovação e conectar os empregados entre si.

6. AS EMPRESAS CONTRATARÃO EQUIPES INTEIRAS

À medida que a equipe de trabalho se torna cada vez mais importante no ambiente de trabalho global, as empresas estão vendo o valor de contratar e treinar uma equipe inteira para lidar com problemas do negócio. Ao mesmo tempo, algumas equipes formarão associações e irão transferir-se de empresa para empresa, para manter seus relacionamentos de trabalho estabelecidos. As empresas, na verdade, começarão a contratar equipes inteiras de estudantes universitários, não apenas indivíduos brilhantes.

O fenômeno já está acontecendo na Índia. A NIIT, uma empresa de soluções de aprendizagem de TI, está fazendo uma parceria com a Indian School of Business (ISB) para executar uma competição de planos de negócio acadêmicos. Estudantes da ISB competem formando equipes para identificar uma oportunidade importante de empreendedorismo para a marca NIIT. Se a ideia for selecionada, contrata a equipe inteira, fornece os fundos e permite a ela administrar o negócio. Os membros selecionam seu próprio líder, e a equipe recebe créditos pelos resultados para a liderança da NIIT.

A NIIT está entusiasmada com os resultados da contratação de uma equipe inteira de estudantes da ISB para administrar uma unidade de negócio. Dois membros da equipe rejeitaram ofertas da McKinsey e da Lufthansa para se juntar à NIIT, de modo que pudessem trabalhar em um projeto de negócio que ajudaram a criar. A NIIT projeta uma taxa de retenção maior, uma vez que os membros da equipe criam laços entre si, dificultando que um competidor venha e recrute a melhor pessoa da equipe.

Espere uma maior procura por equipes inteiras, seja diretamente da escola ou grupos associados, trabalhando em múltiplos projetos e empresas, como é feito na indústria da animação atualmente. À medida que mais empresas perceberem o valor de contratar uma equipe cujos integrantes já conhecem os portos fortes uns dos outros e têm um registro de sucesso trabalhando juntos, a prática aumentará.

7. OS REQUISITOS DE EMPREGO PARA CEOS INCLUIRÃO BLOGGING

Manter-se em contato com os clientes, o mercado de trabalho e os funcionários é um papel importante para os CEOs. À medida que a força de trabalho e os clientes se tornam cada vez mais familiarizados e se baseiam em mídia social, a maneira mais rápida de se comunicar amplamente será através de ferramentas como blogs e Twitter. O nível de autenticidade e preocupação que pode ser comunicado através de um blog em nível de CEO não pode ser igualado por comunicados à imprensa ou blogs escritos pelo departamento de relações públicas. Atualmente, quase 300 executivos seniores e 60 CEOs estão registrados como blogueiros, conforme apontado pelo NewPR Wiki, e o número está crescendo diariamente.[9] Alguns CEOs, como Bill Marriott, escrevem à mão ou ditam para outros colocarem no site, mas Marriott credita ao seu blog um aumento de 4 milhões de dólares em encomendas desde o início do site.[10] Os estilos de blogs de CEO variam de profundamente pessoais, como o de Matt Blumberg, da Return Path, que escreve sobre sua experiência como CEO pela primeira vez, a altamente opinativos, como o de Mark Cuban, dono dos Dallas Mavericks, e a apenas veicular mensagens sobre os seus produtos, como a de Bob Lutz, o vice-presidente da General Motors.[11] Outros combinam blogs com presença no Twitter, como Tony Hsieh, o CEO da Zappos, que tinha, em novembro de 2012, 2.666.078 de seguidores no Twitter.[12]

Declarações do CEO através da sua própria escrita, quando parecem autênticas, ajudam a desenvolver confiança em uma organização. Já que, para ser um CEO, o candidato deverá ser um blogueiro, espere que cada cargo de diretoria também tenha blogging como requisito. A sua equipe executiva sabe o que é um blog e como ele pode ajudá-las a competir? Os CEOs dos seus três principais competidores têm blogs?

8. O CURRÍCULO CORPORATIVO USARÁ VIDEO GAMES, SIMULAÇÕES E JOGOS DE REALIDADE ALTERNATIVA COMO MODOS-CHAVE PARA TRANSFERÊNCIAS

O treinamento corporativo como o conhecemos atualmente será transformado em uma experiência ágil, social, divertida e altamente colaborativa em 2020. As empresas vão se basear em aprendizados participativos entre pares, em pelo menos 80% de toda a aprendizagem corporativa. Algumas das ferramentas que crescerão em importância incluem video games, simulações e jogos de realidade virtual para desenvolver liderança e pensamento crítico complexo. Video games, como o World of Warcraft, são parte de uma categoria de jogos chamada MMORPGs (jogos de RPG online multiplayer em massa), que têm o potencial de se tornar simulações realísticas de treinamento de desenvolvimento de liderança contemporânea. Jogando-os, os praticantes exercitam um conjunto diferente de habilidades, como, por exemplo, gerenciar um conjunto culturalmente diversificado de competências, promover a resolução de problemas de colaboração e analisar dados em constante mudança. Mais de dez milhões de usuários assinam atualmente o World of Warcraft e, à medida que esses jogadores entram no mercado de trabalho, esperarão cada vez mais que o treinamento corporativo seja como suas experiências online.

Ao mesmo tempo, as empresas começarão a usar simulações de negócios nas quais os aprendizes são solicitados a tomar uma série de decisões em um dado cenário, e, no processo, melhoram suas habilidades em áreas como liderança, qualidade e vendas. Além das simulações de negócios, as empresas usarão jogos de realidades alternativas (ARGs), um tipo de experiência de jogo em mundo real em que o treinamento corporativo simula suas experiências online. O World Without Oil é um exemplo de jogo de realidade alternativa online que permite aos jogadores imaginar um mundo no qual os Estados Unidos não têm mais petróleo importado. Os participantes usam uma diversidade de mídias — blogs, vídeos, e-mails, mensagens de texto, clipes de áudio e celulares — para descrever como a crise poderia se desdobrar, o que fazer a respeito e o papel que a energia desempenha na cultura e na sociedade.[13] Os jogos de realidade alternativa têm um enorme potencial para treinamento corporativo para participantes mais integralmente engajados em uma experiência altamente colaborativa e social, ao mesmo tempo em que aprendem uma gama de habilidades complexas na resolução de problemas, gerência de riscos, pensamento crítico e resolução de conflitos.

9. UMA MENTALIDADE DE 2020 SERÁ NECESSÁRIA PARA PROSPERAR EM UM MUNDO CONECTADO EM REDE

Os funcionários do ambiente de trabalho de 2020 se comunicarão, conectarão e colaborarão entre si pelo mundo usando as formas mais recentes de mídia social. Quando trabalham em equipes com colegas e colaboram com seus pares para resolver problemas e propor novas ideias para negócios, precisarão desenvolver uma nova mentalidade para prosperar. Esta mentalidade de 2020 incorporará habilidades em:

- **Participação social.** A crença de que sua rede é o primeiro lugar onde você vai perguntar, procurar conselhos e disseminar seu conhecimento.
- **Pensamento global.** Uma capacidade de pensar globalmente, ter uma compreensão profunda de como os eventos globais podem ter impacto sobre sua organização e tomar decisões levando em consideração as diferenças culturais.
- **Aprendizagem onipresente.** Um compromisso com a aprendizagem de novas habilidades e, no processo, potencializar as novas tecnologias que são agora uma parte universal da nossa vida, como os dispositivos móveis; uma abertura para procurar novas ideias na sua área de especialização; e uma capacidade de aplicar novos conhecimentos em um conjunto de condições de negócio em rápida mudança.
- **Pensar grande, agir rápido e melhorar constantemente.** Um desejo de ver oportunidades como momentos únicos na vida que devem ser aproveitados com velocidade e clareza e, ainda, crer no poder de melhorar continuamente "através de" ou "aumentando as" soluções já conhecidas.
- **Poder multicultural.** Uma convicção de que adotar uma comunidade diversa de funcionários, clientes e consumidores representando muitas formações, habilidades e países de origem e ideias diferentes culminará em resultados de negócio melhores.

10. O FOCO DOS RECURSOS HUMANOS PASSARÁ DA TERCEIRIZAÇÃO PARA O CROWDSOURCING

A terceirização de funções administrativas de recursos humanos levará a resultados de negócio melhores em 2020. Contudo, os líderes de RH que querem estar à frente da mudança também implementarão uma agenda de inovação potencializando os princípios do crowdsourcing. Este é um termo cunhado por Jeff Howe, um editor colaborador da revista *Wired* e autor de *Crowdsourcing: Why the Power of the Crowd Is Driving the Future of Business*, para se referir a como empresas como a Lego, Procter & Gamble e Boeing usam a sabedoria de grupos para desenvolver soluções para problemas de R&D (pesquisa e desenvolvimento), projetos para produtos e novas ideias para negócios. No coração do crowdsourcing está uma verdade simples: "As redes mais eficientes são aquelas que se conectam com a gama mais ampla de informação, conhecimento e experiência.".[14]

Crowdsourcing será usado para reinventar a aprendizagem corporativa e de recursos humanos. As empresas já estão usando crowdsourcing para criar novas descrições de cargos convidando os funcionários e candidatos a emprego a aprimorá-las. Através desse processo, uma empresa "bebe da sabedoria das multidões". Departamentos de aprendizagem corporativa adotarão, de forma semelhante, técnicas de crowdsourcing para inserir aprendizagem em treinamento e orientação eletrônicos de funcionários. Tanto o departamento de recursos humanos quanto o de aprendizagem corporativa reservarão partes cada vez maiores dos seus orçamentos para incorporar ferramentas Web 2.0 e tecnologias sociais nos modos de distribuição para guiar uma maior colaboração no ambiente de trabalho e aprender com a sabedoria das multidões.

11. REDES DE APRENDIZAGEM CORPORATIVA FLORESCERÃO E CRESCERÃO DENTRO DAS EMPRESAS

A participação corporativa em redes sociais pode ser tão crítica no ambiente de trabalho de 2020 quanto a gerência do fluxo de caixa. A essência da formação de conhecimento é a conversa, e as empresas verão cada vez mais o poder das redes sociais para ampliar o alcance e a escala das conversas.

Empresas que continuarem a implementar bloqueios totais e a evitar o acesso a redes sociais serão impactadas negativamente na sua capacidade de recrutar talentos de ponta. A Geração do Milênio e a Geração 2020 esperarão e demandarão acesso a redes sociais externas assim como a capacidade de usar redes sociais corporativas internas no trabalho. Empresas que olham à frente utilizarão o poder inerente das redes sociais para atrair novos funcionários, desenvolver novas habilidades, apoiar e melhorar o compartilhamento de conhecimento da equipe, guiar a colaboração e melhorar a inovação. Redes sociais corporativas serão usadas não apenas por funcionários e clientes atuais, mas, também, por ex-funcionários. Muitas empresas criarão e gerenciarão suas próprias redes corporativas como veículos para encontrar os melhores talentos e recrutar ex-funcionários assim como desenvolver novos negócios. Neste mudo conectado em rede, criar e manter relacionamentos será essencial para o sucesso.

12. VOCÊ ELEGERÁ SEU LÍDER

As empresas que incentivarem os funcionários a eleger seus líderes serão vistas como empregadores preferenciais, especialmente para membros da Geração 2020 e da Geração do Milênio voltados à equipes. Membros destas gerações cresceram com uma mentalidade colaborativa através do seu uso intensivo de redes sociais e vídeo games altamente interativos, como o EVE Online. Algumas companhias estão dando esse passo adiante, experimentando novas situações ao dar aos funcionários mais influência na eleição de líderes.

Considere a W. L. Gore & Associates, na qual os líderes seniores não apontam líderes juniores. Em vez disso, os associados se tornam líderes quando seus pares julgam que eles o são. Um líder ganha influência demonstrando a capacidade de fazer com que as coisas sejam realizadas e tendo excelência como criador de equipes. A CEO da W. L. Gore, Terri Kelly, foi votada pelos seus pares para se tornar líder quando Chuck Carroll, o CEO anterior, consultou uma ampla parcela funcionários, perguntando: "Quem você gostaria de seguir?". Esta mentalidade "eleja o seu líder" permeia a mentalidade da W. L. Gore. Cada equipe classifica cada membro do grupo com base na questão: "Quem produziu mais impacto no empreendimento?".[15] As classificações são ordenadas por um grupo de "comitês de contribuição" que as usam como base para compensação. A empresa dá crédito a isto pela sua baixa taxa de rotatividade de funcionários, de apenas 5%.

Embora seu líder possa ser visto apenas como experimentação de uma empresa em liderança cidadã, pode se tornar uma ferramenta forte de recrutamento para as empresas. Classificar e pesquisar ferramentas de mídia social permite a uma organização ver quem tem seguidores, uma qualidade necessária para ser um líder. Os membros da Geração do Milênio que cresceram aprendendo sobre os méritos da colaboração e do trabalho de equipe dão muito valor a eles e buscarão empregadores que coloquem esses princípios em prática.

13. APRENDIZAGEM DURANTE TODA A VIDA SERÁ UM REQUISITO DE NEGÓCIO

A década de 1990 e os primeiros anos da de 2000, viram o surgimento das universidades internas e patrocinadas pela empresa usando um currículo formal para desenvolver e recapacitar uma força de trabalho global. Em 2020 e depois, veremos outra inovação — centros de aprendizagem das marcas durante toda a vida — para assegurar a naturalidade na atualização contínua das habilidades de uma pessoa tanto no cargo atual como no futuro. O Exército dos EUA já está liderando o caminho com o Lifelong Center of the Command and General Staff College. Este Lifelong Learning Center, conforme mostrado no Capítulo 5, incorpora uma ampla gama de mídia social, como o uso intenso de blogs e wikis. Uma inovação se destaca: o Reach Back, que é uma seção de cada curso online, em que todos os alunos do curso podem voltar para acessar os dados mais recentes sobre um assunto. É a forma do Exército de gerar em cada curso online.

Além de criar centros de aprendizagem por toda a vida, as empresas aumentarão suas parcerias com universidades, que oferecerão agora uma faixa de novos programas de graduação e certificados, alguns dos quais serão batizados com o nome de celebridades. Considere que, em 2010, vimos o lançamento do MBA Jack Welch, um novo MBA online combinando a filosofia de liderança e recursos humanos de Welch em um currículo de 12 cursos. O que virá a seguir? Um Michael Bloomberg Certificate em Administração Pública? Um John Madden Certificate em Desenvolvimento de Lideranças? Espere um aumento no grau de negócios online e em programas de certificação de universidades, os quais irão alocar uma fatia maior do orçamento de treinamento corporativo devido à crescente importância da aprendizagem durante a vida inteira.

Para financiar a aprendizagem durante toda a vida, as empresas implementarão planos nos moldes dos fundos de pensão para ajudar adultos que trabalham a economizar para continuar sua educação. Estes são conhecidos atualmente como Lifelong Learning Accounts (LiLAs). Tanto empregadores quanto empregados devem contribuir com o financiamento, com a provisão de que o funcionário seja dono da conta após deixar a empresa. Os LiLAs atualmente não têm vantagens de taxas especiais. Entretanto, já foi introduzida legislação para expandi-los e oferecer créditos de taxas federais e descontos nas taxas para essas contas em alguns estados como a Califórnia, Indiana, Iowa, Illinois, Minnesota e Washington, e a legislação federal está indefinida.[16] Mais importante, os LiLAs têm um enorme apelo junto à Geração do Milênio e a Geração de 2020, que pretendem continuar sua educação no ambiente de trabalho e querem se preparar não apenas para seus cargos correntes, mas, também, para cargos que ainda não existem. Os LiLAs oferecem aos jovens trabalhadores profissionais o benefício da portabilidade de uma aprendizagem em uma era em que as habilidades se tornam obsoletas, muitas vezes, em um período curto de tempo de até dois anos.

14. A FLEXIBILIDADE ENTRE O TRABALHO E A VIDA SUBSTITUIRÁ O EQUILÍBRIO TRABALHO-VIDA

A Email Addiction Survey, pesquisa anual da AOL informa que, na economia global 24/7 atual, 67% das pessoas verificam seus e-mails na cama, de pijama.[17] Dado esse cenário, como você define o equilíbrio trabalho/vida? Este ainda é um objetivo relevante? Andrés Tapia, autor de *The Inclusion Paradox*, vê uma mudança na flexibilidade em vez de equilíbrio. A flexibilidade entre o trabalho e a vida reforça a visão de que não existe algo como horário de trabalho e horário de casa. Em vez disso, trabalhadores hiperconectados desejarão ter a flexibilidade de gerenciar tanto a vida profissional quanto a pessoal.[18]

A flexibilidade entre o trabalho e a vida gira em torno da capacidade de multitarefa e de atribuição de trabalho a várias fatias de tempo, de modo que todas as prioridades de um dia sejam executadas, seja no trabalho, em casa ou na academia. Em um mundo flexível quanto a trabalho e vida, um funcionário poderia deixar o escritório às 3 horas da tarde, ir para casa preparar o jantar, ajudar as crianças com seu dever de casa, depois voltar, online, às 9 da noite, após as crianças estarem na cama, e os pratos do jantar terem sido lavados. Se você conseguir fazer isso e ainda produzir resultados para seu empregador, por quê não? Onde está o escritório neste cenário? Está sendo redefinido do local único em que o trabalho é feito para todos os muitos locais onde as pessoas trabalham, colaboram e vivem.

Uma empresa que tem liderado as demais na criação de flexibilidade entre o trabalho e a vida é a Best Buy, com seu Results-Only Work Environment (ROWE). No ambiente de trabalho orientado a resultados, os funcionários ficam livres para trabalhar onde quiserem e quando quiserem, desde que realizem o trabalho. Desde seu início, em 2002, como um programa piloto, o ROWE foi incorporado como parte oficial do argumento de recrutamento da Best Buy, assim como sua orientação para novas contratações. A empresa alega que a produtividade aumentou 35% para aqueles no ROWE e que o engajamento dos funcionários — que mede a satisfação dos funcionários e é frequentemente um indicador de retenção — é bem maior também, de acordo com a pesquisa da Gallup Organization, que examina culturas corporativas.[19] Se as pessoas puderem levar seus escritórios virtualmente nos seus bolsos ou bolsas, por que deveria importar onde e quando eles trabalham, se satisfizerem ou excederem seus objetivos?

15. AS EMPRESAS REVELARÃO SEUS PROGRAMAS DE RESPONSABILIDADE SOCIAL CORPORATIVA PARA ATRAIR E RETER OS FUNCIONÁRIOS

O foco nas pessoas, no planeta e nos lucros, também conhecido como o objetivo final triplo, se tornará a principal forma das organizações atraírem e reterem os novos contratados. Isto será crítico, a julgar pelos 79% de uma amostra de 1.800 pessoas de 25 anos de idade querem trabalhar para uma empresa que se importe em como ela impacta e contribui com a sociedade, como o Cone 2006 Millenial Cause Study descobriu.[20] Mais da metade também diz que recusaria trabalhar para uma corporação irresponsável. Então, as empresas começarão a ir além da filantropia corporativa, integrando a responsabilidade social corporativa à sua estratégia central de negócio e relatando objetivos quantitativos aos funcionários atuais, prováveis contratações futuras e investidores.

Esse já é o caso na Grã-Bretanha, país em que a lei requer que as empresas deem informações sobre os objetivos de negócio dos seus programas de responsabilidade social corporativa. Como exemplo, o relatório anual da National Grid, uma empresa internacional de eletricidade e gás, inclui não só uma revisão de todos os projetos de responsabilidade social corporativa, como identifica os objetivos quantitativos do negócio. Um exemplo: a obtenção de 80% de redução nas emissões de gás em estufa em 2050, derivando 15% da sua produção de energia de fontes renováveis em 2020 e definindo um estatuto de inclusão global para a organização.[21]

No entanto, impor um requisito legal pode não ser o impulso real que faz com que as empresas incorporem programas de responsabilidade social corporativa. A Geração do Milênio e a Geração de 2020 demandarão que as empresas sejam responsáveis socialmente ou se arrisquem a perder talentos valiosos para os competidores.

16. A DIVERSIDADE SERÁ UMA QUESTÃO DE NEGÓCIO EM VEZ DE RECURSOS HUMANOS

A escassez de talentos multiculturais no ambiente de trabalho será abordada como uma prioridade estratégica do negócio em vez de um mandato dos recursos humanos ou para satisfazer uma obrigação legal. Quando as organizações veem seu maior crescimento com trabalhadores novos vindo de uma mistura de candidatos a emprego de minorias, mulheres trabalhadoras de várias gerações e pessoas de outros países, seguem adiante para incorporar a diversidade à sua agenda de negócio.

Como David A. Thomas e John J. Gabarro informam no seu livro *Breaking Through: The Making of Minority Executives in Corporate America*, trabalhadores as minorias constituirão cerca de 40% da força de trabalho dos Estados Unidos em 2020, no entanto, mais de 50% de todas as posições executivas naquele país continuarão a pertencer a pessoas brancas do sexo masculino. A situação para as mulheres trabalhadoras é semelhante. Em 2007, as mulheres constituíam 40% dos 3 bilhões de pessoas empregadas no mundo, porém, tinham apenas 24% de posições de gerência sênior.[22]

Entretanto, as empresas estão vendo que desenvolver uma estratégia de inclusão é essencial para corresponder melhor às diversas ofertas de negócio pelo mundo. Uma forma de abordar isso é desenvolver um programa de formação de talentos tão cedo quanto possível. O National Center for Education Statistics relata que as taxas de formatura no ensino médio para latinos e afro-americanos nos Estados Unidos fica em torno de 60%. Destes graduados, apenas metade vai para a universidade e, desse grupo, apenas 40% se formam.[23] Espere mais parcerias corporativas como as criadas pela Lockheed Martin para aspirantes a engenheiros e pela Deloitte para contadores, mostradas no Capítulo 4, para apresentar opções e possibilidades de carreira para alunos dos ensinos básico e médio.

17. A SEPARAÇÃO ENTRE MARKETING, COMUNICAÇÕES E APRENDIZAGEM FICARÁ MENOS VISÍVEL

Organizações de marketing e departamentos de aprendizagem entrarão em parcerias mais fortes para reempacotar alguns programas de aprendizagem corporativa em educação do consumidor. Essas novas comunidades serão criadas para construir conexões mais fortes com os clientes de uma marca, e espera-se aumentar a fidelidade dos consumidores e a preferência pela marca.

A firma de eletrônicos Sony já está fazendo isso com seu Backstage 101, um site de consumidor de marca que tem mais de cem cursos interativos e tutoriais, artigos e vídeos nas áreas da computação pessoal, entretenimento caseiro, fotografia digital e vídeo digital. Usuários do Backstage 101 classificam e resenham todos os cursos online, participam de fóruns e murais de discussão de cursos individuais, colocam tags nas resenhas e postagens de discussão de outros usuários e compartilham conteúdo em social bookmarking sites. Esses cursos online são usados como treinamento corporativo para os representantes de vendas da Sony também.[24] Espere mais parcerias entre os chefes de recursos humanos, de aprendizagem corporativa e de marketing à medida que os programas de treinamento corporativo são reimaginados como ofertas de educação online do consumidor e se tornam parte da mistura marketing/comunicação para aumentar a fatia de mercado e a satisfação do consumidor.

18. LOJAS DE APLICATIVOS CORPORATIVOS OFERECERÃO FORMAS DE GERENCIAR MELHOR O TRABALHO E A VIDA PESSOAL

Como os funcionários esperarão estar mais no controle de todos os aspectos de sua vida, as empresas buscarão uma página na muito bem-sucedida iPhone App Store e criarão lojas de aplicativos corporativos para auxiliar os funcionários a gerenciar a vida deles no trabalho e em casa.

Atualmente, há mais de 100 mil aplicativos iPhone em 20 categorias, incluindo livros, negócios, educação, finanças, médica e de jogos. Os consumidores baixaram mais de dois bilhões de aplicativos, que geraram mais de um bilhão de dólares em receita para a Apple e seus desenvolvedores.[25] Há aplicativos para cada etapa da vida: iSeniors, um programa projetado para localizar os centros de convívio de idosos mais próximos baseado na sua localização GPS; myHomework, uma aplicação projetada para auxiliar estudantes a registrar suas responsabilidades acadêmicas; Diagnosaurus, uma ferramenta de referência que diagnostica uma doença baseada nos seus sintomas; e o PetMD Dog First Aid, uma enciclopédia médica para quem gosta de cachorros, a qual o instrui a responder às necessidades médicas do seu animal de estimação e a localizar a clínica veterinária mais próxima.

Agora, imagine o poder de aplicativos personalizados oferecidos por um empregador. No lado do negócio, eles poderiam incluir um aplicativo de relatórios de despesas, um aplicativo de registro de objetivos ou um aplicativo de microfeedback. No lado pessoal, se você for uma mãe trabalhadora, os aplicativos poderiam focar os locais de centros de creches, programas após a escola, auxiliares de deveres de casa e centros de ginástica. Ou um funcionário da Geração do Milênio talvez queira aplicativos que tragam oportunidades para trabalhar e estudar no exterior ou aprender uma nova língua ou dicas sobre como fazer uma primeira hipoteca. A personalização reinará quando os funcionários acessarem e desenvolverem aplicativos para gerenciar seu trabalho e sua vida pessoal. Pegando emprestado da Apple, o novo lema de RH será: "Sim, há um aplicativo para isso!".

19. CONHECIMENTO EM MÍDIA SOCIAL SERÁ REQUERIDO PARA TODOS OS FUNCIONÁRIOS

À medida que as organizações se tornam hiperconectadas e adotam uma faixa de mídia social, devem assegurar que sabem como usá-la para colaborar, conectar e inovar no mercado de trabalho global.

Tal fato vai requerer que os chefes de recursos humanos façam parcerias com os de comunicações e aprendizagem para criar treinamentos e até certificações para desenvolver conhecimentos em mídia social. A Telstra, uma firma de telecomunicações australiana, já desenvolveu um conjunto extenso de diretrizes de mídia social e exige que todos os funcionários sejam certificados em como usar mídia social no ambiente de trabalho. A Telstra chama isto de treinamento em 3R: responsabilidade, respeito e representação. Os funcionários da Telstra devem ter clareza sobre quem estão representando, assumir a responsabilidade para assegurar que quaisquer referências à Telstra sejam corretas e mostrar respeito pelos indivíduos e comunidades com os quais interagem no processo.[26]

Nos Estados Unidos, a Intel desenvolve programas de treinamento baseados em papéis e certificações Digital IQ, que licencia os funcionários a praticar mídia social pela Intel. Todos esses programas estão sob a tutela do Centro de Mídia Social de Excelência Intel, que dissemina iniciativas de mídia social pela organização, elaborando diretrizes, processos, estratégias e programas de criação de habilidades sobre como ser responsável e respeitoso usando mídia social no trabalho (as Diretrizes de Mídia Social da Intel são fornecidas no Capítulo 5).

No ambiente de trabalho de 2020, o nível de investimento e treinamento no conhecimento de mídia social será a norma quando as organizações virem o poder do uso da mídia social para criar marcas, colaborar no ambiente de trabalho e levar mais inovação através da cadeia de valores de uma empresa.

20. CRIAR UM PORTFÓLIO DE EMPREGOS SERÁ O CAMINHO PARA OBTER EMPREGO EM TEMPO INTEGRAL PERMANENTE

Os maiores talentos em áreas especializadas terão muitas oportunidades. Para o resto de nós, emprego permanente e em tempo integral começará com uma série de projetos obtidos através da nossa rede social ou de agências de emprego. Atualmente, você pode procurar empregos em sites especializados, que oferecem vagas, e os empregadores podem testar as habilidades em projetos de curto prazo usando pessoas trazidas através de agências ou sites.

Em 2020, futuros funcionários estarão mais confortáveis começando com uma carreira cujo portfólio provém do trabalho realizado em diversos projetos para diferentes empregadores ao mesmo tempo. O caminho para o emprego permanente em tempo integral pode incluir primeiro um estágio não remunerado, depois uma série de atribuições baseadas em projetos, obtidas através de redes sociais ou agentes de pesquisa buscando trabalho em sites. De acordo com Steve Rodems, um parceiro sênior na Fast Track Internships, empresa que cobra uma taxa de 799 dólares para ajudar um estagiário a encontrar um emprego não remunerado, "estágios não são mais uma área dos estudantes universitários. Mais profissionais desempregados estão buscando por eles — seja para testar uma nova carreira ou apenas para se manter ocupados". Rodems continua: "Cerca de 10% dos meus clientes atualmente são graduados de universidades mudando de profissão comparados com apenas 1%, em 2008.".[27]

Cuidadosas sobre ciclos repetidos de contratação e dispensa, as empresas irão dar mais trabalho para ser feito com base em contingência e, ao fazer isso, irão testar futuros potenciais funcionários para assegurar que não há tão somente uma adaptação de qualidades, mas também de cultura. Para futuros possíveis funcionários, criar uma reputação com diversas empresas permitirá a eles ter a oportunidade de selecionar uma cuja marca e cultura repercutam neles, e assim ajudem a diminuir o desgaste para as empresas. Já que mais pessoas estarão executando trabalhos temporários e "blogando" sobre eles, forjar uma fidelidade à marca além dos funcionários será essencial para as empresas.

EMPRESAS INTELIGENTES DEVEM PLANEJAR AGORA POTENCIAIS EVENTOS FUTUROS

E se uma série de eventos globais mudar dramaticamente o caminho daqueles que estiverem trabalhando no ambiente de trabalho de 2020? Você e sua organização estão pensando em que ações e que alterações sua organização fará no modo pelo qual traz, atrai, recompensa, desenvolve, engaja e retém os funcionários? Enquanto você reflete sobre o ambiente de trabalho de 2020, considere o que fará se os seguintes cenários ocorrerem:

- **Há uma década global perdida nos Estados Unidos** que poderia ser semelhante ao que aconteceu no Japão na década de 1990, quando a expansão econômica parou. O Japão passou por uma longa recessão com sérias repercussões sobre a geração de empregos, inovação e investimento em infraestrutura.

- **Há um levante político na China ou na Índia** que resulta em uma mudança na manufatura e nos serviços para países com governos estáveis, como a Costa Rica. Haverá novas questões na busca de talentos nesses locais.
- **Ocorrem desastres** como pandemias, terrorismo e mudanças climáticas massivas que criarão um foco maior ainda no teletrabalho, uma retração nos investimentos em imóveis corporativos e uma migração para todas as formas de trabalho virtual.
- **Há uma mudança na longevidade** à medida que as previsões de uma vida de cem anos se tornam realidade para uma grande porcentagem da população. Haverá significativas implicações na força de trabalho, já que as cinco gerações sobre as quais estamos escrevendo ficarão mais tempo no ambiente de trabalho.
- **Há mais ênfase no aumento de inteligência.** À medida que as ferramentas tecnológicas se tornam mais sofisticadas, poderão fazer simulações e fornecer conjuntos massivos de dados para nos auxiliar a ficar mais espertos e sugerir mais áreas nas quais atualizar nossas habilidades ou mirar em novas oportunidades de emprego.

Cada evento inesperado apresenta um conjunto novo de desafios e oportunidades para os líderes de recursos humanos em como eles ajustam sua gerência de talentos, seu engajamento de funcionários, sua recompensa e seu reconhecimento, além de práticas de desenvolvimento e aprendizagem.

O ambiente de trabalho de 2020 será fluido, diverso em idade e etnicidade, flexível, colaborativo, móvel, global e, acima de tudo, hiperconectado. Prepare-se para vivê-lo. Mas como você pode se preparar? No capítulo final, examinaremos algumas formas através das quais você pode começar a implementar tanto soluções de curto quanto de longo prazos para as questões com as quais sua organização irá se deparar em 2020 e depois.

CAPÍTULO NOVE

Prepare-se para o Ambiente de Trabalho do Futuro

Equilibrar o curto com o longo prazo é um desafio perene em negócios, especialmente em condições econômicas extraordinárias. Para equilibrar a estratégia com o aqui e agora, oferecemos algumas sugestões sobre como começar, hoje, a se preparar para o ambiente de trabalho do futuro. Você já deixou o primeiro dia de um trabalho ou de um programa de graduação e teve a sensação de estar com a cabeça sobrecarregada? Às vezes, temos visto essa aparência em pessoas com as quais conversamos sobre as mudanças com as quais esperamos que elas se deparem no ambiente de trabalho do futuro. Assim, gostaríamos de dar algumas sugestões sobre como você pode começar a definir, inventar e se preparar para o futuro.

Na última década, a terceirização dos recursos humanos pareceu ser a onda do futuro. Pensou-se que terceirizar o RH produziria eficácia através de fornecedores especializados, e o RH ficaria, então, livre para personalizar os benefícios e executar trabalho mais estratégico. Infelizmente, entretanto, o foco passou para a redução de custos e a economia obtida foi rapidamente aplicada no objetivo final em vez de guiar a inovação. Não é incomum em conferências de RH ouvir pessoas discutindo uma década perdida de avanços em práticas relacionadas a pessoas ou pelo menos lamentando não obter tanto impulso à frente conforme previsto.[1] Por quanto mais tempo será possível conviver com mudanças dramáticas no mercado e estagnação na área de RH? Equipes de produção que não trazem inovação e perdem a habilidade de competir, exaurem a capacidade de geração de lucros dos produtos existentes, e a empresa, sem dinheiro para reinvestimentos começa a entrar em declínio. Por que o RH deveria ser diferente? Sem inovação, não há como competir de modo mais agressivo no mercado, nem formas tangíveis de distinguir a marca do empregador, e o RH pode se tornar irrelevante.

Mas há esperança. Assim como o marketing foi reinventado pela habilidade de se conectar com os clientes através de mídia social, o RH também pode usar este momento para introduzir inovação e mudança. Acreditamos que os recursos humanos têm o potencial de organizar a mudança em organizações, se os seus líderes resolverem exercê-lo. Identificamos algumas iniciativas e capacidades que o RH pode ter, algumas habilidades que os indivíduos podem desenvolver para se aprontar para o ambiente de trabalho de 2020 e algumas ideias para desenvolvimento da equipe. É claro que as capacidades de qualquer organização, função ou pessoa precisam ser apropriadas para cada situação individual, de modo que fornecemos as listas a seguir como uma forma de começar o diálogo e incentivar sua imaginação.

INICIATIVAS QUE OS RECURSOS HUMANOS PODEM LIDERAR

1. Adotar uma mentalidade global.
2. Criar uma reputação de ser socialmente responsável.
3. Tornar-se hiperconectado.
4. Personalizar a experiência dos funcionários.
5. Permitir a inovação com foco no cliente.
6. Defender a abertura e a transparência.
7. Enfatizar a agilidade da aprendizagem.
8. Construir liderança cidadã.
9. Guiar o raciocínio em sistemas.
10. Criar uma cultura inclusiva.

INICIATIVAS QUE OS RECURSOS HUMANOS PODEM LIDERAR

Uma das definições mais simples de cultura corporativa é "a forma pela qual fazemos as coisas por aqui". As pessoas que compartilham crenças e suposições em uma organização, sejam declaradas ou não, são descritas como ajustadas à cultura. Para criar uma cultura que permita desempenhos nos níveis mais altos no ambiente de trabalho de 2020, o RH deve tomar, agora, as seguintes medidas para se preparar:

1. Adotar uma mentalidade global.

Desenvolver uma capacidade organizacional de trabalhar com um conjunto de funcionários, clientes, parceiros e fornecedores, geograficamente dispersos, de diversas culturas, através dos limites de tempo, espaço, geografias e sistemas organizacionais.

Há uma diferença entre multinacional e global; muitas empresas têm escritórios pelo mundo e mais pessoas fora do que em seu país de origem.[2] Como escreveu o autor e político Aimé Césaire, "É uma coisa boa colocar diferentes civilizações em contato; seja qual for seu gênio específico, uma civilização que se recolhe em si mesma atrofia; para as civilizações, o intercâmbio é oxigênio.".[3] Da mesma forma, uma empresa que se recolhe em si mesma atrofia, porque o intercâmbio cultural é vital para entender o mercado.

Entretanto, ser inteiramente global é evidenciado pelo desenvolvimento de talentos no exterior para liderar a organização, e não se basear extensamente em atribuições a expatriados. Quantos dos seus executivos atuais moram nos países onde você faz negócios? O número de executivos nativos é proporcional à receita desses países? Se a sua organização for como muitas outras, há muito mais executivos morando no país-sede, e as decisões-chave são frequentemente tomadas a milhares de quilômetros de distância dos clientes. Pergunte a si mesmo: quantos da sua equipe de executivos seniores são naturais dos países onde você está experimentando crescimento? Uma das chaves aqui é considerar quanto tempo leva para criar talentos, especialmente em mercados emergentes, onde podem ter menos experiência, e comparar aos planos de crescimento de receitas da sua organização em mercados emergentes.

Para abordar estes desafios, um número crescente de empresas está oferecendo oportunidades para colaboradores experimentarem trabalhar fora do seu país no início de suas carreiras. Numerosos benefícios estão envolvidos. Por exemplo, aqueles que aproveitam essa chance não somente ganham experiência internacional, como podem vir a escolher o local de uma futura designação. E, para os funcionários morando em países fora do país-sede, uma designação para a matriz pode acelerar seu desenvolvimento profissional.

No mínimo, há uma probabilidade maior de que empresas globais sejam baseadas fora dos Estados Unidos, conforme mostrado no Capítulo 1; então, o quão bem a sua organização se preparar para isso será um fator crítico de sucesso.

Inicie agora. Avalie sua liderança global; incentive designações globais no início da carreira; assegure que promoções para posições executivas reflitam a constituição global da sua base de clientes e receitas.

2. Criar uma reputação de ser socialmente responsável.

Desenvolva um comprometimento com a administração e o equilíbrio entre as pessoas, os lucros e o planeta.

Conforme discutido no Capítulo 3, ser responsável socialmente é essencial para a construção de uma marca na qual os futuros funcionários confiarão. De fato, muitas organizações estão bem no caminho para a responsabilidade social corporativa (RSC). Embora os investidores possam, um dia, autorizar um balancete que informe sobre os três objetivos finais — pessoas, lucro e planeta —, geralmente é o relatório anual ou o relatório RSC separado que cobre o comprometimento de uma organização em ser socialmente responsável.

O United Nations Global Compact on Corporate Accountability é um bom documento de referência para informações sobre responsabilidade social corporativa.[4] Pelo menos duas indústrias — de vestuário e de eletrônicos — estão na liderança na colaboração ao longo de suas respectivas cadeias de suprimentos para criar um padrão comum de informação sobre responsabilidade social corporativa. As empresas podem e devem juntar forças com outras do seu segmento e cadeia de suprimentos para estabelecer um formato padrão acerca de como relatar sobre responsabilidade social corporativa.

Inicie agora. Gere um relatório de RSC como adendo ao relatório anual dos investidores. Assegure-se de que o compromisso da sua organização com a RSC seja claro, quantitativo e inspirador. Inspire-se nas empresas de capital aberto da Grã-Bretanha, país em que há uma obrigação legal de informar sobre a responsabilidade social corporativa.

3. Tornar-se hiperconectado.

Desenvolva comunicações corporativas avançadas usando uma gama de mídia social, blogs, wikis, comunidades de prática e redes sociais corporativas online para conectar os funcionários, permitir colaboração massiva e melhorar a capacidade da sua empresa de inovar no mercado global.

No Capítulo 5, colocamos os cinco estágios da hiperconexão. Mas você pode ficar imaginando: qual é o nível certo de conexão para satisfazer a sua cultura corporativa e estratégia de negócio? Como está a diversidade de idades da sua força de trabalho atualmente e como estará quando você abordar o ambiente de trabalho de 2020? Se a sua organização contratará funcionários em início de carreira, espere que eles usem mídia social, com ou sem a sua permissão. Se os seus planos de crescimento incluírem expansão global, procure formas de conectar os funcionários, seja através de telecomunicações de alta qualidade, como videoconferência, ou conectando-se com indivíduos através de redes sociais. Se os fundos para a sua pesquisa forem limitados, considere a opção de usar estratégias de inovação para envolver as pessoas apaixonadas pelos seus produtos na geração de ideias. Você também pode começar adicionando uma ferramenta de mídia social — como um wiki para pré-trabalhos e seguimento em um programa de desenvolvimento executivo. Este foi o caminho usado pela CLO Teresa Roche e sua equipe na Agilent Technologies, quando queriam testar o uso da mídia social na aprendizagem corporativa.

Inicie agora. Faça um treino com a mídia social. Descubra como a função de marketing está usando essa ferramenta para alcançar seus clientes. Use algumas das plataformas para permitir um diálogo bidirecional com seus funcionários. Empregue estagiários da Geração do Milênio para trabalhar com sua organização com o intuito de esboçar um plano para o uso de mídia social a fim de conectar os funcionários.

4. Personalizar a experiência dos funcionários.

Desenvolva uma capacidade sistemática e automática de proporcionar uma experiência única e personalizada oferecendo uma ampla gama de escolhas, de modo que os funcionários possam selecionar os benefícios e serviços que correspondam às suas necessidades pessoais.

À medida que as organizações se tornam mais dispersas globalmente, o trabalho virtual passa a ser a norma, e as equipes são formadas e dissolvidas rapidamente. As ligações dos funcionários com uma organização se tornam mais tênues. As empresas podem, porém, criar uma experiência personalizada para os funcionários como uma forma de reter os maiores talentos.

Assim como as pessoas podem escolher os aplicativos que querem nos seus computadores, telefones e tocadores de MP3 para corresponder às suas necessidades pessoais e profissionais, o RH também deve começar a considerar como individualizar a abordagem genérica existente quanto aos funcionários. O objetivo é criar soluções gerais susceptíveis de serem personalizadas pelos indivíduos, e não individualizar soluções. Pode-se começar com a atribuição de um valor a cada benefício, dando aos funcionários um subsídio para gastar e, depois, permitindo-lhes configurar seus planos do modo como desejarem. Embora as empresas frequentemente façam isso com benefícios de saúde, defendemos sua difusão para um conjunto muito mais amplo de benefícios, incluindo tempo adicional de férias, subsídios para estudos, treinamentos, ferramentas de produtividade e mais.

Pense nisto como um mecanismo de consumo de benefícios trabalhistas. Os colaboradores entrarão para as empresas e receberão um cartão de crédito de benefícios. Aqueles que desejarem receber um salário mais baixo podem ter uma opção de selecionar mais dias de férias ou alterar a porcentagem entre seu salário-base e bônus. No princípio, os programas podem iniciar com uma faixa estreita e risco limitado. Por exemplo, algumas empresas já permitem às pessoas comprarem dias adicionais de férias, e outras permitem a doação de dias de férias para quem tiver uma emergência na família. É claro que este tipo de abordagem irá requerer transparência quanto aos custos de cada benefício, mas também permitirá aos funcionários entender sua compensação total verdadeira — um valor muito mais alto do que a maioria dos funcionários percebe hoje.

Assim como a web está avançando nas suas capacidades semânticas com agentes inteligentes que procuram informações ativamente, uma mentalidade organizacional que permita a coleta de informações para o contexto específico de um indivíduo se tornará cada vez mais importante. Mesmo agora, seria relativamente fácil para o RH projetar um questionário para pedir aos funcionários que analisem o que é importante para eles e sugiram benefícios de acordo com isso. É tecnologicamente possível projetar agentes computacionais para sugerir opções para funcionários, baseados em outras opções que eles tenham escolhido ou outros fatores, como época de aposentadoria desejada, situação dos dependentes, objetivos educacionais etc.

> **Web Semântica:** Também conhecida como Web 3.0, a web semântica se refere à evolução de agentes computacionais inteligentes que conseguem aprender e adaptar conteúdo específico para o usuário.

Os líderes de RH têm conversado sobre a personalização da experiência dos funcionários há mais de uma década. Embora tenha havido alguns avanços em benefícios do tipo lanchonete, em grande parte, preocupações legais têm limitado a inovação que é possível a partir da perspectiva técnica.

Inicie agora. Crie diretórios internos com imagens; avance pelas plataformas de redes sociais para incentivar maior personalização. Trabalhe com a equipe de TI para permitir que os funcionários selecionem seus próprios equipamentos e ferramentas dentro de uma faixa de parâmetros. Avalie as políticas de instalações e os escritórios da empresa. Em vez de ter espaços determinados por nível, existe alguma forma de permitir às pessoas optarem por aqueles que elas achem mais produtivos dentro de um subsídio fixo no orçamento? Crie uma política relacionada ao teleintercâmbio, incluindo diretrizes para ajudar os funcionários a configurar escritórios em casa.

5. Permitir a inovação baseada no cliente.

Pensar em inovação em termos do orçamento gasto em pesquisa e desenvolvimento é uma forma antiquada de ver o mundo. Existe uma profusão de sabedoria no mercado sobre seus produtos e serviços. Expanda o pensamento dos seus funcionários para analisar como buscar ideias de outros.

Que ideias e pensamentos as pessoas que lidam com os clientes todos os dias têm na cabeça que podem ser transferidas para as que projetam os produtos e serviços? Que conhecimento a área de finanças ou de RH tem sobre o que está inibindo a inovação pela organização ou em apenas uma área? Todos em uma organização podem contribuir com conhecimento compartilhado, a partir do qual a inovação pode fluir, se eles receberem uma oportunidade.

Inicie agora. Incentive a inovação aberta em todas as áreas. Execute uma Idea Jam na empresa sobre um determinado assunto e convide todos que quiserem assistir. Compartilhamos como isto funcionou para a Bell Canada no Capítulo 5. Crie um espaço público para permitir aos seus clientes e a outros oferecerem ideias. Assegure-se de que alguém da área de desenvolvimento de produtos monitore, junte e sintetize as ideias.

6. Defender a abertura e a transparência.

Desenvolva uma divulgação completa do processo de raciocínio que leva a decisões que importam para a organização.

A mensagem mais forte que os líderes de uma organização podem enviar é através do seu próprio comportamento. Se é importante para eles tomar boas decisões e saber o impacto delas, abrir um grau de transparência sobre as decisões é essencial. Gary Hamel defende a "permissão para hackear", que quer dizer permitir aos funcionários identificar os pontos fracos de uma decisão para torná-la mais forte.[5] É verdade, sem dúvida, que os funcionários que criticam uma determinada decisão não têm a necessária visão de conjunto, e podem não ser ponderados ao expressar sua opinião. Não obstante, se os líderes tiverem a maturidade, confiança e tolerância para proporcionar às pessoas a oportunidade de opinarem sobre suas decisões, a qualidade dos trabalhadores da organização aumentará consideravelmente.

A Best Buy descobriu que abrir o processo de previsão de receitas e outras decisões-chave administrativas levou a estimativas mais precisas — um exemplo clássico da sabedoria das multidões. Usando uma forma de marcador interno chamada Tag Trade, todos os funcionários na Best Buy têm a oportunidade de comercializar estoques imaginários baseados em respostas a perguntas dos gerentes, como o quão bem um novo produto venderia no seu primeiro mês. Os resultados no Tag Trade têm sido frequentemente mais precisos do que as previsões oficiais da empresa.[6] Uma mentalidade mais tradicional poderia argumentar que até mesmo discutir previsões de receitas com mais de 100 mil funcionários revelaria informações privadas e confidenciais. Ainda assim, quando este texto foi escrito, a Best Buy era uma das poucas varejistas que parecem estar vencendo a tempestade econômica que teve início em 2008.

Inicie agora. Crie um fórum que destaque uma decisão ou estratégia importante que a empresa esteja analisando; permita aos funcionários interagir e oferecer suas ideias.

7. Enfatizar a agilidade da aprendizagem.

Desenvolva a capacidade, em nível de organização, para adquirir novos conhecimentos e habilidades em todas as áreas, para se adaptar a um ambiente em mudança.

Karl Deutsch, um cientista social e político do século XX, avisou sobre a ameaça do domínio na sociedade, o que pode ser verdade para organizações também. "Em linguagem simples, ter poder significa não ter que desistir, e forçar o ambiente ou a outra pessoa a fazê-lo. O poder no seu sentido é estrito à capacidade de conversar em vez de escutar. Em certo sentido, é a capacidade de não precisar aprender.".[7] A agilidade na aprendizagem não tem só a ver com inteligência; humildade, curiosidade e intenção também são ingredientes necessários.

Pense em todas as mudanças que ocorreram na sua organização nos últimos cinco anos. O cenário competitivo mudou? Os clientes mudaram seus padrões de compra? Houve mudanças significativas na liderança? De que maneiras o cenário econômico geral e o ambiente regulatório afetaram sua empresa? Se a sua for como a maioria das organizações, as respostas a essas questões indicarão que houve mudanças consideráveis. Algumas organizações conseguiram responder rapidamente a essas mudanças; outras, agora, alinham-se nos bancos de falências dos tribunais. Criar agilidade de aprendizagem não é algo feito da noite para o dia. Mostramos algumas das formas para liberar a aprendizagem em uma organização através de plataformas de redes sociais que permitam o compartilhamento de conhecimento. O exemplo da PwC no Capítulo 7 é excelente como modelo de criação de um conjunto de práticas para reciclar os líderes e equipes completas sobre como usar o ambiente de trabalho como um laboratório de aprendizagem.

Inicie agora. Insista em revisões de aprendizagem após cada vitória ou derrota importante com os clientes, para determinar os fatores causais e formar uma compreensão comum para a próxima proposta de negócio. Em pesquisas de 360 graus, inclua questões escritas para os líderes, como: Quando você pensa no que poderia ser o "melhor da classe" para alguém executando o meu trabalho, como seria? O que poderia ser diferente do que estou fazendo agora?

8. Construir liderança cidadã.

Desenvolva uma mentalidade difundida que reforce os princípios de abertura e democracia através do acesso à informação e colaboração social para prover sustentabilidade e integridade dentro da sociedade na qual a organização opera.

O líder de 2020 terá de ir além do estilo de gerência hierárquico proposta por Frederick Taylor*, que tem sido o principal modelo há mais de cem anos. O mercado é complexo demais, e as condições estão mudando rápido demais para as organizações se basearem em formatos incômodos e antiquados de liderança e gerência. A transformação John Chambers e Cisco System, citada no Capítulo 7, é um exemplo dos primeiros estágios de mudança na estrutura de gerência de um negócio.

O jornalismo está enfrentando uma crise histórica com o surgimento dos jornalistas cidadãos, e o poder passou das empresas de mídia para estes repórteres amadores. De forma muito semelhante, a liderança das empresas será transformada pelos líderes cidadãos que forem francos sobre qual direção creem que a empresa deve ir para ser bem-sucedida.

Um líder cidadão reconhecerá que existem interdependências em todos os níveis, tanto dentro quanto fora da organização, o que permite à empresa colaborar de formas não tradicionais e acelerar sua capacidade de resposta ao mercado. Um líder cidadão tem em mente as formas nas quais a organização tem uma responsabilidade não apenas com o lucro, mas, também, com as pessoas que a integram e com a guarda do planeta. A harmonia entre a liderança e a gerência, com a inovação necessária em ambas, é essencial para o sucesso de um líder cidadão.

Inicie agora. Avalie seu modelo de competência de liderança e assegure que seja tão único à sua organização que nenhuma outra empresa teria o mesmo modelo. Teste se a marca de liderança expressa pelo seu modelo tem apelo em várias gerações. Assegure-se de que o modelo vá além da liderança para se integrar com as suas expectativas para gerência. Prepare-se para o advento de líderes cidadãos assim como as empresas de mídia bem-sucedidas fizeram; adote suas tecnologias e estilo; assegure-se de que sua equipe de liderança esteja usando blogs e comece a abrir diálogos bidirecionais sobre decisões importantes.

---

* Engenheiro americano, que concebeu o método científico de organização do trabalho conhecido por taylorismo.

9. Guiar o raciocínio em sistemas.

Projete e conecte sistematicamente as áreas e os grupos de conhecimento, entendendo suas interdependências, para obter uma vantagem competitiva no nível da organização.

A essência do pensamento em sistemas é entender como as estruturas e os processos trabalham juntos para alcançar resultados comuns. Pensar desta forma permite a identificação das causas relacionadas de problemas recorrentes. Quanto mais complexa a decisão, é mais provável haver interações em diversas áreas e talvez até empresas.

Um exemplo: uma empresa de eletrônicos demonstra como o pensamento em sistemas pode melhorar as operações. O departamento de entregas foi avaliado em termos de pontualidade e eficiência dos caminhões, neste quesito considerando que sua capacidade de carga estivesse sendo totalmente utilizada. Uma vez que não havia parâmetros qualitativos, o departamento de entregas começou a embarcar caixas vazias nos caminhões, preenchendo a condição de carga completa. Uma visão de sistema teria trabalhado partindo de trás para a frente, de acordo com o que os clientes queriam, não apenas evitando o desvirtuamento do método de avaliação, como até indicando um modelo completamente novo para fazer pequenas entregas.

Uma boa questão a ser levantada ao se deparar com o que pode parecer um comportamento contraproducente de funcionário é esta: por que uma pessoa razoável e racional agiria desta forma?[8] Dando aos funcionários o benefício da dúvida, você pode começar a trabalhar do fim para o começo a partir desta questão, de forma a entender o(s) sistema(s) correspondente(s) que pode(m) estar recompensando este comportamento.

Inicie agora. Requeira uma avaliação de decisões semelhantes no passado como parte das apresentações de projetos atuais. Inclua um diagrama de sistemas ao avaliar uma decisão complexa. Reveja os objetivos, planilhas ou livros de consulta para cada área importante da organização. Em lugar de pensar no desempenho e nas expectativas de cada unidade, volte e examine como tudo se ajusta. Onde os objetivos podem na verdade trabalhar uns contra os outros? As recompensas das pessoas estão associadas a um sucesso geral através de um conjunto sustentável de objetivos? Felizmente, diversos cursos, relatórios informativos e livros sobre este tópico estão disponíveis. Peter Senge é o mais conhecido nesta área; você pode ler conteúdo de sua autoria e de outros em www.solonline.org.

10. Criar uma cultura inclusiva.

Construa um ambiente corporativo acolhedor e uma marca de empregador que seja sensível à cultura, etnicidade, origem, idade e outras diferenças, e que forneça acesso equitativo a oportunidades, produtos e serviços para funcionários, fornecedores e clientes.

À medida que seus clientes se tornarem mais globais e diversificados, a necessidade de responder com produtos e serviços que correspondam às suas demandas diferenciará empresas em crescimento das estagnadas. O quão bem a constituição da sua base de funcionários corresponde à dos seus clientes? A sua equipe de liderança sênior também reflete a sua base de clientes? No que diz respeito à tomada de decisões na organização, as visões diferentes e divergentes são incentivadas ou apenas toleradas?

A inovação prospera com a diversidade de ideias. Se você quiser inovação, precisa de um conjunto diverso de colaboradores cujas ideias sejam ouvidas. Essas vozes são escutadas atualmente?

Inicie agora. Organize uma orientação reversa, executada por alguém tão diferente de você quanto possível. No nível organizacional, aumente a eficácia no processo de revisão de pessoal para assegurar que candidatos diversificados não apenas sejam considerados, mas também que as decisões finais acabem por refletir a população geral de funcionários da empresa. Apoie as organizações e os eventos que promovam diversidade e inclusão.

TRÊS CAPACIDADES DO RH

1. Inovadores arrojados.
2. Dão dicas para os executivos.
3. Usam celulares e outros aparelhos portáteis.

HABILIDADES PARA OS LÍDERES DE RECURSOS HUMANOS DO FUTURO

Como Margaret Mead disse, "Nunca duvide que um pequeno grupo de indivíduos atentos e comprometidos possa mudar o mundo. De fato, é a única coisa que já o fez.".[9] Comece com você e vá espalhando pela sua equipe e por seus amigos e colegas com a mesma mentalidade: você tem o poder de mudar. Para desenvolver os líderes do futuro, aqui estão três capacidades nas quais o RH deve se focar:

1. Inovadores Arrojados

Inovadores arrojados criam centros de excelência na adoção de tecnologias e abordagens novas e avançadas para engajar os funcionários.

Em algumas empresas, o departamento jurídico tem sensibilizado a tal ponto o RH quanto aos riscos, que a precaução para evitá-los estabelece o tom das políticas relacionadas aos funcionários. Vimos a comunicação com funcionários em uma empresa chegar ao cúmulo de quase todas as cartas enviadas a todos os funcionários incluírem uma expressão de que a exclusão seria o resultado se as políticas não fossem seguidas.

Não estamos defendendo que a empresa seja colocada em risco, mas estamos sugerindo que poderia estar na hora de se perguntar o quão real ele é e se as potenciais recompensas da inovação poderiam compensá-lo. Qual a maior inovação que você introduziu no RH na última década? Se essa pergunta for difícil de responder, talvez esteja na hora de melhorar seu desempenho.

Inicie agora. Escolha uma política que proíba os funcionários de alguma ação, como acessar redes sociais externas ou ficar no negativo em balanços de férias. Liste os prós e os contras, e, para os contras, identifique as probabilidades de riscos atualizados e os custos associados a eles. A política em uso tem condições para prevenir o abuso para menos de 1% da população de funcionários? Lembre-se de que, no exemplo das redes sociais, se alguém estiver determinado a liberar informações confidenciais, já pode fazê-lo através de e-mail. Que ganhos de produtividade os benefícios poderiam fornecer?

2. Dão Dicas para os Executivos

Eles incentivam a comunicação avançada e a influência de habilidades no nível executivo, obtida através de parceria confiável.

Assim como um treinador de cavalos, que tem uma habilidade extraordinária de entender a linguagem desses animais para treiná-los, os executivos de RH precisarão desenvolver uma habilidade bastante afiada de ouvir, entender e orientar os executivos do negócio. Chegar a este nível requer a compreensão da linguagem de negócios e, portanto, está muito além do objetivo de um "lugar à mesa".

O plano de desenvolvimento de qualquer executivo júnior de RH com alto potencial deve incluir rotatividade de cargos para reunir as características do negócio como um todo. Desenvolver a capacidade de manejar conversas críticas e influenciar, também são fundamentais.[10] A linguagem do negócio é essencial para se comunicar com executivos, e trabalhar em uma função fora da equipe fornecerá uma forma de aprendê-la.

Treinadores de cavalos vão além de entender a linguagem deles. Através de suave persuasão, eles condicionam os cavalos em um conjunto específico de comportamentos e ações. Da mesma forma, os treinadores de executivos os persuadem a agir de uma forma que aumentará a capacidade da organização de ser bem-sucedida através do seu pessoal.

Inicie agora. Leia *Influencer: The Power to Change Anything* de Kerry Patterson e outros.[11] Mantenha um registro durante as reuniões de liderança das palavras-chave que pareçam surgir diversas vezes. O que elas lhe dizem sobre a linguagem dos líderes? Como você pode aprender a falar essa linguagem ao mesmo tempo em que influencia os líderes na direção de uma posição que ajudará a organização a ser bem-sucedida no futuro?

3. Usam Celulares e Outros Aparelhos Portáteis

Eles usam diversas formas de tecnologias sociais para criar e disseminar conhecimento.

Qualquer pessoa de qualquer idade pode se tornar conhecedora de mídia social e, portanto, se torna um membro desse grupo (Nossas próprias transformações em andamento, de membros da Geração do Pós-Guerra, confirmaram que é possível aprender a pensar, agir e se comunicar nas novas formas que serão necessárias em 2020). Sua capacidade de expandir sua rede e seu capital de reputação dependerá inteiramente da sua habilidade em criar relacionamentos no mundo virtual. Aprender a linguagem é uma das melhores maneiras de se adaptar à vida em outro país. Se quiser trabalhar com sucesso no ambiente de trabalho de 2020 deve começar aprendendo a linguagem da mídia social. A velocidade de inovação em tecnologias sociais não está diminuindo, então, quanto mais você demorar, maior se tornará o desafio de adaptação.

Se você pensar que não tem tempo para aprender tais habilidades, pense novamente sobre o equilíbrio entre o trabalho e a vida. Considere o que lhe dá e retira sua energia.[12] Procure formas para contribuir e ficar conectado naquilo que lhe seja útil, no trabalho ou através dos seus amigos ou suas comunidades. Nós somos seres sociais. Use as ferramentas disponíveis para permanecer conectado com as pessoas e questões que lhe importam.

Inicie agora. Identifique uma comunidade online que tenha muita importância para você, seja ela relacionada ao seu trabalho ou não. Comprometa-se em ficar em contato fazendo visitas diárias a essa comunidade por, pelo menos, um mês. Há cursos disponíveis para aumentar a velocidade do uso de mídia social, e o YouTube tem um número incrível de vídeos que lhe ensinarão muitas das ferramentas. Para determinar quais delas usar na sua organização, algumas com as quais você deve se sentir pessoalmente confortável são:

FERRAMENTAS DE MÍDIA SOCIAL QUE VOCÊ PRECISA DESENVOLVER

- RSS feeds
- Portais personalizados
- Blogs
- Classificação/tagging
- Envio de vídeos
- Capacidades para dispositivos móveis
- Redes sociais
- Mensagens instantâneas

- **RSS feeds.** No mínimo, receba os feeds do seu jornal, colunista ou blog favorito. O benefício de usar RSS feeds é que você não tem que visitar cada um dos sites para assegurar que esteja atualizado. Você pode ler estes feeds em um leitor especializado (também chamado de agregador), no seu e-mail ou online, no seu portal personalizado.
- **Portais personalizados.** O Google e o Yahoo! oferecem a capacidade de personalizar sua página inicial, assim como muitos sites. Selecione alguns RSS feeds, widgets para o clima local, um registrador de portfólios financeiros (inclua seus competidores), alguns jornais e alguns blogs dos seus líderes intelectuais favoritos.
- **Blogs.** Para lhe dar uma ideia do quão difundidos os blogs estão, alguns alunos de jardim da infância agora devem criar um blog para se formarem. Na própria internet você obtém algumas dicas sobre como iniciar.
- **Classificação/tagging.** Comece a ler e classificar o conteúdo nos seus sites favoritos. Adicione tags para ajudar as outras pessoas a encontrar o conteúdo.
- **Envio de vídeos.** Crie um vídeo breve sobre um dos seus tópicos ou hobbies, talvez mostrando uma dica que você tenha aprendido. Para aprender como, vá ao seu mecanismo de pesquisa favorito e pesquise "como enviar vídeos para o YouTube".
- **Capacidades para dispositivos móveis.** Para ser verdadeiramente móvel, você precisa entender todo o potencial do computador que carrega consigo todos os dias — seu dispositivo móvel. Se você não tiver um smartphone, tablet ou netbook, obtenha um agora. Se tiver um iPhone, baixe cinco aplicativos para seu telefone e use-os.[13]
- **Redes sociais.** Crie uma conta no Facebook. Seja amigo de, no mínimo, 25 pessoas. Verifique sua conta todos os dias por pelo menos três meses. Você ficará surpreso com o quanto descobrirá sobre o que seus colegas e amigos (e talvez até seus filhos) estão fazendo. Se você configurar um perfil e não o usar diariamente, não entenderá o quão poderosa a rede social pode ser e como pode um dia substituir o e-mail inteiramente.
- **Mensagens instantâneas.** Configure uma conta de mensagens instantâneas. Sua empresa provavelmente já deve ter uma ferramenta disponível. Descubra dois colegas que concordem

em ficar online ao mesmo tempo em que você possa, durante uma hora por dia, duas ou três vezes por semana. Após estar confortável com isso, peça a um colega para trocar mensagens com você durante uma reunião com um vendedor ou uma chamada de teleconferência.

NOVAS HABILIDADES PARA A SUA EQUIPE

NOVAS HABILIDADES PARA A SUA EQUIPE

1. Conector social
2. Reconhecedor de talentos
3. Agente de desenvolvimento de talentos
4. Planejador de capacidades
5. Uma equipe globalmente experiente

Finalmente, examinamos as habilidades e capacidades que devem ser desenvolvidas no nível de equipe de RH, incluindo novas categorias de cargos, para se adaptar para o ambiente de trabalho do futuro. Para obter sucesso nesse ambiente, sua equipe deve incluir um ou mais dos seguintes:

1. Conector Social

Um provedor e cultivador de redes e comunidades dentro de uma organização.

A maioria das organizações que discutimos neste livro precisava de um impulso ao estabelecer suas redes sociais. Incentivar a conexão e a colaboração pode ser uma das contribuições-chave que o RH faz para um negócio. Acreditamos que um conjunto totalmente novo de títulos de cargos surgirá em RH, como:

- **Cultivador de comunidades.** Como um gerente de marca no eBay, uma pessoa designada para ajudar a criar uma comunidade online vibrante.
- **Futurista.** Uma pessoa que prevê não apenas para onde a profissão está indo, mas para onde a organização está seguindo e as implicações para os recursos humanos da empresa.

- **Planejador de lugares.** Uma pessoa que integra instalações, TI, e RH, para assegurar que os sites de colaboração virtual sejam propícios para a condução dos negócios no novo mundo.
- **Tecnólogo chefe.** Em vez de se basear em um parceiro de negócio de TI, esta pessoa criará uma capacidade altamente técnica dentro do RH para identificar os sistemas e as ferramentas necessárias para gerar uma experiência personalizada. Este cargo será apoiado por criadores de *widgets*, que desenvolverão *gadgets* para inclusão em um portal personalizado.
- **Planejador de capacidades pessoais.** Uma pessoa que dá um passo à frente no planejamento da força de trabalho para obter as habilidades que serão necessárias para a organização no futuro com um plano para desenvolver nessa direção.

Inicie agora. Comece criando uma rede de profissionais de RH em uma ferramenta pública ou privada. Se for pública, embora através de um site protegido por senha, como o Ning, assegure-se de que as políticas quanto ao que pode ser postado sejam claras. Selecione um indivíduo com alto potencial para cuidar da comunidade. Faça uma auditoria para determinar de onde pode ser derivado o maior valor através da conexão com pessoas de outras funções e inicie o processo de influência com os líderes desses grupos.

2. Reconhecedor de Talentos

Um profissional que identifica talentos antes que a necessidade surja, usando tanto métodos virtuais como reais.

Da mesma forma que os descobridores de talentos nos esportes, os descobridores de talentos da empresa desenvolvem formas para medir, cada vez mais cedo nas suas carreiras, os talentos que surgem e começarão a criar relacionamentos com os talentos identificados muito antes de uma necessidade específica surgir na organização.

Reconhecedores de talentos não apenas procurarão novos talentos, como, também, observarão os mais experientes que estiverem prontos para seguir adiante e os disponíveis para temporadas curtas ou para integrar a equipe a longo prazo. A criação desses relacionamentos personalizados começará quase que exclusivamente online, usando métodos virtuais, e, então, requererá um conjunto poderoso de habilidades em mídia social. Bons reconhecedores de talentos serão medidos pelo tamanho da sua rede e a velocidade e o sucesso das suas colocações.

Inicie agora. Assegure-se de que sua organização tenha uma presença sólida na web para os candidatos. Comece recrutando em redes sociais, especialmente LinkedIn, Facebook e mundos virtuais.

3. Agente de Desenvolvimento de Talentos

Um indivíduo com a capacidade de identificar e desenvolver não apenas potenciais altos, mas, também, fornecer acesso a oportunidades de desenvolvimento para os automotivados.

A IBM tem um formulário que todos os funcionários devem preencher, anualmente, sobre o assunto dos seus comprometimentos de negócios pessoais. O formulário contém uma seção sobre o que cada um se compromete a aprender no próximo ano, permitindo uma conversa entre o gerente e o funcionário. O RH e a aprendizagem criaram as ferramentas e o processo, permitindo que a conversa com cada funcionário seja personalizada.

O RH também encontrará formas de acelerar o desenvolvimento de talentos incentivando experiências ampliadoras. A Geração do Milênio não terá tanto tempo para se preparar para cargos de liderança quanto as duas últimas gerações tiveram, então, fornecer tanto aceleração formal quanto informal de aprendizagem se tornará essencial.

Inicie agora. Use a gama de ferramentas fornecidas pela mídia da Web 2.0 — como podcasts, teleconferência e vlogs — para conectar seus funcionários às oportunidades de aprendizagem. Use a orientação reversa para dar aos altos potenciais acesso precoce aos líderes.

4. Planejador de Capacidades

Um indivíduo que capta a visão de planejamento das habilidades necessárias para a força de trabalho para toda a empresa competir no mercado tanto agora quanto no futuro.

No futuro, o planejamento da força de trabalho e a aprendizagem se preocuparão mais em auxiliar um negócio a determinar exatamente quais capacidades são necessárias para as próximas tarefas, os próximos cargos ou papéis em larga escala. Antecipar o futuro e criar as habilidades requeridas trará uma vantagem sobre as empresas obrigadas a substituir constantemente os funcionários, cujas habilidades não correspondem mais às necessidades da organização.

O que é mais barato: contratar pessoas que podem não se adaptar à cultura ou prover os funcionários existentes com novas habilidades? É onde a visão de longo prazo pode justificar o desenvolvimento de pessoas, já que o retorno sobre o investimento em desenvolver pessoas geralmente não pode ser obtido dentro de um único trimestre.

Inicie agora. Identifique áreas da organização que demitiram funcionários e contrataram outros na mesma proporção. Quais são as divergências de habilidades e quais programas existem para essa área ou unidade de negócio desenvolver os funcionários atuais? Calcule os custos em um período de dois anos de demissões, recrutamento, orientação e período para tornar um empregado produtivo com a taxa de desistência dos novos contratados. É um caso para um programa de desenvolvimento mais forte para criar as habilidades necessárias agora e no futuro?

5. Uma Equipe Globalmente Experiente

Todos os membros da equipe de RH devem ter a capacidade de pensar além dos seus países de origem para englobar uma avaliação mundial de culturas e diferenças, devem ter uma compreensão profunda de como os eventos mundiais podem impactar a organização, e devem tomar decisões de maneira que otimizem as diferenças culturais.

Construir uma empresa global requer ter funcionários que sejam experientes globalmente. Você pode ter membros da equipe que estariam dispostos a morar, com um projeto de remuneração compensatória, em um outro país, ao contrário de um plano dispendioso de expatriados, apenas pela experiência. Quantas pessoas da sua equipe direta e suas equipes são de fora do país onde fica a matriz?

Inicie agora. Se você tiver a oportunidade, passe algum tempo morando fora do seu país de origem, ou seja, designado para outro local por um tempo curto. E permita que pessoas da sua equipe, tanto quanto possível, façam o mesmo. No mínimo, viaje para fora do seu país de origem em férias ou doando seu tempo para causas de caridade. Apoie os membros da sua equipe para aprender outras línguas e inclua isto nos seus planos de desenvolvimento.[14] Promova, uma vez por ano, uma reunião da equipe em um local onde haja um certo número de funcionários da empresa — não necessariamente em um local desejável de férias. Crie atribuições para sua equipe se encontrar com os funcionários locais dentro e fora do trabalho como parte da agenda.

DEPARANDO-SE COM DUAS DIREÇÕES

Assim como o deus romano Jano, estamos no presente nos deparando com duas direções: honrar o passado e antecipar o futuro. Entendemos as pressões de viver o presente, mas esperamos que, oferecendo algumas ideias sobre como o futuro será, tenhamos conseguido ajudá-lo a olhar tanto para o passado, procurando lições, quanto para o futuro, buscando esperança. O preparo para o futuro é melhor moldando-o. Você deve construir uma capacidade pessoal de estar pronto para o que surgir e ajudar outros a prever o futuro de modo que comecem a se preparar agora. Fazendo isso, cremos, você conseguirá criar uma organização sustentável e pessoas capazes de se renovarem para competir no mercado global. Você talvez ache esta a experiência mais gratificante da sua vida.

AGRADECIMENTOS

Um livro é um reflexo de uma rede social. Há mais de dois anos, após havermos trabalhado juntas apenas brevemente quando Jeanne estava na Accenture e prestava consultoria na Sun Microsystems, nos encontramos para jantar em Boulder, no Colorado. Lá, descobrimos que ambas éramos apaixonadas pelo modo através do qual as pessoas podem usar tecnologia para se conectar pelo globo e através das gerações ao mesmo tempo em que executam seu trabalho das formas mais inovadoras. Tendo fé nas reputações uma da outra, decidimos escrever um livro e, então, nos deparamos com uma tarefa que parecia, na época, quase tão assustadora quanto escalar as Flatiron Mountains que podíamos ver do restaurante.

Escalar a montanha da informação e as histórias de que precisávamos para este livro requeria que chegássemos aos limites das nossas redes mútuas. Como montanhistas que se baseiam em agentes, guias e suporte da base, nós nos baseamos nesse sistema de apoio para nossa jornada. Os agentes de conexão foram as pessoas cujo trabalho as trouxeram para o contato com muitas empresas que pensam à frente entrevistadas neste livro; os guias atuaram como especialistas de campo que transitam no limite da web social e nos deram uma ideia do futuro; e nosso apoio da base foi constituído pelas pessoas que nos forneceram as ferramentas de que necessitávamos para a escalada.

Estamos em dívida com os muitos agentes que nos alcançaram pelas suas próprias redes sociais e experiências para nos guiar na direção das empresas entrevistadas neste livro. Entre eles, Jessica e Dan Parisi, da BTS; Kevin Alansky e Patrick Devlin, da Blackboard; Doug Sharp, Dan

Miller e Don Duquette, da GP Worldwide; Susan Burnett, da Yahoo!; Mark Greiner, da Workspring; Shelley Rees, da JWT; Carole France, da Oliver Wyman; David Miller, da Duke Corporate Education; Ranjani Iyengar, da Hewitt Associates; Izzy Justice, da EQ Mentor; Ed Lawler e John Boudreau, do Center for Effective Organizations, da USC; Tony Bingham, da ASTD; Kevin Oakes da i4CP; Jim Cornehlsen; R. J. Heckman, da PDI; David Stein, da Rypple; Elliott Masie; Josh Bersin; Judy Issokson; Ashish Goyal, da Cisco; Paul Casanova, da Sun; DeAnne Aguirre, da Booz & Company; Courtney Timmons e Bjorn Billhardt, da Enspire Learning; Chris Browning e Randy Emelo, da Triple Creek; Dr. Gale Tenen Spak, do New Jersey Institute of Technology; Karen Kocher, da CIGNA; Peter Norlin, da OD Network; Jennifer Schram, da SHRM; Scott Saslow, do Institute for Executive Development; Melyssa Nelson, da Executive Networks; Asim Talukdar e Vijay Thadani, da NIIT; e dúzias de outras pessoas que nos deram dicas quando fizemos a pergunta: "Quem você conhece que está fazendo trabalho interessante usando a web social em RH e aprendizagem?".

O processo de escrita deste livro fez com que cada uma de nós aprendesse sobre tecnologias emergentes e como o mundo do trabalho mudará na próxima década. Uma pessoa com a qual nos comunicamos repetidas vezes foi Charles Beckham, o chefe de tecnologia da Sun Learning Services, que nos ajudou a ver como a mudança nas tecnologias do consumidor já estava sendo adaptada para o ambiente de trabalho. Hal Stern, da Sun, tem uma das mentes mais futuristas do planeta e nos ajudou a editar a abertura do capítulo 1. Brandon Carson nos fez pensar em como os jogos, as simulações e a necessidade de as pessoas se conectarem socialmente serão o futuro do ambiente de trabalho, enquanto Kelly Palmer e Joe Campbell demonstraram o quão bem-sucedidas essas estratégias podem ser ao liderar grupos na Sun. Rick Von Feldt, nosso parceiro de negócio, lembrou-nos de identificar exemplos globais de inovação no uso de web social pelos recursos humanos e aprendizagem assim como nos forneceu valiosas contribuições na leitura do primeiro esboço deste livro. Sharon Matthews, da eLynx, nos auxiliou a compreender a mentalidade dos executivos da Geração do Pós-Guerra lutando com o novo mundo da mídia social. Jennifer Shepherd e Leslee Guardino, da Canyon Snow Consulting, aconselham empresas na CSR todo dia, suas ideias sobre liderança foram inspiradoras. Diane Hessan, da Communispace, e Jay Bryant, da Live World, foram colaborativos, mostrando-nos como as inovações no uso da mídia social no marketing do consumidor estavam para acontecer em breve nas áreas de RH e aprendizagem. Agradecemos também às muitas pessoas que se interessaram pelo livro e nos enviaram artigos, recomendações de livros e links para conteúdo emergentes, como Pamela Tate, da CAEL, Frank Slovenec, da JBK, Jenny Dearborn, da Hewlett-Packard, Pat Johnson, da ePluribus, Stacy Palestrant, da Katzenbach & Partners, Beat Meyer, da UBS, e JoAnn Kisling, da Sun.

Determinadas a usar nós mesmas as ferramentas da mídia social, nos registramos no BasecampHQ.com para acompanhar todo o conteúdo crítico e, então, criamos rapidamente nossa própria equipe de base. Esta foi liderada por Lea Deutsch, nossa assistente de pesquisas incrivelmente eficiente, altamente conhecedora e trabalhadora árdua da Geração do Milênio. Ela não apenas foi nossa janela para o mundo do que a Geração do Milênio queria dos empregadores, mas também conseguiu encontrar magicamente fontes da web em segundos. Ela nos manteve nos trilhos em todas as entrevistas, editou conteúdo postado no BasecampHQ.com e fez tudo isso ao mesmo tempo em que gerenciava os milhares de detalhes e tarefas que fazem parte de um projeto desse tamanho. Oliver Dyla configurou um site de colaboração externa para nós, e Brenda Roberts nos ajudou com a criação do painel global de profissionais. Steve Messer e Curt Hutton conduziram nossa pesquisa global, e Jon Frye nos ajudou a analisar os resultados usando SPSS. Terri Walker e Leah Thrush gerenciaram os cronogramas e chamadas o tempo todo, dia e noite. Sem esta equipe de apoio, nunca teríamos terminado a escalada.

A jornada teria terminado rapidamente se John Willig, nosso agente, não tivesse oferecido sólido feedback a nossa proposta e usado sua rede social para nos conectar com um editor interessado. Queremos agradecer sinceramente a nosso editor, Matt Inman, da HarperCollins, que, como um membro da Geração do Milênio, acrescentou enorme contribuição à estrutura e aos temas deste livro. Seu pensamento teve um impacto importante sobre a evolução do livro, e ele é prova de que grandes talentos existem em cada geração.

Como sempre, Bob Meister leu cada palavra do livro, muitas vezes, em voz alta, enquanto Jeanne fez mudanças em tempo real. Obrigado por isso e por muito mais.

Finalmente, iniciamos este processo como colaboradoras com uma visão compartilhada de como a web social está mudando cada aspecto da nossa vida pessoal e profissional. Nos últimos dois anos, nós usamos a mídia social para desenvolver uma nova forma de trabalhar, aprender e colaborar. Esperamos que você goste da nossa jornada e que visite o site do livro em www.the2020workplace.com.

GLOSSÁRIO DE TERMOS DE MÍDIA SOCIAL

O mundo da Web 2.0

Afiliados **Agregação** Comunicação Assíncrona Arquivo
Avatar **Blog** Blogosfera Blogroll **Software Colaborativo**
Comunidades de Prática **Conteúdo Web** Crowdsourcing
Painel de Entrada Fóruns Amigos Mensagens instantâneas Espreitadores
Mash-up **Painel de Mensagens** Metadados Microblogging MMORPG
Leitores de Notícias Open-Source Software **Compartilhamento de Fotos** Podcast Postagem **Perfil**
RSS Feed **Social Bookmarking** Indexação Mídia Social **Redes Sociais**
Listas Ponderadas **Tribo Tag Thumb** Conteúdo Gerado pelos Usuários
Comunidade Virtual Mundo Virtual Vlog **Voice Over Protocolo Internet** Wiki Web 2.0

Afiliados Sites de parcerias que se conectam uns aos outros. Sites afiliados geralmente compartilham interesses, produtos ou serviços semelhantes.

Agregação O processo de coletar conteúdo de blogs e sites através de RSS feed. Os resultados podem ser exibidos por um site ou ser baixados diretamente para o seu computador usando software projetado para esse propósito.

Amigos Em redes sociais, contatos cujos perfis são conectados. Virar amigo de um indivíduo é solicitar uma conexão do perfil dele ou dela com o seu.

Aprendizagem social Aprendizagem colaborativa, imediata, relevante e apresentada no contexto do ambiente de trabalho único de um indivíduo.

Arquivo Uma página de índice que organiza postagens ou entradas anteriores por categoria ou data.

Avatar Uma representação gráfica de uma pessoa em um mundo virtual, como o Second Life. Um avatar pode ser uma representação precisa de um indivíduo real ou pode ser um alter ego fictício e extravagante.

Blog Um weblog individual ou de grupo online mantido com entradas regulares sobre o assunto de escolha dos colaboradores. As postagens são geralmente exibidas com a mais recente aparecendo primeiro, e os leitores podem fazer comentários sobre postagens individuais.

Blog Hub Um diretório agregado de blogs facilitando a pesquisa e o encontro de blogs relacionados a um tópico específico, ou blogs da mesma empresa.

Blogosfera Um termo usado para descrever o mundo inteiro interconectado por blogs e blogueiros.

Blogroll Uma lista de sites exibida em uma barra lateral de um blog. Blogrolls podem ser usados para exibir sites afiliados e, assim, muitas vezes, têm um interesse, produto ou serviço semelhante.

Cidadania global digital Envolve a compreensão de como conduzir os negócios em um país estrangeiro, desenvolvendo uma inteligência cultural melhorada e uma apreciação mais profunda do relacionamento entre o negócio e a sociedade, e ser capaz de entender os ambientes complexos de políticas e como trabalhar em equipes virtuais com pessoas de todo o mundo.

Compartilhamento de fotos Envio de fotos para um site que as organiza e exibe para você. Em sites de compartilhamento de fotos, pode-se adicionar tags e oferecer a outras pessoas a oportunidade de ver e comentar fotos.

Comunicação assíncrona Comunicações que ocorrem independentemente de tempo e lugar. Aplicações da internet que permitem comunicação assíncrona incluem listas de e-mails, painel de mensagens e fóruns.

Comunicações síncronas Comunicações que ocorrem simultaneamente e em tempo real. Aplicações da internet que permitem comunicação síncrona incluem as mensagens instantâneas e bate-papo em áudio ou vídeo.

Comunidades de prática Fóruns nos quais profissionais se reúnem para compartilhar melhores práticas ou trabalhar juntos para resolver problemas. As novas capacidades fornecidas pelas ferramentas de mídia social são apropriadas perfeitamente para apoiar a criação e a manutenção de comunidades de prática, tanto dentro de organizações quanto por setor de atividade.

Comunidade virtual Um grupo de indivíduos que se juntam em espaços sociais na web para compartilhar ideias sobre um interesse comum através de e-mails, blogs, painel de mensagens e/ou salas de bate-papo.

Conteúdo gerado pelo usuário Conteúdo de texto, vídeo e áudio publicado por indivíduos na web.

Conteúdo web Texto, imagens, som e vídeo postados na web; quaisquer dos componentes de materiais que possam ser encontrados na internet.

Contribuidores de conteúdo Indivíduos que acrescentam comentários e um ponto de vista a um blog ou a uma discussão online.

Crowdsourcing Aproveitamento das habilidades de indivíduos através de uma chamada aberta para participação. Esses indivíduos, devido ao seu entusiasmo, contribuem com conteúdo, realizam pesquisas e resolvem problemas juntos.

Entrada Uma postagem individual em um blog. Cada entrada é na verdade uma página web por si só.

Fóruns Também conhecidos como painéis de mensagens; sites onde os visitantes podem ter discussões assíncronas postando mensagens.

Indexação social O processo de tagging de um indivíduo, ou a adição de palavras-chave, na mídia que eles encontram na web, seja baseada em texto, foto, vídeo ou áudio.

Leitor de notícias Um site ou ferramenta que coleta notícias de sites, podcasts e vlogs usando RSS feeds, de modo que todo o conteúdo possa ser acessado ao mesmo tempo.

Mash-up Uma aplicação Web combinando dados ou ferramentas de mais de uma fonte em uma única interface.

Mensagens instantâneas Conversas síncronas com outra pessoa ou pessoas através de mensagens de texto. Programas populares incluem o AOL Instant Messenger (AIM), MSN Messenger, Facebook Char e Skype Chat.

Metadados Descrição de um arquivo de dados. Muitas vezes, isto pode incluir informações sobre o tamanho de um arquivo, seu tipo, data de criação e outros dados.

Microblogging Um irmão dos blogs, que consiste em enviar mensagens curtas (140 caracteres ou menos) para um grupo de seguidores. O exemplo mais conhecido é o Twitter.

Mídia social Mídia social é um conjunto de ferramentas Web 2.0, como blogs, wikis e RSS feeds através das quais as pessoas criam e disseminam conhecimento. O uso de mídia social é frequentemente chamado de democratização do conhecimento, já que pode transformar as pessoas de consumidoras passivas de conteúdo em contribuidoras ativas, quando escrevem postagens, comentam outras, compartilham conteúdo e consultam outros tópicos para criar novo conhecimento.

MMORPG (RPG Online Multiplayer de Massa) Um gênero de jogo de papéis no qual um grande número de jogadores interage em um mundo virtual. O World of Warcraft é o maior e, provavelmente, o exemplo mais conhecido de um MMORPG, com mais de 11 milhões de assinantes.

Moderador de comunidade Alguém que mantém o dinamismo em um grupo ou fórum online. Moderadores de comunidades, muitas vezes, introduzem assuntos para discussão e, então, trabalham para manter as pessoas no tópico nos seus comentários posteriores.

Mundo virtual Um mundo simulado online no qual um indivíduo pode criar uma representação virtual para si, chamado avatar, e pode interagir com outros em tempo real.

Nuvem de tags Uma representação virtual da popularidade de uma categoria. Quanto mais frequentemente uma tag é usada, maior o tamanho da letra no qual é exibida.

Open-source software Software de computador cujo código-fonte fica disponível para ser modificado e redistribuído, caso desejado, em forma modificada. Open-source software é, muitas vezes, desenvolvido de forma colaborativa.

Painel de mensagens Uma área administrativa de um site que permite a um indivíduo postar itens, monitorar o uso, enviar arquivos, gerenciar comentários e mais.

Podcast Gravações de áudio distribuídos na web através de *download*. Novos conteúdos de podcasts são baixados automaticamente assim que estiverem disponíveis, e podem ser transferidos para um dispositivo móvel, como um iPod. O formato de arquivo de áudio mais comum é o MP3.

Postagem Uma entrada em um blog, fórum ou outro site Web 2.0.

Quadros de mensagens Também conhecidos como fóruns; sites onde os visitantes podem deixar mensagens, iniciar tópicos e ter discussões gerais assincronamente.

Recrutamento social Uma prática que potencializa as redes sociais e profissionais, tanto online quanto offline, tanto da perspectiva de um candidato quanto do lado contratante, para se comunicar, engajar, informar e atrair futuros talentos.

Rede social O ato de participar em um site que permite aos usuários construir um perfil para interagir com outros. Sites de redes sociais permitem às pessoas conectarem-se umas às outras usando ferramentas de mídia social, como blogging, mensagens, diários, compartilhamento de fotos, tags e pesquisa.

Rede social corporativa Um site protegido pelo firewall de uma empresa que permite aos usuários construir um perfil que usam para interagir com outros, através de ferramentas de mídia social, como mensagens, diários, compartilhamento de fotos, tagging e pesquisas.

RSS Feed Um recurso de publicação na web que permite aos leitores que o assinam ver postagens em um site atualizado com frequência sem visitá-lo. RSS significa "really simple syndication". RSS Feeds coletam as postagens e as enviam para o leitor através de uma atualização de e-mail ou para um portal personalizado.

Sites de compartilhamento de mídia Sites projetados para facilitar o compartilhamento de diversas mídias baseadas em texto, imagem e vídeo. Alguns exemplos bem conhecidos incluem o YouTube e o Hulu.

Social bookmarking O compartilhamento dos sites favoritos ou marcados de alguém em um serviço público baseado na web. Estes sites, frequentemente, alavancam uma rede social para permitir que se encontrem e compartilhem esses links. Um site de social bookmarking popular é o Delicious.

Software colaborativo Software que permite que indivíduos em localizações físicas diversas trabalhem juntos pela internet nos mesmos documentos ou projetos em tempo real.

Stalkers Indivíduos que seguem discussões que acontecem em salas de bate-papo, painéis de mensagens ou blogs, mas que não postam comentários nem interagem.

Tag Uma palavra-chave ou termo atribuído a um conteúdo pelo autor ou leitor/colaborador. Tags descrevem o item informalmente e sem o uso de categorias rígidas, permitindo que um item tenha muitas descrições, tornando-o, portanto, mais fácil de pesquisar e encontrar. Esse conjunto de descrições pessoais é, às vezes, chamado de folksonomy*, em oposição a uma taxonomia rígida.

Tribo thumb ("Polegar", em português) Uma tradução da palavra japonesa *oyayubizoku*; refere-se às pessoas que se comunicam usando ferramentas de mídia social nos seus dispositivos móveis.

Vlog Um blog que consiste de postagens de vídeos em vez de textos.

VOIP — Voice over internet protocol Um sistema de telecomunicações que permite aos indivíduos fazerem chamadas grátis de computador para computador, incluindo chamadas de conferências.

Web semântica Também conhecida como Web 3.0; a evolução dos agentes computacionais inteligentes que podem aprender e adaptar conteúdo específico para o usuário.

Web social O grupo de ferramentas Web 2.0, como blogs, wikis e redes sociais, que guiam a construção e a colaboração de comunidades.

Web 2.0 Um termo usado para descrever a tecnologia web combinada com interação social, como blogs, wikis e redes sociais. Estes sites são dinâmicos e interativos, em oposição aos sites da Web 1.0, estáticos.

Wiki Uma página ou conjunto de páginas projetadas para permitir a qualquer um com acesso contribuir ou modificar o conteúdo. Wikis são editados de forma colaborativa. O termo é derivado da palavra havaiana que significa "rápido".

---

* N. T.: algo como "pessoanomia"

GLOSSÁRIO DE RECURSOS WEB 2.0

Linha de Tempo da Introdução dos Recursos Web 2.0

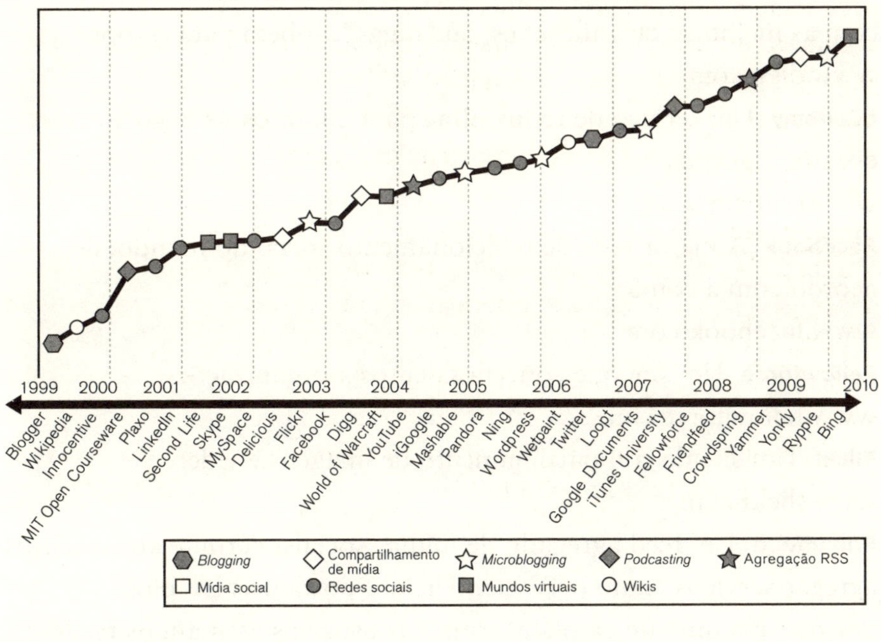

Fonte: Future Workplace.

Bebo A sexta maior rede social do mundo de acordo com a comScore, de propriedade da AOL e especialmente popular no Reino Unido, na Irlanda e Nova Zelândia.
www.bebo.com

Bing Mecanismo de busca da Microsoft
www.bing.com

Blogger Um site que fornece um serviço online no qual os usuários podem criar e personalizar seus próprios blogs, gratuitamente.
www.blogger.com

Crowdspring Um site em que os indivíduos podem fazer com que artistas do mundo contribuam com desenhos para um projeto.
www.crowdspring.com

Delicious Um site popular de social bookmarking.
www.delicious.com

Digg Um site social de notícias no qual os usuários submetem conteúdo que é, então, classificado pela comunidade. O conteúdo com as melhores classificações, ou "diggs", sobem para o topo.
www.digg.com

eCademy Um serviço de rede online para contatos de negócios, eventos e grupos
www.ecademy.com

Facebook A maior rede de relacionamento social do mundo, de acordo com a comScore.
www.facebook.com

Fellowforce Um site que conecta talentos a organizações.
www.fellowforce.com

Flickr Um site de compartilhamento de imagens e vídeos.
www.flickr.com

Friendfeed Um feed agregado de mídias sociais; permite aos usuários agregar serviços como o Twitter, Flickr e postagens em blogs pessoais em uma única plataforma. Os usuários assinam os feeds dos outros e comentam o conteúdo postado.
http://friendfeed.com

Friendster A quarta maior rede social do mundo de acordo com a comSource; 90% de seus membros são da Ásia.
www.friendster.com

Google Docs Um office suite baseado em Web, que permite aos usuários editar documentos de forma colaborativa em tempo real;

oferece processamento de texto, planilha eletrônica, apresentação e outras capacidades. Todos os documentos criados com o Google Docs são armazenados centralmente na Web.
http://docs.google.com

Google Maps Uma aplicação do Google, que, além de serviços de mapeamento ponto a ponto e direcionamento, pode ser usado para mapear outras formas de dados, como dados de imóveis ou restaurantes.
http://maps.google.com

HI5 A terceira maior rede social do mundo, de acordo com a comScore, especialmente popular na América Latina.
www.hi5.com

iGoogle Uma página inicial personalizável. Permite aos usuários adicionar "gadgets" que variam de RSS feeds populares de notícias ou blogs a informações sobre o clima e a bolsa de valores.
www.igoogle.com

iTunes University Um recurso presente no software iTunes, da Apple, através do qual faculdades de uma ampla variedade de universidades podem distribuir lições digitais e podcasts dos seus cursos.
www.apple.com /education/mobile-learning

Last.fm Uma comunidade de música e rádio na internet. Registra o comportamento dos ouvintes e conecta os usuários com pessoas com gostos semelhantes.
www.last.fm

LinkedIn Uma rede social orientada a negócios.
www.linkedin.com

Loopt Uma aplicação de mapeamento social móvel que pode exibir as localizações atuais de um usuário usando telefones celulares e dispositivos móveis para acessar suas redes sociais.
www.loopt.com

Mashable Um grande blog de notícias na internet que traz informações sobre uma diversidade de tópicos de sites de redes sociais a iniciantes.
http://mashable.com

MIT Open Courseware Um projeto do Massachusetts Institute of Technology, no qual os materiais usados virtualmente em todos os cursos do MIT são disponibilizados na internet, sem custos.
http://ocw.mit.edu

MySpace A segunda maior rede social do mundo, de acordo com o comScore.
www.myspace.com

My Yahoo! Uma página inicial personalizável. Permite aos usuários adicionar "gadgets", que vão de RSS feeds a blogs ou notícias populares sobre o clima e a bolsa de valores.
my.yahoo.com

Ning Um serviço online para criação, personalização e compartilhamento de uma rede social.
www.ning.com

Orkut A quinta maior rede social do mundo, de acordo com a comScore. Pertence ao Google, e é especialmente popular na Índia e no Brasil.
www.orkut.com

Pandora Uma comunidade de música e rádio na internet; registra o comportamento do ouvinte e lhe permite criar estações de rádio moldadas aos seus gostos.
www.pandora.com

Plaxo Um serviço online para conectar seus contatos.
www.plaxo.com

QQ O programa de mensagens instantâneas mais popular na China.
www.qq.com

Rypple Uma ferramenta de revisão baseada na Web que permite aos colegas dar feedback uns aos outros.
www.rypple.com

Second Life Um mundo virtual acessível através de um programa gratuito que permite aos usuários interagir entre si através de avatares.
www.secondlife.com

Skype Um programa popular que permite aos usuários fazer chamadas telefônicas e chamadas de vídeo e de computador para computador pela Internet. O Skype também pode ser usado como um serviço de mensagens instantâneas.
www.skype.com

Twitter Um serviço de microblogging através do qual os usuários se comunicam com mensagens curtas chamadas "tweets", que são limitadas a 140 caracteres.
www.twitter.com

Wetpaint Um serviço gratuito de hospedagem de wikis.
www.wetpaint.com

Wikipédia Uma enciclopédia popular gerada pela comunidade cujo conteúdo é editado e acrescentado por ela mesma.
www.wikipedia.com

Wordpress Um serviço online onde os usuários criam e personalizam seus próprios blogs, sem custos.
www.wordpress.com

World of Warcraft Um MMORPG com mais de 11,5 milhões de assinantes.
www.worldofwarcraft.com

Yammer Um serviço de microblogging que serve aos usuários de negócios; apenas indivíduos com o mesmo domínio de endereço de e-mail podem se juntar a uma determinada rede.
www.yammer.com

Yonkly Um serviço de microblogging no qual os usuários podem criar sua própria interface personalizada de microblogging.
www.yonkly.com

YouTube Um site de compartilhamento de vídeos em que os usuários enviam, assistem e compartilham vídeo clipes. O conteúdo varia de filmes de comerciais e clipes de TV a conteúdo gerado pelos usuários.
www.youtube.com

NOTAS

INTRODUÇÃO: O AMBIENTE DE TRABALHO DE 2020

1. Michael Kanelios, "18th- Century Theory Is New Force in Computing", CNET News, 18 de Fevereiro de 2003, http://news.cnet.com/2009-1001-984695.html (acessado em 12 de junho de 2009).
2. Elizabeth L. Axelrod, Helen Handfield-Jones e Timothy A. Welsh, "The War for Talent, Part Two", *McKinsey Quarterly*, maio de 2001, www.mckinseyquarterly.com/The_war_for_talent_part_two_1035 (acessado em 29 de maio de 2009).
3. Organização Mundial de Saúde, "The World Health Report 2004 — Changing History: Annex Table 4," www.who.int/whr/2004/annex/en/index.html (acessado em 29 de maio de 2009).
4. Charlene Li e Josh Bernoff, *Groundswell: Winning in a World Transformed by Social Technologies* (Boston: Harvard Business Press, 2008).
5. Marc Prensky, "Digital Natives, Digital Immigrants", On the Horizon 9, nr. 5 (outubro de 2001).
6. Willliam C. Taylor e Poly LaBarr, *Mavericks at Work: Why the Most Original Minds in Business Win* (Nova Iorque: HarperCollins, 2006).

CAPÍTULO 1: DEZ FORÇAS QUE MOLDAM O AMBIENTE DE TRABALHO DO FUTURO NOS DIAS DE HOJE

1. O serendipity está em desenvolvimento no MIT; veja http://reality.media.mit.edu/serendipity.php. Os contatos do mundo virtual Celebrity City and Cisco são transformados em ficção, mas contatos de realidade aumentada estão em construção usando nanotecnologia na Universidade de Washington, sob Babak Parviz; veja www.ee.washington.edu/faculty/parviz_babak.
2. "Shifting Workplace Demographics and Delayed Retirement", www.microsoft.com/enable/aging/demographics.aspx (acessado em 14 de maio de 2009).
3. Ibid.
4. Don Tapscott, *Grown Up Digital: How the Net Generation Is Changing Your World* (Nova Iorque: McGraw-Hill, 2009).

5. Catherine Rampell, "As Layoffs Surge, Women May Pass Men in Job Force", *New York Times*, 6 de fevereiro de 2009, www.nytimes.com/2009/02/06/business/06women.html (acessado em 14 de maio de 2009).
6. Robert Rodriguez, *Latino Talent: Effective Strategies to Recruit, Retain and Develop Hispanic Professionals* (Hoboken, N.J.: John Wiley & Sons, 2008).
7. W. David Delong, *Lost Knowledge: Confronting the Threat of an Aging Workforce* (Nova Iorque: Oxford University Press, 2004), 14.
8. Fareed Zakaria, *The Post-American World* (Nova Iorque: W.W. Norton & Company, 2008), 196.
9. Ibid., 197.
10. Rich Morin, "Most Middle-Aged Adults Are Rethinking Retirement Plans", Pew Research Center Publications, 28 de maio de 2009, http://pewresearch.org/pubs/1234/the-threshold-generation (acessado em 12 de agosto de 2009).
11. Kelly Evans e Sarah E. Needleman, "For Older Workers, a Reluctant Retirement", *Wall Street Journal*, 8 de dezembro de 2009, http://online.wsj.com/article/SB126022997361080981.html?mod=igoogle_wsj_gadgv1& (acessado em 9 de dezembro de 2009).
12. Rampell, "As Layoffs Surge, Women May Pass Men in Job Force".
13. Maria Shriver, "The Shriver Report: A Women's Nation Changes Everything", editado por Heather Boushey e Ann O'Leary, The Center for American Progress, 16 de outubro de 2009 www.americanprogress.org/issues/2009/10/womans_nation.html (acessado em 26 de novembro de 2009), 17.
14. "A National Dialogue: The Secretary of Education's Commission on the Future of Higher Education", www.ed.gov/about/bdscomm/list/hiedfuture/reports/equity.pdf" (acessado em 30 de novembro de 2009).
15. Bradford C. Johnson, James M. Manyika e Lareina Yee, "The Next Revolution in Interactions", *McKinsey Quarterly* 4 (2005), 25.
16. Daniel Pink, *A Whole New Mind: Moving from the Information Age to the Conceptual Age* (Nova Iorque: Riverhead Books, 2005) 39.
17. Thomas Friedman, *The World Is Flat: A Brief History of the Twenty-first Century* (Nova Iorque: Farrar, Straus and Giroux, 2005), 17.
18. Karl Fisch, Scott McLeod e Jeff Brenman, "Did You Know 3.0", www.youtube.com/watch?v=cL9Wu2kWwSY (acessado em 14 de maio de 2009).
19. "FT Global 500, 2008", www.ft.com/reports/ft5002008 (acessado em 18 de dezembro de 2008).
20. "FT Global 500, 2005-2009", www.ft.com/reports/ft500-2009 (acessado em 27 de novembro de 2009).
21. Niraj Sheth e Nathan Koppel, "With Times Tight, Even Lawyers Get Outsourced", 26 de novembro de 2008, http://livinglies.wordpress.com/2008/11/26/keep-those-motions-defenses-affirmatice-defenses-notice-letters-counterclaims-and-complaints-coming-banks-are-feeling-the-pinch (acessado em 15 de maio de 2009).
22. Elizabeth Kelleher, "Work Is Changing as U.S. Companies Go Global", 17 de setembro de 2007, www.america.gov/st/peopleplace-english/2007/September/20070917165019berehellek1.978701e-02.html (acessado em 29 de junho de 2009).
23. Paul Teague, "P&G Is King of Collaboration", 11 de setembro de 2008, www.allbusiness.com/company-activities-management/operations/11683043-1.html (acessado em 30 de novembro de 2009).

24. "Procter & Gamble Revolutionizes Collaboration with Cisco TelePresence", www.cisco.com/web/about/ac79/docs/wp/Procter_Gamble_Final.pdf (acessado em 30 de novembro de 2009).
25. John Gantz, *The Diverse and Exploding Digital Universe* (Hopkinton, Mass: EMC^2 Publications, 2008)
26. Ibid., 5.
27. www.facebook.com/press/info.php?statistics (acesso em 15 de maio de 2009).
28. Bret Swanson, "An Exabyte Here, An Exabyte There ...", 3 de outubro de 2007, www.disco-tech.org/2007/10/an_exabyte_here_an_exabyte_the.php (acessado em 17 de junho de 2009).
29. Adam Bohannon "Negotiating Identity in Internet Mediated Contexts" (artigo submetido à Sun Microsystems, 31 de março de 2008), 4. Fornecido às autoras através de emails.
30. Gantz, *The Diverse and Exploding Digital Universe.*
31. Central Intelligence Agency. *The World Factbook: United Kingdom.* Atualizado em 11 de novembro de 2009. ww.cia.gov/library/publications/the-world-factbook/geos/uk.html (acessado em 27 de novembro de 2009).
32. Randall Stross. "What Carriers Aren't Eager to Tell You About Texting", *New York Times*, 26 de dezembro de 2008, www.nytimes.com/2008/12/28/business/28digi.html (acessado em 27 de novembro de 2009).
33. Richard Wray, "UK Dotcom Tycoons Take On Apple with iPhone Competitor", *Guardian*, 12 de fevereiro de 2007, www.guardian.co.uk/technology/2007/feb/12/news.mobilephones (acessado em 13 de agosto de 2009).
34. Angel Brady, "Free Spanish Tutor: free iPhone /iPod Touch App from 24/7 Tutor", 24 de fevereiro de 2009, http://blogs.princeton.edu/hrc/2009/02/free-spanish-tutor-free-iphoneipod-touch-app-from-247-tutor.html (acessado em 15 de maio de 2009).
35. Thom Patterson, "Welcome to the 'Weisure' Lifestyle", CNN.com, 11 de maio de 2009, www.cnn.com/2009/LIVING/worklife/05/11/weisure/index.htl (acessado em 15 de maio de 2009).
36. Michael Sanserino, "Lawsuits Question After-Hours Demands of Email and Cellphones", *Wall Street Journal*, 10 de agosto de 2009, http://online.wsj.com/article/SB124986371466018299.html (acessado em 10 de agosto de 2009).
37. Jacques Bughin, Michael Chui e Andy Miller, "McKinsey Global Survey Results: How Companies Are Benefiting from Web 2.0", setembro de 2009, www.mckinseyquarterly.com/links/35889 (acessado em 29 de novembro de 2009).
38. Nortel Networks, "Position Paper: Hyperconnectivity Leads to Enterprise Transformation", 2008, www.nortel.com/solutions/unified_communications/collateral/nn123307.pdf (acessado em 25 de fevereiro de 2010).
39. Socialtext, "6 Ways to Get Business Value from Social Software", www.socialtext.com/products/wp_businessvalue.php (acessado em 25 de fevereiro de 2010).
40. Charlene Li e Josh Bernoff, *Groundswell: Winning in a World Transformed by Social Technologies* (Boston: Harvard Business Press, 2008), 9.
41. Scott Cook, "The Contribution Revolution: Letting Volunteers Build Your Business", *Harvard Business Review*, outubro de 2008, http://hbr.harvardbusiness.org/2008/10/the-contribution-revolution/ar/1 (acessado em 1 de novembro de 2009).
42. Ibid.

43. Gary Koelling, "Breaking It Down for Internal Communications", 10 de janeiro de 2008, http://garykoelling/?=q=node/370.
44. Toru Iiyoshi e M.S. Vijay Kumar, *Opening Up Education: The Collective Advancement of Education Through Open Technology, Open Content and Open Knowledge* (Cambridge, Mass. MIT Press. 2008), xv.
45. Ibid.
46. Carolyn Hirschman, "Launching New Leaders", *Human Resource Executive*, agosto de 2008, 43.
47. ProcewaterhouseCoopers, "Managing Tomorrow's People", setembro de 2008, www.pwc.com/gx/en/press-room/2008/human-capital-managing-people.jhtml (acessado em 30 de novembro de 2009).
48. Don Tapscott, *Grown Up Digital: How the Net generation Is Changing Your World* (Nova Iorque: McGraw-Hill, 2009), 11.
49. Ibid., 6.
50. Ibid., 34-36.

CAPÍTULO 2: MÚLTIPLAS GERAÇÕES NO TRABALHO

1. Rich Morin, "Most Middle-Aged Adults Are Rethinking Retirement Plans", Pew Research Center Publications, 28 de maio de 2009, http://pewresearch.org/pubs/1234/the-threshold-generation (acessado em 12 de agosto de 2009).
2. M.Z. Hemingway, "Wanted: Baby Boomers", *Federal Times*, 15 de setembro de 2007, www.federaltimes.com/index.php?S=2483622 (acessado em 18 de dezembro de 2008).
3. Ibid.
4. Ron Asplo, *The Trophy Kids Grow Up: How the Millenial Generation Is Shaking Up the Workplace* (São Francisco: Jossey-Bass, 2008).
5. Ibid., 4.
6. Tom Brokaw, *The Greatest Generation* (Nova Iorque: Dell, 1998).
7. Don Tapscott, *Grown Up Digital: How the Net Generation Is Changing Your World* (Nova Iorque: McGraw-Hill, 2009), 13.
8. Ibid., 14.
9. Rhea, "The Boomer Chronicles", www.thegeminiweb.com (acessado em 18 de dezembro de 2008).
10. Tom Peters, "The Brand Called You", *Fast Company*, agosto de 1997, www.fastcompany.com/magazine/10/brandyou.html (3 de dezembro de 2009).
11. Tapscott, *Grow Up Digital*, 17.
12. Ibid.
13. Alison Macleod, "Generation Y: Unlocking the Talent of Young Managers" (London: Chartered Management Institute, 2008), 6.
14. PricewaterhouseCoopers, "Managing Tomorrow's People", setembro de 2008, www.pwc.com/gx/en/managing-tomorrows-people/future-of-work/download.jhtml?WT.ac=mtp-future-hp-panel-2 (acessado em 27 de novembro de 2009).
15. Ibid
16. Ibid.
17. Carleen Hawn, "Time to Play, Money to Spend", 23 de março de 2007, http://money.cnn.com/magazines/business2/business2_archive/2007/04/01/8403359/index.htm (acessado em 21 de dezembro de 2008).

18. CTIA-The Wireless Association ® e Harris Interactive, "Teenagers: A Generation Unplugged", 12 de setembro de 2008, www.ctia.org/advocacy/research/index.cfm/AID/11483 (acessado em 17 de dezembro de 2009).
19. PricewaterhouseCoopers, "Managing Tomorrow's People".
20. Gary Curtis, Kelly Dempski e Catherine Farley, "Does Your Company Have an IT Generation Gap?", *Outlook*, janeiro de 2009, www.accenture.com/Global//Research_and_Insights/Outlook/By_Issue/Y2009/YourCompanyITGenerationGap.htm.
21. Ibid.
22. Adam Lashinsky, "Google Wins Again", CNN.com, 18 de janeiro de 2008, http://money.cnn.com/2008/01/18/news/companies/google.fortune/index.htm (acessado em 29 de janeiro de 2008).
23. Donna Nebenzahl, "Managing the Generation Gap", Canada.com, www.canada.com/business/Managing+generation/1356792/story.html (acessado em 27 de novembro de 2009).
24. Ibid.
25. Joyce Grillo, "Gen Y: How Millennials Are Changing the Workplace", *Diversity Executive*, 10 de maio de 2009, www.diversity-executive.com/article.php?article=636 (acessado em 17 de novembro de 2009).
26. Ibid.
27. PricewaterhouseCoopers, "Managing Tomorrow's People".

CAPÍTULO 3: PRINCÍPIOS DO ENGAJAMENTO 2020

1. William H. Macey e Benjamin Schneider "The Meaning of Employee Engagement", *Industrial and Organizational Psychology* 1 (fevereiro de 2008), 3-30.
2. Edgar Schein, *Organizational Culture and Leadership* (São Francisco:Jossey-Bass, 1992).
3. Gary Hamel, *The Future of Management* (Boston:Harvard Business School Press, 2007).
4. Ibid., 113.
5. Paul Hawken, Amory Lovins e L. Hunter Lovins, *Natural Capitalism: Creating the Next Industrial Revolution* (Nova Iorque: Back Bay Books, 2008).
6. Jessica Stillman, "Is Bad Corporate Governance to Blame for the Economic Mess?", BNET.com, 16 de dezembro de 2008, http://blogs.bnet.com/bnet1/?p=773 (acessado em 10 de setembro de 2009).
7. "Former Employees Live Life After Enron", *All Things Considered*, National Public Radio, 30 de janeiro de 2006, www.npr.org/templates/story/story.php?storyId=5179137 (acessado em 30 de novembro de 2009).
8. Libby Sartain, "The New Global Talent Marketplace", discurso principal, décimo encontro anual da SHRM Foundation Thought Leaders Retreat, Rancho Mirage, Califórnia, 22-23 de setembro de 2008.
9. Kristin Weirick, "The Power of Employer Branding to Attract and Retain Talent", keynote address, 10th annual meeting of the SHRM Foundation Thought Leaders Retreat, Rancho Mirage, Califórnia, 22-23 de setembro de 2008.
10. Henri Tajfel e john C. Turner, "The Social Identity Theory of Group Behavior", in *Psychology of Interpersonal Relations*, vol. 2, ed. Steven Worchel e William G. Austin (Chicago: Nelson-Hall, 1985), 7-24.
11. "Qualcomm Careers — Life & Culture", www.qualcomm.com/careers/students/life.html (acessado em 20 de dezembro de 2008).

12. PricewaterhouseCoopers, "Managing Tomorrow's People", setembro de 2008, www.pwc.com/gx/en/2008/managing-tomorrows-people/future-of-work/download.jhtml?WT.ac=mtp-future-hp-panel-2 (acessado em 27 de novembro de 2009).
13. "Corporate Social Responsability", http://en.wikipedia.org/wiki/Corporate_Social_Responsability (acessado em 21 de dezembro de 2008)
14. Sankar Sen e C. B. Bhattacharya, "Does Doing Good Always Lead to Doing Better? Consumer Reactions to Corporate Social Responsability", *Journal of Marketing Research*, maio de 2001, 225-243.
15. "What Is 10.000 Women?", www.10000women.org/what.html (acessado em 20 de dezembro de 2008).
16. Ibid.
17. "Wireless Reach", www.qualcomm.com/citizenship/wireless_reach/index.html (acessado em 20 de dezembro de 2008).
18. "Intuit Operating Values", http://about.intuit.com/about_intuit/operating_values (acessado em 20 de dezembro de 2008).
19. "Corporate Social Responsability", www.cisco.com/web/about/citizenship/index.html (acessado em 20 de dezembro de 2008).
20. "City Year", www.cityyear.org (acessado em 20 de dezembro de 2008).
21. "It's Time to Feel Better", CIGNA, http://itstimetofeelbetter.com/know_stuff/understanding_the_system.html (acessado em 20 de dezembro de 2008).
22. Freerice.com doa dez grãos de arroz através da United Nations World Food Programme para cada resposta certa a perguntas nas áreas de arte, química, matemática e assim por diante.

CAPÍTULO 4: SURGE O RECRUTAMENTO SOCIAL

1. Kevin Smith, "Guest Post: 'How I Got My Job Through Twitter'", Marketing Profs Daily Fix, 12 de março de 2009, www.mpdailyfix.com/2009/03/guest_post_how_i_got_my_job_th.html (acessado em 17 de dezembro de 2009).
2. Jobvite, "2009 Social Recruitment Survey Results", junho de 2009, www.jobvite.com/Recruiting/2009-Jobvite-Social-Recruitment-Survey.pdf (acessado em 27 de novembro de 2009)
3. Michael Rendell et al., "Millenials at Work: Perspectives from a New Generation", PricewaterhouseCoopers, setembro de 2008, www.ukmediacentre.pwc.com/imagelibrary/downloadMedia.asp?MediaDetailsID=1341 (acessado em 29 de novembro de 2009).
4. PricewaterhouseCoopers, "Managing Tomorrow's People", setembro de 2008, www.pwc.com/gx/en/press-room/2008/human-capital-managing-people.jhtml (acessado em 30 de novembro de 2009).
5. The Deloitte U.S. Firms Pre-College Outreach Program", Deloitte Talent Market Series, Volume 4, www.wstantonsmith.com/ICMFiles/Biofiles/PublicationFiles/Publication_4.pdf.
6. Ann Marie Chaker, "High Schools Add Classes Scripted by Corporations", *Wall Street Journal*", 6 de março de 2008, 1.
7. Ibid.
8. Ibid.
9. "The Green Dot", www.youtube.com/DeloitteFilmFest#p/search/0/id0uHBuhXtY (acessada em 8 de dezembro de 2009).

10. Veja www.youtube.com/KPMGGo.
11. Andrew Lipsman, "comScore Finds That 'Second Life' Has a Rapidly Growing and Global Base of Active Residents", 4 de maio de 2007, www.comscore.com/press/release.asp?press=1425 (acessado em 24 de fevereiro de 2009).
12. Kathleen Schalch, "Virtual Recruiting for Real-World Jobs", 22 de agosto de 2007, www.npr.org/templates/story/story.php?storyId=13851345 (acessado em 24 de fevereiro de 2009).
13. Simone Brunozzi, "How I Got Hired by Amazon.com", 22 de maio de 2008, www.brunozzi.com/en/2008/05/22/how-i-got-hired-by-amazoncom (acessado em 24 de fevereiro de 2009).
14. Chantal Eustace, "VPD= Virtual Police Department", *Vancouver Sun*, 29 de maio de 2007, www2.canada.com/vancouversun/news/story.html?id=0c37d98dc54f-44d3-9e72-0c19cf828565&k=56002 (acessado em 24 de fevereiro de 2009).
15. Adam Ostrow, "Twitter Now Growing at a Staggering 1.382 Percent", Mashable, 16 de março de 2009, http://mashable.com/2009/03/16/Twitter-growth-rate-versus-facebook (acessado em 29 de junho de 2009).
16. Don Tapscott, *Growing Up Digital: The Rise of the Net Generation* (Nova Iorque: McGraw-Hill, 1998), 228.
17. Ibid.
18. Amol Bengali, "The Latest Work Asia Research Study by Watson Wyatt Worldwide", 22 de abril de 2008, www.ayaanbayaan.com/?p=1435 (acessado e 24 de fevereiro de 2009).
19. Tammy Erickson, "Parent-Approved Recruiting", *BusinessWeek*, 8 de outubro de 2008, www.businessweek.com/managing/content/oct2008/ca20081010_082535.htm (acessado em 28 de fevereiro de 2009).
20. "SelectMinds Client Study Reveals the Financial Contributions of Corporate Social Networking Solutions", *Market Wire*, 22 de outubro de 2007.
21. Katherine Spencer Lee, "The Value of Corporate Alumni Social Networks", 28 de abril de 2006, www.cioupdate.com/career/article.php/3602391/The-Value-of-Corporate=Alumni-Networks.htm (acessado em 10 de setembro de 2009).

CAPÍTULO 5: HIPERCONECTE SUA ORGANIZAÇÃO

1. Amanda Lenhart et al., "Adults and Social Network Websites", Pew Internet & American Life Project, dezembro de 2008, www.pewinternet.org/Reports/2009/Adults-and-Social-Network-Websites.aspx (acessado em 20 de abril de 2009).
2. Sarah Perez, "How to Reach Baby Boomers with Social Media", 20 de fevereiro de 2009, www.readwriteweb.com/archives/how_to_reach_baby_boomers_with_social_media.php (acessado em 20 de abril de 2009).
3. Jeremiah K. Owyang, "How to Reach Baby Boomers with Social Technologies", www.forrester.com/Research/Document/Excerpt/0,7211,46294,00.html (acessado em 12 de agosto de 2009).
4. www.facebook.com/press/info.php?statistics (acessado em 3 de junho de 2009).
5. Nielsenwire, "Social Networking's New Global Footprint", 9 de março de 2009, http://blog.nielse.com/nielsenwire/global/social-networking-new-global-footprint (acessado em 28 de junho de 2009).

6. Dave Rosemberg, "Social Networks, Blogs More Popular than E-mail", CNET.com, 19 de março de 2009, http://news.cnet.com/8301-13846_3-1020066962.html (acessado em 10 de abril de 2009).
7. Nielsenwire, "Social Networking's New Global Footprint."
8. "Did You Know 4.0", http://www.youtube.com/watch?v=6ILQrUrEWe8 (acessado em 17 de dezembro de 2009) e de Brand Infiltration, www.brandinfiltration.com.
9. Max Chafkin, "The Customer Is the Company", *Inc.*, junho de 2008, www.inc.com/magazine/20080601/the-customer-is-the-company.html (acessado em 28 de junho de 2009).
10. Eric Edelstein, "How Big is the Threadless Community?", janeiro de 2009, www.ericedelstein.com/2009/01/15/how-big-is-the-threadless-community (acessado em 28 de novembro de 2009).
11. Chafkin, "The Customer Is the Company".
12. Bill Taylor, "John Fluevog: Ideas with Sole — In Tough Times, Tap the 'Hidden Genious' of Your Customers", http://blogs.harvardbusiness.org/taylor/flatmm/fluevog-video-transcript.pdf (acessado em 1 de novembro de 2009).
13. Ibid.
14. Carrie Kozlowski, "Hi Choice Vanny", www.fluevog.com/files_2/open-source-chosen-choice.html (acessado em 20 de abril de 2009).
15. "Starbucks", http://en.wikipedia.org/w/index.php?title=Starbucks&oldid=298810229 (acessado em 28 de junho de 2009).
16. Michael Gray, Starbucks Recipe for Social Media Success", 14 de maio de 2009, www.dirjournal.com/articles/starbucks-social-media (acessado em 29 de maio de 2009).
17. Ideas in Action Blog", http://blogs.starbucks.com/blogs/customer/default.aspx (acessado em 29 de novembro de 2009).
18. "Starbucks", http://twitter.com/STARBUCKS (acessado em 18 de janeiro de 2010).
19. "Dunkin' Donuts", http://twitter.com/Dunkindonuts (acessado em 18 de janeiro de 2010).
20. "IBM", http://en.wikipedia.org/w/index.php?title=IBM&oldid=299067612 (acessado em 2 de junho de 2009).
21. "Bell Canada", http://en.wikipedia.org/w/index.php?title=Bell_Canada&oldid=298858531 (acessado em 27 de junho de 2009).
22. "Cerner", http://en.wikipedia.org/w/index.php?title=Cerner&oldid=282837799 (acessado em 9 de abril de 2009).
23. "JetBlue Airways", http://en.wikipedia.org/w/index.php?title=JetBlue_Airways&oldid=298379006 (acessado em 24 de junho de 2009).
24. "Nokia", http://en.wikipedia.org/w/index.php?title=Nokia&oldid=298892344 (acessado em 29 de junho de 2009).
25. Jack Ewing, "Nokia: Bring On the Employee Rants", *BusinessWeek*, 22 de junho de 2009, www.businessweek.com/magazine/content/09_25/b4136050146630.htm (acessado em 17 de dezembro de 2009).
26. Rosta Farzan, Joan M. DiMicco e Beth Brownholtz, *Spreading the Honey: A System for Mainteining an Online Community* (Nova Iorque:ACM, 2009).
27. Ibid.
28. Charlene Li e Josh Bernoff, *Groundswell: Winning in a World Transformed by Social Technologies* (Boston: Harvard Business Press, 2008).

29. Noam Cohen, "Care to Write Army Doctrine? If You Have ID, Log Right On", *New York Times*, 14 de agosto de 2009, www.nytimes.com/2009/08/14/business/14army.html (acessado em 16 de agosto de 2009).
30. Ibid.
31. Lieutenant General William Caldwell, "Learning from the Sacrifice of Others", Combined Arms Center Blog: Reflections by Frontier 6, July 13, 2009, http://usacac.leavenworth.army.mil/BLOG/blogs/why_i_serve/archive/2009/07/13/learning-from-the-sacrifice-of-others.aspx (acessado em 16 de agosto de 2009).
32. Cohen, "Care to Write Army Doctrine?"
33. Jacques Bughin, Michael Chui e Andy Miller, "McKinsey Global Survey Results: How Companies Are Benefiting from Web 2.0", setembro de 2009, www.mckinseyquarterly.com/links/35889 (acessado em 29 de novembro de 2009).
34. Ibid.
35. "Companies and Social Netwoks: Losing Face, a Tale of Two Airlines and Their Facebook Fiascos", *Economist*, 6 de novembro de 2008, www.economist.com/business/displaystory.cfm?story_id=12566818 (acessado em 20 de abril de 2009).
36. "Intel Social Media Guidelines", www.intel.co/sites/sitewide/en_US/social-media.htm (acessado em 28 de novembro de 2009).

CAPÍTULO 6: O ECOSSISTEMA DE APRENDIZAGEM SOCIAL

1. Norimitsu Onishi, "Thumbs Race as Japan's Best Sellers Go Cellular", *New York Times*, 20 de janeiro de 2008, www.nytimes.com/2008/01/20/world/asia/20japan.html. Em seis meses, a lista mudou dos dez melhores romances para os cinco melhores.
2. Peter Lyman e Hal R. Varian, "How Much Information?", 27 de outubro de 2003, www2.sims.berkeley.edu/research/projects/how-much-info-2003 (acessado em 24 de junho de 2009). Os critérios para medida da quantidade de informação são amplamente debatidas, mas há uma concordância generalizada de que, na maioria das áreas, a geração de conhecimento está em aceleração.
3. Ibid.
4. Robert Kelley, "Robert Kelley's Longitudinal Study with Knowledge Workers", www.kelleyideas.com (acessado em 3 de dezembro de 2009).
5. Malcolm Gladwell, *Outliers: The Story of Success* (Nova Iorque: Hachette, 2008). Veja também K. Anders Ericsson, Michael J. Prietula e Edward T. Cokely, "The Making of an Expert", *Harvard Business Review*, julho de 2007, http://hbr.harvardbusiness.org/2007/07/the-making-of-an-expert/ar/1 (acessado em 3 de dezembro de 2009).
6. Center for Workforce Development, *The Teaching Firm: Where Productive Work and Learning Converge* (Newton, Mass.:Education Development Center, 1998).
7. Este estudo da IBM é adaptado com permissão de um relatório de pesquisa criado por Bersin & Associates: Chris Howard, "Integrating Learning into the Enterprise: A Look at the IBM Enterprise Learning Portal", janeiro de 2008.
8. Anya Kamenetz, "Celebrity Calamity: A Game That Teaches Finance Through Stardom", *Fast Company*, 18 de fevereiro de 2009, www.fastcompany.com/blog/anya-kamenetz/green-day/help-im-celebritys-budgeter (acessado em 3 de março de 2009).
9. Ibid.

10. Michael Schrage. *Serious Play: How the World's Best Companies Simulate to Innovate* (Boston: Harvard Business School Press, 2000).
11. Trocas da EQMentor fornecidas por Izzy Justice, CEO, EQMentor, Inc.
12. William C. Taylor e Polly G. Labarre, *Mavericks at Work: Why the Most Original Minds in Business Win* (Nova Iorque: HarperCollins, 2006).
13. Clay Shirky, *Here Comes Everybody: The Power of Organizing Without Organizations* (Nova Iorque: Penguin, 2008) 14.

CAPÍTULO 7: LIDERANÇA ACELERADA

1. Marshall Goldsmith, "The Long View", *Training+Development*, maio de 2008, 81; www.astd.org/nrdonlyres/E85805C9-8C2D-462D-880E-BA8F1CAE634D/16659/76080580.pdf (acessado em 18 de novembro de 2009).
2. Jennifer Reingold. "Meet Your New Leader", *Fortune*, 4 de novembro, 2008, 146.
3. Gary Hamel e Bill Breen, *The Future of Management* (Boston: Harvard Business Scholl Press. 2007), 179.
4. Hal Varian, "Hal Varian on How the Web Challenfes Managers", *McKinsey Quarterly*, janeiro de 2009, www.mckinseyquarterly.com/Hal_Varian_on_how_the_Web_challenges_managers_2286 (acessado em 27 de maio de 2009).
5. Henry Mintzberg, "Rebuilding Companies as Communities", *Harvard Business Review*, julho-agosto de 2009, http://hbr.harvardbusiness.org/2009/07/rebuilding-companies-as-communities/ar/1 (acessado em 17 de dezembro de 2009).
6. Hamel e Breen, *The Future of Management*.
7. Michael Pollan, *In Defense of Food: An Eater's Manifesto* (Nova Iorque: Penguin, 2008).
8. Stephen D. Reicher, S. Alexander Haslam e Michael J. Platow, "The New Psychology of Leadership", *Scientific American Mind*, agosto-setembro de 2007, www.scientificamerican.com/article.cfm?id=the-new-psychology-of-leadership (acessado em 17 de dezembro de 2009).
9. Correspondência pessoal, 18 de maio de 2009.
10. Steven N. Kaplan e Bernadette A. Minton, "How Has CEO Turnover Changed? Increasingly Performance Sensitive Boards and Increasingly Uneasy CEOs", julho de 2006, http://citeseerx.ist.psu.edu/viewdoc/download?doi=10.1.1.64.5884&rep=rep1&type=pdf (acessado em 24 de junho de 2009)
11. Bronwyn Fryer e Thomas A. Stewart, "Cisco Sees the Future", *Harvard Businewss Review*, novembro de 2008, http://hbr.harvardbusiness.org.2008/11/cisco-sees-the-future/ar/1 (acessado em 3 de dezembro de 2009).
12. Ibid.
13. Brian Morrissey, "Q&A: Zappos CEO Tony Hsieh", *Adweek*, 22 dezembro de 2008, www.adweek.com/content_display/news/strategy/e3id78469d81136853904418d754416855e (acessado em 27 de maio de 2009).
14. Tony Hseih, "How Twitter Can Make You a Better (and Happier) Person", 25 de janeiro de 2009, http://blogs.zappos.com/blogs/ceo-and-coo-blog (acessado em 27 de maior de 2009).
15. Patricia Faulhaber, "Branding with Social Media: Zappos Builds Itself Using Tradicional and New Media", 15 de março de 2009, http://corporate-marketing-branding.suite101.com/article.cfm/branding_with_social_media (acessado em 27 de maio de 2009).

16. Wayne Niemi, "Zappos Milestone:Q&A with Tony Hsieh", 6 de maio de 2009, www.wwd.com/footwear-news/zappos-milestone-qa-with-tony-hsieh-2121098 (acessado em 27 de maio de 2009).
17. Hsieh, "How Twitter Can Make You a Better (and Happier Person)".
18. Niemi, "Zappos Milestone:Q&A with Tony Hsieh".
19. "Zappos Core Values", http://about.zappos.com/our-unique-culture/zappos-core-values (acessado em 3 de dezembro de 2009).
20. Adam Bryant, "You Want Insights? Go to the Front Lines". *New York Times*, 15 de agosto de 2009, www.nytimes.com/2009/08/16/business/16corner.html?pagewanted=2&_r=1&sq=You%20Want%20Insights?%20&st=cse&scp=1 (acessado em 15 de novembro de 2009).

CAPÍTULO 8: VINTE PREVISÕES PARA O AMBIENTE DE TRABALHO DE 2020

1. Robert Cross e Robert Thomas, *Driving Results Through Social Networks: How Top Organizations Leverage Networks for Reform and Growth* (São Francisco: Jossey Bass, 2009)
2. Lee Rainie e Janna Anderson, "The Future of the Internet III", 14 de dezembro de 2008, www.pewinternet.org/Reports/2008/The-Future-of-the-Internet-III.aspx (acessado em 25 de junho de 2009).
3. Matt Hartley, "Making Way for the Mobile Decade", *Globe and Mail* (Toronto), 25 de maio de 2009, www.theglobeandmail.com/news/technology/download-decade/up-next-the-mobile-decade/article1145617 (acessado em 15 de novembro de 2009)
4. Nidhi Verma, "Next-Generation Talent Management: Insights on How Workforce Trends Are Changing the face of Talent Management". 1 de julho de 2005, www.allbusiness.com/accounting/3487434-1.html (acessado em 25 de junho de 2009)
5. "2009 Talent Shortage Survey Results", *Manpower Inc.*, http://files.shareholder.com/downloads/MAN/793144191x0x297372/dab9f206-75f4-40b7-88fb-3ca81333140f/09TalentShortage_Results_USLetter_FINAL_FINAL.pdf (acessado em 9 de dezembro de 2009).
6. Ray Oldenburg, *The Great Good Place* (Nova Iorque: Marlowe & Company, 1999).
7. Marco R. della Cava, "Working Out of a 'Thrird Place'", *USA Today*, 5 de outubro de 2006, www.usatoday.com/life/2006-10-4-third-space_x.htm (acessado em 18 de janeiro de 2010).
8. Ibid.
9. Veja www.thenewpr.com/wiki/pmwiki.php?pagename=Resources.CEOBlogsList (acessado em 17 de dezembro de 2009).
10. Bill Marriott, "How Do I Blog?", *Marriott on the Move*, 24 de julho de 2008, www.blogs.marriott.com/search/default.asp?item=2240720 (acessado em 5 de dezembro de 2009)
11. Para ver o blog de Matt Blumberg, visite http://onlyonce.blogs.com/onlyonce. Para ver o blog de Mark Cuban, visite o http://blogmaverick.com. Para ver o blog de Bob Lutz, visite http://fastlane.gmblogs.com.
12. O Twitter de Hsieh pode ser encontrado em http://twitter.com/Zappos.
13. World Without Oil pode ser encontrado em www.worldwithoutoil.org.
14. Jeff Howe, "The Rise of Crowdsourcing", *Wired*, junho de 2006, www.wired.com/wired/archive/14.06/crowds.html (acessado em 25 de junho de 2009).

15. Jennifer Reingold, "A Job That Lets You Be Your Own Boss", CNN.com, 8 de outubro de 2007, http://money.cnn.com/2007/10/08/magazines/fortune/goretex.fortune/index.htm (acessado em 3 de junho de 2009).
16. Entrevista pessoal com Pamela Tate, presidente da CAEL.
17. "It's 3 A.M. - Are You Checking Your E-mail Again?", 30 de julho de 2008, http://corp.aol.com/press-releases/2008/07/it-s-3-am-are-you-checking-your-e-mail-again (acessado em 25 de junho de 2009).
18. Andrés Tapia, *The Inclusion Paradox: The Obama Era and the Transformation of Global Diversity* (Lincolnshire, Ill: Hewitt Associate, 2009)
19. Michele Conlin, "Smashing the Clock", *BusinessWeek*, 11 de dezembro de 2006, www.businessweek.com/magazine/content/06_50/b4013001.htm (acessado em 25 de junho de 2009).
20. Cone, Inc., em colaboração com a AMP Agency, "The Millenial Generation: Pro-Social and Empowered to Change the World", www.coneinc.com/stuff/contentmgr/files/0/b45715685e62ca5c6ceb3e5a09f25bba/files/2006_cone_millenial_cause_study_white_paper.pdf (acessado em 25 de junho de 2009).
21. Annual Reports, www.nationalgrid.com/corporate/Investor+Relations/Annual+Reports (acessado em 15 de janeiro de 2010).
22. Christine Hobart, "Women Still Hold Less Than a Quarter of Senior Management Positions in Privately Held Business", Grant Thornton International, 2009, www.grantthorntonibos.com/Press-room/2009/women_in_business.asp (acessado em 25 de junho de 2009).
23. "Fast facts", National Center for Education Statistics, nces.ed.gov/fastfacts (acessado em 18 de janeiro de 2010.
24. "Backstage 101", Sony, Sony.com/backstage101 (acessado em 18 de janeiro de 2010).
25. 25.Jenna Wortham, "Apple's Game Changer, Downloading Now", *New York Times*, 5 de dezembro de 2009, www.nytimes.com/2009/12/06/technology/06apps.html (acessado em 7 de dezembro de 2009).
26. "Telstra's 3Rs of Social Media Engagement", http://exchange.telstra.com.au/training/flip.html (acessado em 18 de janeiro de 2010).]
27. Hillary Chura, "Hiring Is Rising in One Area? Low-Paid Interns", *New York Times*, 28 de novembro de 2009, www.nytimes.com/2009/11/28/your-money/28interns.html (acessado em 5 de dezembro de 2009).

CAPÍTULO 9: PREPARE-SE PARA O AMBIENTE DE TRABALHO DO FUTURO

1. Ed Frauenheim, "Calss of '98: Hits and Misses on HR's Future", Workforce Management, 22 de dezembro de 1008, www.workforce.com/section/09/feature/26/04/79/260483.html (acessado em 29 de junho de 2009).
2. C. Barlett e S. Ghostal, *Managing Across Borders* (Londres : Hutchinson Business Books, 1989).
3. Aimé Césaire, *Discourse on Colonialism*, traduzido por Joan Pinkham (New Iork and London: Monthly Review Press, 1972).
4. United Nations Global Compact on Corporate Accountability, www.humanrightsfirst.org/workers_rights/issues/gc/index.html (acessado em 29 de junho de 2009).

5. Gary Hamel e Bill Breen, *The Future of Management* (Boston: Harvard Business Scholl Press. 2007).
6. Phred Dvorak, "Best Buy Taps Prediction Market", *Wall Street Journal*, 16 de setembro de 2008, http://online.wsj.com/article/SB122152452811139909.html (acessado em 29 de junho de 2009).
7. Karl W. Deutsch, *The Nerves of Government: Models of Political Communication and Control* (Nova Iorque: Free Press, 1996).
8. Agradecimentos especiais para Joseph Grenny pela sua pergunta instigante.
9. Nancy C. Lutkehaus, *Margaret Mead: The Making of an American Icon* (Princeton, N.J.: Princeton University Press, 2008).
10. Recomendamos os seguintes livros: Kerry Patterson, Joseph Grenny, David Maxfield, Ron McMillan e Al Switzler, *Influencer: The Power to Change Anything* (Nova Iorque: McGraw-Hill, 2008) e Kerry Patterson, Joseph Grenny, David Maxfield, Ron McMillan e Al Switzler, *Crucial Confrontations: Tools for Talking About Broken Promises, Violated Expectations, and Bad Behavior* (Nova Iorque, McGraw-Hill, 2005). A VitalSmarts (www.vitalsmarts.com) tem programas de treinamentos correspondentes também.
11. 11.Patterson, Grenny, Maxfield, McMillan e Switzler, *Influencer*.
12. 12.Edy Greenblatt, *Restore Yourself: The Antidote for Professional Exhastion* (Los Angeles, Execu-Care Press, 2009).
13. Nossos cinco aplicativos de negócio favoritos para o iPhone são:
    - FlightTrack Pro: Envie seu itinerário para plans@tripit.com, e ele carrega automaticamente no seu telefone. Temos sido atualizadas nos nossos telefones pelo FlightTrack mais rapidamente do que por agentes de portão de embarque. Carregue também os itinerários dos seus amigos e de sua família para quando for buscá-los no aeroporto.
    - Shazam: Posicione o seu telefone próximo a alguma música sendo tocada, e o Shazam identificará a música e lhe dará o link no iTunes para comprá-la.
    - Tweetie: Para postar no Twitter.
    - Encamp: Para acessar o Basecamp, uma ferramenta de colaboração.
    - LinkedIn for iPhone: Permite a você acessar contatos e currículos a partir do seu telefone.
14. Fluenz (www.fluenz.com) e Rosetta Stone (www.rosettastone.com), dentre outros, oferecem kits para aprendizagem em casa.

ÍNDICE